Edition Delius

Fiona Hopes
Fotos: Deirdre Rooney

Bonsai

Delius Klasing Verlag

Inhalt

Die Kunst des Bonsai ... 6

Einleitung ... 7

Bonsai gestern und heute ... 8

Die Gestaltungsformen ... 16

Bonsai-Werkzeuge und -Techniken ... 23

Die Werkzeuge ... 24

Schnitt und Gestaltungstechniken ... 30

Pflege und Kultur ... 41

Wie komme ich zu einem Bonsai? ... 42

Die Bonsai-Pflege ... 44

Bonsai-Pflege rund ums Jahr ... 54

Nadelbäume und immergrüne Laubbäume ... 59

Laubabwerfende Bäume ... 95

Immergrüne Sträucher ... 147

Laubabwerfende Sträucher ... 173

Glossar ... 186

Register ... 190

Die Kunst
des Bonsai

Einleitung

Wenn auch die Worte *bon* und *sai* ganz prosaisch im Japanischen *Tablett* oder *Schale* und *Pflanze* oder *Pflanzung* bezeichnen, so ist ein *Bonsai* viel mehr als nur das. Korrekt übertragen, handelt es sich um die Kultur und Pflege eines *Baumes* oder *Strauches in einer Schale* oder *einem Topf*, was wiederum Anlass zur Entwicklung einer Kunst und einer Technik gab, die man seit Hunderten von Jahren im Fernen Osten und seit Kurzem auch in der westlichen Welt praktiziert.

Um einen Bonsai-Baum oder -Strauch zu gestalten, sollte man über gewisse künstlerische Fähigkeiten verfügen, denn diese Kunst ist Arbeit an einem Objekt, das sich in einem permanenten Kreislauf von Wachstum und Veränderung befindet, und das bedeutet, dass es als Kunstwerk niemals »vollendet« ist. Der Bonsai-Gestalter braucht eine gewisse kreative Begabung, um das Potenzial seines Objekts zu erkennen, dieses auszuschöpfen und die ihm zur Verfügung stehenden Werkzeuge und Techniken zu nutzen, um ein Objekt von erhabener Schönheit zu schaffen. Dabei ist Bonsai gleichzeitig die ideale Verbindung von Kunst und Natur. Bonsai bedeutet darüber hinaus die Bereitschaft, ein lebendiges Kunstwerk zu pflegen und zu versorgen, seine Bedürfnisse und kleinen Eigenarten wahrzunehmen, seinen Charakter zu entdecken und die nicht im Voraus bestimmbare Natur des *Baumes* oder *Strauches in der Schale* liebevoll anzunehmen.

Die Kunst des Bonsai besteht darin, aus einer Pflanze im »Rohzustand« die ihr innewohnende Schönheit herauszuarbeiten, sie so zu gestalten, dass sie eine idealisierte Wiedergabe der Natur darstellt – ein winziger Bestandteil einer nie vollendeten Landschaft. Im Laufe der Jahrhunderte haben sich in diesem Rahmen zahlreiche Stilformen der Bonsai-Gestaltung herausgebildet, deren klassische Prinzipien auf den folgenden Seiten beschrieben werden. Bei der Gestaltung dieser Formen ist es nötig, einen künstlerischen und ästhetischen Blick dafür zu entwickeln, welche Möglichkeiten in der betreffenden Pflanze stecken. Der Bonsai-Gestalter muss dann diese Erkenntnisse in die Tat umsetzen, also entscheiden, ob, wann, wie und wo ein Schnitt angesetzt werden soll.

Somit vereint die Kultur eines Bonsai in sich zahlreiche Fertigkeiten, wie zum Beispiel die Handhabung von ungewöhnlichen Werkzeugen und unterschiedlichen Techniken, die man im Laufe der Jahre von Baum zu Baum perfektioniert, indem man aus Fehlern und Erfahrung lernt, ohne die Freude an Abenteuer und Risiko zu verlieren. Das alles fordert gleichzeitig eine gute Beobachtungsgabe, ein Auge für das Wuchsverhalten der Pflanzen und die Prozesse in der Natur – allesamt Erkenntnisse, die anschließend Eingang finden in die Kultur des *Baumes* oder *Strauches in der Schale*, die trotz ihrer geringen Größe nicht weniger vollkommen sind als ihre Ebenbilder in der freien Natur.

Auf diese Weise entsteht zwischen dem Gestalter und seinem Bonsai eine lebendige, sich ständig weiterentwickelnde Beziehung, die eine gewisse Sensibilität erfordert.

Die Kunst des Bonsai ist Gartenkunst – eine räumlich und thematisch bewusst sehr begrenzte Spezialdisziplin, in der alle Bäume und Sträucher ihren Platz finden sollen wie in der freien Natur.

Gleichermaßen steht die Bonsai-Kunst für eine Geisteshaltung, in der der Baum Sinnbild des Lebens ist. Der Bonsai ist also der Baum des Lebens, sozusagen der Baum, der Himmel und Erde verbindet, wie der Mensch Bindeglied zwischen Himmel und Erde ist. Der Baum steht hier für den Menschen und die geistige Reise, die jeder von uns im Leben durchläuft. Dieses Buch möchte das westliche Verständnis von der Bonsai-Kunst beschreiben, für das der Baum ebenso wichtig ist wie seine Umgebung.

Alle hier beschriebenen Bäume, und darunter sind viele, die sich noch in einem frühen Entwicklungsstadium befinden, wurden im westlichen Kulturraum gestaltet und kultiviert. Die Abbildungen dieser Objekte umfassen eine breite und variantenreiche Palette an Gehölzarten aus aller Welt und zeigen Bonsai-Formen, wie sie in fast jeder Pflanze verborgen sind. Der Kunst des Bonsai sind keine Grenzen gesetzt. Sie bietet uns die einmalige Gelegenheit, gestalterisch zu experimentieren und eine völlig neue Sichtweise in der Verbindung von Kunst und Gartenkultur zu entwickeln. Davon abgesehen, ist die Bonsai-Kultur etwas für jedermann und ein nie endender Lernprozess. Damit Sie Freude und Erfolg an der Arbeit mit Ihrem ersten eigenen Bonsai haben, empfehle ich Ihnen, den ersten Teil des Buches besonders eingehend zu lesen.

Bonsai gestern und heute

Die vollendete Kultivierung des *Baumes in der Schale* ist eine Kunst, die in zahlreichen Ländern des Fernen Ostens seit Hunderten von Jahren gepflegt wird. Im Lauf der Zeit und über Tausende von Kilometern hinweg hat sich diese Kunst weiterverbreitet und sich gemäß den Traditionen all jener Kulturen fortentwickelt, in denen sie praktiziert wurde. Auch wenn dies zur Entwicklung von neuen Regeln, Einsichten und Interpretationen geführt hat, sind die Grundprinzipien dennoch dieselben geblieben.

Ein kurzer Blick auf die Geschichte

In der Geschichte Asiens ist wohl ursprünglich eine ganze Palette von Pflanzenarten im Topf kultiviert worden, um die umherziehenden Soldaten ausreichend mit frischem Obst und Gemüse zu versorgen. Schließlich war der Ferne Osten viele Jahrhunderte lang ein Flickwerk aus kleinen Königreichen mit unterschiedlichen Kulturen und Traditionen, deren Armeen sich ständig auf Kriegszügen befanden, um Grenzen neu zu ordnen. Aus diesem Bedürfnis nach frischen Nahrungsmitteln wurde der *Baum im Topf* geboren, und aus dieser Notwendigkeit hat sich wiederum eine komplizierte Kunst entwickelt, die heute in ganz Asien praktiziert wird. Die Vielfalt der Kulturen und Traditionen in diesem Raum der Welt hat zahllose unterschiedliche Baum-Schnitttechniken hervorgebracht. So unterscheidet sich die japanische gravierend von der chinesischen Bonsai-Kunst, welche wiederum Unterschiede zur koreanischen, thailändischen und der Bonsai-Kunst anderer fernöstlicher Länder aufweist. Seit einiger Zeit hat sich auch der Westen neue Möglichkeiten in dieser Richtung eröffnet.

Als Kunstform ist Bonsai in China vor mehr als 1000 Jahren entstanden. Im Chinesischen war die Bezeichnung dafür *pun-sai*. Die ersten *Bäume in der Schale* mit kleinen Blättern und knorrigen, drehwüchsigen Stämmen erinnerten stets in irgendeiner Form an stilisierte Tier- und Vogelbilder aus der chinesischen Mythologie. Im Lauf der Jahrhunderte haben sich die Japaner einige Ideen aus China »geborgt«. Die Kunst des Bonsai kam während der Kamakura-Periode (1185-1333) nach Japan – fast gleichzeitig mit dem Zen-Buddhismus. Anschließend verbreitete sich die Bonsai-Kunst allmählich über die Mauern der Tempel und Klöster hinweg und wurde von der Adelsschicht als Symbol für Ehre und Ansehen angenommen. Die Ideale und die Philosophie des Bonsai entwickelten sich im Lauf der Jahre weiter.

Für die Japaner bedeutet die Bonsai-Kunst die Verschmelzung des alten animistischen Glaubens (Shinto) mit den fernöstlichen Philosophien, die die Harmonie zwischen Mensch, Seele (Geist) und Natur (Zen) als höchstes Ziel verbreiteten.

Nach japanischer Auffassung soll der Bonsai eine »Augenweide« sein, da Ziel und Sinn seiner Gestaltung die naturnahe Kopie eines ausgewachsenen Baumes ist. Eine gewisse Anzahl von »Gesetzmäßigkeiten« wurde ausgearbeitet, um die Formen zu bestimmen, die man heute noch als die »klassischen« erachtet. Durch diese Kriterien wird die natürliche Schönheit des Baumes im Laufe seiner Entwicklung mithilfe eines präzisen und regulierenden Schnittes hervorgehoben. Ein gut gepflegter Bonsai kann Hunderte von Jahren alt werden. Als äußerst kostbare Objekte werden die ältesten unter ihnen von Generation zu Generation weitervererbt. Wie bei den meisten Religionen und Philosophien des Fernen Ostens, genießen die Ahnen als Übermittler von Leben, Weisheit und Tradition große Verehrung, und der Bonsai ist Ausdruck dieser Denkschule.

Hundertjährige Bonsai-Bäume besitzen auch einen hohen finanziellen Wert, und ihr Erwerb ist stets eine Investition in der Art wie Gold- und Immobilienanlagen im Westen. Obgleich die Kunst des Bonsai schon vor 140 Jahren in den Westen kam, hat die westliche Welt, bedingt durch ihre Geschichte und Entwicklung, einen großen Teil der Philosophie und der japanischen Denkweise, die ein Bonsai in sich vereinigt, in ihrer Kernaussage kaum verstanden. Das wiederum hat zu einer gewissen Freiheit von Interpretation der Bonsai-Kunst geführt und den Weg frei gemacht für neue Ideen und Methoden.

Großaufnahme eines Jin *(siehe S. 37), der im Betrachter die Vorstellung vom Kopf eines Damhirsches wecken soll (rechte Seite).*

Von der Natur inspiriert

Bonsai-Gestalter schöpfen Inspiration für die Gestaltung ihrer Bonsais aus dem reichen Repertoire der Natur, gleichgültig ob sie nun in die japanische oder die westliche Kultur eingebunden sind. Die Bonsai-Kultur hat zu einem umfassenderen Verständnis der Natur und ihrem Zusammenwirken geführt. Am Beispiel einer lebenden Pflanze ist es fraglos leichter, die Auswirkungen klimatischer und standörtlicher Bedingungen zu erkennen. Ob es schneit, regnet, stürmt, die Sonne scheint, ob der Boden sandig oder fruchtbar ist: Jede Pflanze reagiert in ganz spezifischer Weise darauf und entwickelt sich entsprechend der wechselnden Bedingungen in der Natur. Und auf dieselbe Weise reagiert und entwickelt sich auch ein Bonsai entsprechend der ihm angebotenen Pflege und Gegebenheiten. Exakt das macht das Wesen eines Bonsai aus.

Während der Wachstumsperiode verändern sich Form und Struktur eines Baumes ständig. Von Jahreszeit zu Jahreszeit, von einem Tag zum anderen ist alles in permanentem Wandel begriffen. So kann es vorkommen, dass ein Bonsai, der zuvor jahrelang in einem bestimmten Stil kultiviert wurde, völlig umgestaltet wird, wenn sich der Gesamteindruck des Baumes mit den Jahren verändert hat. Ein vom Wind geknickter oder abgerissener Ast, ein Stamm, der sich unter der Last des Schnees neigt, oder totes Holz, das in der Sonne ausbleicht, sind nur einige Beispiele für die Einflüsse der Natur, die den Bonsai-Gestalter dazu veranlassen können, die Formgebung seines Objektes zu überdenken. In der Kunst des Bonsai ist die Beobachtung der Natur von grundlegender Bedeutung, denn eine Interpretation der Natur ohne exakte Wahrnehmung derselben ist nicht möglich.

Der Bonsai kann durchaus als Bindeglied zwischen Mensch und Natur betrachtet werden. Dieses Prinzip ist nicht allein auf sichtbare physische Symbolik beschränkt – in seiner aufrechten Struktur und seiner Verankerung im Boden spiegelt sich im Baum der Mensch wider (siehe S. 13) –, sondern auch spiritueller Art: das Baumwesen als Mittler zwischen Mensch und lebendiger, beseelter, göttlicher Natur, der Baum als Bote aus dem Reich sich ständig wandelnder Naturerscheinungen und daraus erwachsender Bedürfnisse. Auch ein Bonsai-Baum hört nicht auf zu wachsen, und das lebendige Kunstwerk wird nie vollendet sein.

Die Schönheit des Bonsai

Ursprünglich lag die wahre Schönheit des Bonsai in der Vorstellungskraft des Menschen, sozusagen im Auge des Betrachters: Es ist nicht allein der Baum selbst, der im Mittelpunkt der Aufmerksamkeit steht, sondern auch der Raum, der ihn umgibt. Der Pflanze kommt hier lediglich eine strukturgebende Funktion zu – ein Bonsai muss das Bild einer imaginären Landschaft hervorrufen.

Dazu muss die Bonsai-Pflanze nicht unbedingt besonders alt sein. Im Gegenteil: Viele Bonsais sind sogar verhältnismäßig jung. Form und Charakter, sozusagen die »Patina der Jahre«, sind es, die den Eindruck bestimmen. Auch wenn der Bonsai nicht im Mittelpunkt des Bildes steht, so muss er dennoch gewisse Wesenszüge tragen. Einmal sollten seine Größe, Form und sein Charakter in einem harmonischen Verhältnis zu seinem Behältnis, also der Schale, stehen. Und tatsächlich ist die Schale oder das Tablett ein unerlässlicher Bestandteil des Bonsai, denn diese Gefäße symbolisieren den Boden, die Erde der Landschaft. Die Wahl des Behältnisses bestimmt gleichzeitig die virtuelle Landschaft: Eine tiefe Schale verkörpert die Flanke eines Berges für die Kaskadenform, eine gedrungene Schale die schroffe Böschung für eine Halbkaskadenform usw. Im Gleichklang mit der Pflanze in der Schale muss sich auch die Schale entwickeln. Im Westen wird im Allgemeinen die Betonung auf den Bonsai-Baum selbst gelegt und auf die zur Ausformung des Bonsai benutzten Techniken. Man beharrt stärker auf der »wahrgenommenen Realität« als auf dem imaginären Bild. Doch Ersteres ist begrenzt, womit der Entwicklung des Bonsai-Baumes nur wenig Raum zugestanden wird. Allerdings sind die Kreativität, die Fantasie der Gestaltung und das tiefere Verstehen für das Wesen des Bonsai wichtig, wenn nicht wichtiger als eine profunde Kenntnis der Techniken. Die westliche Bonsai-Kunst betrachtet als Fixpunkt den Baum selbst, doch es ist nicht nur der gegenwärtige Zustand des Baumes, sondern auch das diesem innewohnende Potenzial, das unsere Vorstellungskraft, unseren Intellekt und unsere Emotionen herausfordert. Es gehört dazu Beobachtungsgabe, Geduld und einige Erfahrung, die es uns ermöglicht, die Anlagen und Fähigkeiten der Bonsai-Pflanze zu erkennen oder auch nur zu erahnen – erst dann sind Fantasie und Schöpferkraft keine Grenzen gesetzt.

In ständigem Wandel begriffen, ist der Bonsai-Baum als lebendige Skulptur niemals vollendet.

Ein Ahorn in seinem verführerischen Herbstkleid mit natürlich geneigtem Stamm (rechte Seite).

Die Grundprinzipien der Bonsai-Gestaltung

Ob Betrachtung, Bewunderung oder Ausformung eines Bonsai – es ist immer ratsam, gewisse Grundregeln seiner Gestaltung zu verstehen.

Einheit und Harmonie

Ein harmonisches Ganzes ist erreicht, wenn jedes Element zur Einheit der Komposition beiträgt. Aus einiger Entfernung betrachtet, kann man sich auf das Gesamtbild eines Bonsai konzentrieren und erkennen, ob der eine oder andere Faktor die Ausgewogenheit der Gestaltung stört.

Größe

Werden alle Elemente eines Bonsai-Baumes im harmonischen Größenverhältnis zueinander gehalten, gewinnt der Betrachter sowohl die Einsicht in das Wesen des Baumes als darüber hinaus in das beabsichtigte Landschaftsbild. Mithilfe dieser Regeln des Maßstabes ist die Gestaltung einer imaginären Welt mit Perspektive und Tiefenschärfe möglich.

Proportion

Bei allen Kunstwerken werden die Proportionen von einer mathematischen Verhältniszahl bestimmt, dem Phi. Der Wert dieser Zahl beträgt angenähert 1 : 1,618. Dies ist eine aus dem Goldenen Schnitt ermittelte Verhältniszahl, die ein ideales Verhältnis zweier Größen zueinander bezeichnet und subjektiv den Eindruck von Ausgewogenheit und Harmonie vermittelt.
Phi drückt damit ein Verhältnis von 2 : 3 aus, das wir die Zwei-Drittel-Regel nennen. Bezieht man diese Regel methodisch in die Gestaltung ein, erhält man bei der Betrachtung des Bonsai einen harmonischen Eindruck. Die folgenden Beispiele zeigen, wie man diese Regel in die Tat umsetzt.

- Der erste Ast ist der längste mit der dichtesten Verzweigung und Belaubung und entspringt ungefähr an der Grenze des unteren Stammdrittels. Dieser Ast bestimmt Größe, Neigung und Form aller übrigen Äste.
- Der Ansatz des folgenden Astes sollte sich ungefähr auf der Höhe des ersten Drittels der restlichen Stammlänge befinden. Er ist lockerer aufgebaut und hat weniger Laub oder Nadeln, um den untersten Ast nicht zu überdecken.
- Alle folgenden Äste folgen demselben Prinzip bis zum Gipfel.
- Die Positionierung in der Schale hängt von der Stilart des Bonsai ab. Sie erfolgt stets außermittig (z. B. zwei Drittel vom Schalenrand auf der einen oder anderen Seite entfernt).
- Wird der Bonsai auf einem Verkaufsständer präsentiert, sollte er ungefähr in einem Zwei-Drittel-Abstand vom einen oder anderen Rand dieses Ständers aufgestellt werden.
- Bei einer Gruppenpflanzung ist es ratsam, den dominierenden Stamm ungefähr zwei Drittel vom Rand des Tabletts entfernt zu platzieren.

Die Zwei-Drittel-Regel ist eine hervorragende Daumenregel für das gut proportionierte Erscheinungsbild eines Bonsai. Wird sie jedoch zu sklavisch eingehalten, kann zwar ein technisch einwandfreier, dafür aber langweiliger Bonsai-Baum entstehen.

Die Ausgewogenheit

Eng an die Vorgaben über die Proportionen gekoppelt, ist das Gesetz der Ausgewogenheit bei der Gestaltung des Bonsai von großer Bedeutung. Das Dreieck ist dabei die ideale Form für ein Höchstmaß an Balance. Letztere erzeugt den Eindruck von Stabilität und Leichtigkeit, wenn sich die Silhouette zur Spitze hin in dieser Weise verjüngt. Die Dreieck-Regel wird häufig im Bonsai angewendet. Vermeiden Sie eine symmetrische Ausformung, positionieren Sie den Baum oder die Bäume so, dass sie ein asymmetrisches Dreieck bilden.

Fixpunkt

Im Fernen Osten betont man besonders die Imagination einer Landschaft durch den Bonsai, also das, was man sich in seiner unmittelbaren und ferneren Umgebung vorstellen könnte. In der westlichen Welt dagegen ist der Fixpunkt immer der Stamm oder der Wipfel des Baumes. Diese zur asiatischen konträre Betrachtungsweise ist für die westliche Mentalität offensichtlich einfacher zu akzeptieren.

Rhythmus und Bewegung

Rhythmus und Bewegung sind das Wesen der Natur, und der Bonsai ist der miniaturisierte Ausdruck dieses Phänomens. Bewegung entsteht zum Beispiel durch das leise Rascheln der Blätter oder der Nadeln. Rhythmus ist das Prinzip der regelmäßigen Wiederholung: Das Wachstum des Baumes gibt zum Beispiel den Rhythmus im

Abstand der Äste vor. Rhythmus und Bewegung sind untrennbar miteinander verbunden: Das Abwerfen der Blätter gehorcht zwar den Gesetzen der Schwerkraft, kehrt jedoch Herbst für Herbst im endlosen Wandel der Jahreszeiten »rhythmisch« wieder.

Die Silhouette oder Linienführung

Die Silhouette des Bonsai entsteht durch eine fließende Linie der Form. Ein Zweig, ein Ast, der falsch platziert ist, oder ein ungünstig gewachsener Stamm können den Fluss des Gesamtbildes stören und eine deutliche vertikale, horizontale oder diagonale Linie ruinieren.

Ton und Farbe

Diese beiden Vorgaben sind mit maßgebend für die Auswahl des Behältnisses. Wählen Sie eine Farbe entweder im Einklang mit oder im Kontrast zum Laub, den Blüten, Früchten, der Rinde und Zweige. Die nachhaltige visuelle Wirkung des Laubes sollte die Wahl der Schale bestimmen (siehe S. 28).

Licht und Farbe

Diese beiden Elemente schaffen Kontraste und definieren die Räume zwischen den Ästen selbst und den Ästen und der Schale.

Textur und Muster

Textur und Muster der Rinde, der Blätter oder der Schale tragen zur Attraktivität der Pflanze bei und betonen ihre Schönheit.

Form und Größe

Die Ansicht eines Bonsai wird durch Form und Größe der Pflanze bestimmt, die die Vorstellung von einer imaginären Landschaft auslöst. Der Bonsai-Baum ist im eigentlichen Sinn eine Sinnestäuschung; so kann man zum Beispiel Tiefenwirkung in einer Gruppe von Pflanzen erzeugen, indem man die größten Gefäße in den Vordergrund stellt. Gleichermaßen entsteht Perspektive in einer Landschaft durch Einbeziehung eines kleinen Pavillons, von Statuetten oder einer Laterne.

Alter

Der Eindruck von Alter und Reife kann durch einen dicken Stamm entstehen, der sich zum Wipfel hin stark verjüngt, oder durch einen knorrigen, markanten Stamm.

Das Dreieck von Himmel, Erde und Mensch

Bäume sind geachtete und verehrte Wesen, denn sie besitzen einen einzelnen Stamm mit weit ausgebreiteten Ästen, die die Verbindung von Himmel und Erde symbolisieren. Das einzige andere Wesen in unserer Welt, das die Fähigkeit besitzt, sich aufzurichten und damit den Himmel und die Erde über und unter sich zu verbinden, ist der Mensch. Exakt diese Vorstellung, die dem »Dreieck von Himmel, Erde und Mensch« zugrunde liegt, drückt sich auch im Dreieck von »Himmel, Erde und Baum« aus. Gleichermaßen steht dieses Dreieck für die drei Grundtugenden, die für die Gestaltung eines Bonsai-Baumes maßgeblich sind: *shin-zen-bi* - oder die Wahrheit, Güte und Schönheit. Darüber hinaus ist das Dreieck eine stabile Form, fest mit der Erde verankert, die dennoch stets zum Himmel hinaufstrebt. Der Bonsai allerdings ist geradezu physisch von der uns umgebenden Natur getrennt, denn er steht in einer Schale. Seine Wurzeln sind nicht in der Erde verankert, er ist eine individuelle, selbstständige Einheit und doch gleichzeitig Teil der Natur: Himmel und Erde »in einem einzigen Behältnis«. Die Mitte des Gefäßes ist der Kreuzungspunkt zwischen Himmel und Erde. Nichts sonst darf diesen Ort vereinnahmen, ausgenommen beim klassischen streng aufrechten Bonsai, der die Verbindung von Himmel und Erde herstellt.
Ein gut geformter Bonsai wird in einem asymmetrischen Dreieck gestaltet. Diese Regel sagt dem Bonsai-Freund, wo es nötig ist, Raum zu lassen. In der Gruppe stehende Ausgangspflanzen bilden mehrere nicht sofort erkennbare Dreiecke, und die Dynamik ihrer Beziehung macht die Ausgewogenheit und die Schönheit der Komposition aus.

Himmel

Erde *Mensch*

Bonsai im Haus - Indoor- oder Zimmer-Bonsai

In Japan misst man der Bonsai-Kunst eine große Bedeutung zu. Als Symbol japanischer Kultur und ihrer Ideale verkörpert sie gleichzeitig bestimmte Vorstellungen von Schönheit und Natur.
Jedes Haus besitzt ein *Tokonoma*, eine Nische, die der Präsentation von Kunstwerken, Nippes oder anderen wertvollen Gegenständen vorbehalten ist. An einem solchen Ort platziert man gern auch den Bonsai neben einem schönen Stein, einer kleinen Buddha-Statue, einer Rolle mit einer japanischen Pinselzeichnung, einer Schriftrolle. Es sind stets drei Objekte, die hier präsentiert werden und das heilige Dreieck zwischen Himmel, Erde und Menschen verkörpern. Häufig auf einem hölzernen Untergestell stehend, sind die weitgehend winterharten und im Freien gezogenen Bonsais selten länger als zwei Tage in einem Innenraum aufgestellt, z. B. wenn ein besonderer Anlass feierlich begangen wird oder besondere Entwicklungen des Bonsai wie Blüten oder Früchte bewundert werden sollen. Die vorwiegend winterharten Arten gedeihen im Freien und werden niemals ausschließlich in Innenräumen kultiviert. Ist der Winter besonders hart, kann man den Bonsai in ein Frühbeet oder eine Garage stellen. Ist die Frostgefahr vorüber, kommt er so schnell wie möglich wieder ins Freie.
Die Gestaltung eines Bonsai aus frostharten Baum- oder Strauch-Arten findet im Freien statt. Der Lebensraum für Menschen war in bestimmten Regionen Japans sehr begrenzt. Die Bonsai-Kunst bot daher jedem Haushalt die Möglichkeit, einer Freizeitbeschäftigung im Freien nachzugehen.

Zimmer-Bonsai

Auch wenn der Kunst des Bonsai traditionsgemäß im Freien nachgegangen wird, so werden bestimmte Pflanzen in Ländern mit gemäßigtem Klima in Innenräumen gezogen - obwohl diese an ihrem natürlichen Standort und in ihrem angestammten Klima ausgesprochen frosthart sind. Häufig tropischen Ursprungs, brauchen sie eine hohe Luftfeuchtigkeit und eine Temperatur, die nicht unter 12 °C sinken darf.

Voraussetzungen der Ausgangspflanze für die Gestaltung eines Bonsai

Mehrere Faktoren machen einen Baum oder einen Strauch für die Gestaltung zum Bonsai geeignet.

Schnittverträglichkeit

Vom gärtnerischen Standpunkt ist die Fähigkeit einer Pflanze, einen regelmäßigen Schnitt zu tolerieren, eine wesentliche Voraussetzung.

Flexibilität

Die Flexibilität des Holzes, besonders die Biegsamkeit der Äste, ist von Bedeutung - ganz besonders bei Koniferen, also Nadelbäumen.

Wuchsverhalten

Die Fähigkeit einer Pflanze, sich auf sehr begrenztem Raum gesund zu entwickeln, muss ebenfalls in Betracht gezogen werden - denn immerhin werden Bonsais einen Großteil ihres Lebens in Schalen gezogen. Ein Wuchsverhalten, das die extreme Miniaturisierung erlaubt, ist also entscheidend. Schnellwüchsige Bäume und Sträucher wie Weiden *Salix* oder Schmetterlingssträucher *Buddleja* sind verhältnismäßig schwierig als Bonsai zu gestalten. Gleichermaßen problematisch für eine Miniaturisierung sind Bäume und Sträucher, die dazu neigen, Wurzelschösslinge, Triebe an der Stammbasis oder Wasserreiser auszubilden.

Blattgröße

Kleine Blätter sehen an einem Bonsai am besten aus. Da sie für eine kleine Pflanze dimensioniert sind, wirkt ihr Erscheinungsbild vollkommen natürlich - im Gegensatz zu großblättrigen Arten wie zum Beispiel der Rosskastanie *Aesculus hippocastanum*, die einige Erfahrung bei der Erziehung und Gestaltung erfordert.

Textur

Unter Textur versteht man in diesem Zusammenhang die strukturelle Beschaffenheit einer zusammenhängenden Fläche. Die Textur des Stammes und der Rinde erzeugt den Eindruck von Jugend oder Alter und verleiht dem Bonsai Charakter.

Ein Tokonoma*, bestehend aus einer Bildrolle, einem Bonsai und einem kleinen Ikebana-Gesteck (rechte Seite).*

Die Gestaltungsformen

Vor der Gestaltung hat man die Wahl zwischen einer Vielzahl von Stilarten. Etliche davon sind besonders beliebt und verbreitet. Alle nachfolgend aufgeführten Gestaltungsarten sind von der Natur vorgegebene Formen, darunter der streng aufrechte Stil von Solitärbäumen, der windgepeitschte Baum mit seiner ungewöhnlichen Ausformung, die kleinen Bosketts und Wäldchen, Bäume als Mehrfachstammformen und die Miniaturlandschaften, die auch Wasser, Felsen und Figuren beinhalten. Die einzige Grenze, die der Form Ihres Bonsai gesetzt ist, ist die Grenze Ihrer Fantasie.

Bonsais variieren beträchtlich, was ihre Größe angeht. Die kleinsten unter ihnen - Miniatur-Bonsais bzw. Mame-Bonsais genannt - sind kaum mehr als acht Zentimeter hoch, während die größten über zwei Meter groß werden können. Was ihr Gewicht betrifft, so sind einige Gruppenpflanzungen so schwer, dass mindestens drei Personen nötig sind, um sie zu transportieren. Im Allgemeinen jedoch sind Bonsais von einer Größe, die man allein bewegen kann.
Höhe, Umfang und Stilart eines Bonsai hängen wie gesagt vom Vorstellungsvermögen des Gestalters sowie von der natürlichen Wuchs- und Erscheinungsform der Ausgangspflanze ab, die man zu gestalten trachtet. Von Natur aus eignen sich bestimmte Arten fast ausschließlich für diesen oder jenen Stil oder diese oder jene Größe. Andere wiederum lassen alle Möglichkeiten zu.
Der frei aufrechte Stil bei einer geringen oder mittleren Größe ist sicher die beste Wahl für einen Anfänger. Gewinnt der Gestalter an Sicherheit, wird er vermutlich schnell versucht sein, sich an andere Stilarten zu wagen.

Chokkan: Die streng aufrechte Form

Der Bonsai in streng aufrechter Form ist ein verhältnismäßig hoher Baum, dessen Stamm sich gleichmäßig zum Wipfel hin verjüngt und dessen Äste in regelmäßigen Abständen wachsen. In der freien Natur handelt es sich vorwiegend um ein solitär wachsendes Exemplar, das unter keinerlei klimatischen Härten gelitten hat, nie von anderen Pflanzen bedrängt wurde und zum Beispiel an einen Baum in der Mitte einer Rasenfläche erinnert. Der streng aufrechte Bonsai besitzt einen geraden Mittelstamm und vom Stammansatz bis zur Spitze gleichmäßig verteilte Äste.

Chamaecyparis pisifera ›*Boulevard*‹ *S. 62;* Taxodium distichum, *S. 92*

Moyogi: Die frei aufrechte Form

Die frei aufrechte Stilart ist die in der Natur am weitesten verbreitete Form, wobei diese Bäume regelmäßig negativen Klimaeinflüssen, Lichtmangel oder Trockenheit ausgesetzt sind. All dies trägt zum Charakter der Pflanze bei. Am Stammansatz gerade, hat sich der Stamm im weiteren Verlauf mehrfach gebogen, um nachteiligen Einflüssen zu entgehen. Dabei bleibt der visuelle Schwerpunkt des Baumes jedoch stets innerhalb des Bonsai-Schalenrandes. Die Baumspitze muss zum Himmel gerichtet sein.

Acer palmatum, *S. 100;* Carpinus turczaninowii, *S. 119;*
Tilia cordata, *S. 142*

Shakan: Die geneigte Form

Die geneigte Form hat als Vorbild einen Baum, der sich in der Natur von starken Winden wegneigt oder tiefem Schatten entflieht und das Licht sucht. Seine Neigung vermittelt den Eindruck von Alter. Er gleicht die Bewegung des Stammes durch die Positionierung der Äste aus, sodass der Baum niemals unproportioniert wirkt. Der Stamm ist gerade und bildet einen deutlichen Neigungswinkel nach rechts oder links. Die Äste sind in weiten Abständen angeordnet und folgen der Linie des Stammes.

Chamaecyparis obtusa ›*Nana Gracilis*‹, *S. 61*

Han-Kengai: Die Halbkaskadenform

Der Baum als Halbkaskade kann eine im Gebirge vorkommende Art sein, die heftigen Winden und der Schneelast ausgesetzt ist oder sich über ein See- bzw. Flussufer neigt. Bei diesem Stil beträgt der Neigungswinkel des Stammes über 45°, sodass sich die Spitze fast horizontal zum Stammansatz befindet, die Äste jedoch niemals bis unterhalb des Schalenbodens überhängen. Dieser Bonsai braucht einen tiefgründigeren Behälter, um sein Gewicht auszugleichen und damit den Eindruck zu erwecken, als wachse er an einem Berghang oder einer Uferböschung.

Juniperus rigida, *S. 71;* Pinus mugo ›*Gnom*‹, *S. 80;*
Cotoneaster horizontalis, *S. 178*

Kengai: Die Kaskadenform

Ein Kaskaden-Bonsai vermittelt den Eindruck eines Baumstammes, der sich an einen Gebirgshang klammert, um sich vor Wind und Regen zu schützen. Für ihn ist eine aufrechte Wuchsform unmöglich, da ihn das Gewicht seiner Äste nach unten zieht. Einen Kaskaden-Bonsai pflanzt man in eine tiefe Schale, um die starke Stammneigung auszugleichen. Man präsentiert ihn stets auf einem Pflanzenständer

Larix kaempferi, *S. 73*

Bunjingi: Die Literatenform

Der »Literat« ist der Aristokrat unter den Bonsais. Dieser Baum ist einzigartig in seiner Form, die eigentlich etliche Bonsai-Regeln bricht. Er verdankt seinen Namen chinesischen Gelehrten, die die Kunst der Kalligrafie ausübten, wächst ganz natürlich und biegt sich dabei mal in die eine oder andere Richtung auf der Suche nach dem Sonnenlicht oder um an der Küste der Brandung und den salzigen Seewinden zu trotzen. Sein Stamm ist lang und schlank, mit nur wenig Ästen bestückt, und der Wipfel ist blatt- oder nadelarm.

Pinus nigra, *S. 82*

Hokidachi oder *Hoki-Zukuri:* Die Besenform

Ein Besenform-Bonsai hat seinen Namen von einem fächerförmigen japanischen Besen. Einem streng aufrechten Stamm entspringend, fächert das Astwerk von einem Punkt an zu einer kuppelartigen Krone aus. Unter den Baumarten, die natürlicherweise zur Besenform neigen, sind *Zelkova, Fagus, Carpinus* und *Ulmus* die am häufigsten als Bonsai gezogenen. Sicher eignen sich auch andere Baumarten für diesen Stil, allerdings dauert es länger, sie solcherart zu gestalten.

Zelkova carpinifolia, *S. 144;* Acer palmatum *›Kashima‹, S. 103;*
Cornus mas, *S. 121;* Liquidambar styraciflua, *S. 128*

Fukinagashi: Die windgepeitschte Form

Der windgepeitschte Bonsai imitiert die Form eines Baumes, der der Macht des Windes so lange ausgesetzt war, dass er seine Äste auf einer Seite verloren und sich weitgehend von der vorherrschenden Windrichtung weggeneigt hat. Beim windgepeitschten Bonsai folgen seine Astpolster einer (nämlich der Wind-) Richtung, und er besitzt eine Menge totes Holz. Diese Form ist ohne Einfluss des Windes und der Naturgewalten schwer aufrechtzuerhalten und erfordert höchste Aufmerksamkeit.

Betula pubescens, *S. 113;* Punica granatum, *S. 137*

Sharimiki: Die Stilart entrindeter Stamm

Die entrindeten, verwitterten und ausgebleichten Stammpartien können unter anderem das Werk von Meereswellen sowie Naturgewalten an der Meeresküste sein. Die Form *Sharimiki* versucht diese Einflüsse im Bonsai auszudrücken.
Größere Bereiche Totholz können am lebenden Baum erzeugt werden. Dennoch ist es einfacher, eine junge Pflanze um ein totes Stück Holz wachsen zu lassen.

Juniperus chinensis ›*Blaauw*‹, *S. 69*

Nejikan: Die Form drehwüchsiger Stamm

Der Drehwuchs kann durch besondere Umweltbedingungen oder durch genetische Veranlagung bedingt sein. In der Natur kann es sich z. B. um ein Exemplar handeln, das durch eine Kletterpflanze gewürgt wurde, sich unter dem Wurzelgeflecht seines Nachbarn durchgewunden oder zahlreiche untere Äste verloren hat – entweder durch Abwurf oder Tierfraß. Ein Bonsai mit gedrehtem Stamm wird durch Drahten im frühen Stadium erzogen.

Aesculus hippocastanum, *S. 110;* Hedera helix, *S. 152;* Serissa foetida, *S. 170*

Ne-Agari: Die Stelzenwurzelform

Die frei liegenden Wurzeln dieses Bonsai erwecken die Vorstellung von an- und abfließendem Wasser im Mündungsbereich eines Flusses (Ästuar) oder eines Meeressaumes, das die Erde um die Wurzeln löst. Bestimmte tropische Bäume bilden auch Stelzenwurzeln aus (Mangroven), wobei diese jedoch sprossbürtige Wurzeln sind, die sich auf der Suche nach Feuchtigkeit in der Luft absenken. Die Wurzeln eines *Ne-Agari*-Bonsai werden freigelegt, indem man die Pflanze beim Umtopfen höher setzt, sodass das Gießwasser die Erde zwischen den Wurzeln nach und nach fortspült.

Sageretia theezans, *S. 169;* Wisteria sinensis, *S. 185*

Sekijoju: Die Wurzel-über-dem-Felsen-Form

Bäume, deren Wurzeln sich über den Felsen und in die Erde schlängeln. Um diese Wuchsform mit einem Bonsai zu kopieren, pflanzt man den Baum auf einen Fels. Baum und Fels wiederum werden dann in Sand gesetzt, den man dann nach und nach innerhalb eines Jahres entfernt, um die Wurzeln zu lösen, die den Felsen fest umfangen. Anschließend pflanzt man den *Sekijoju*-Bonsai in eine Bonsai-Schale.

Fraxinus excelsior, *S. 126*

Ishizuke: Die felsenumfassende Form

Diese Stilart imitiert einen Baum, der auf einer felsigen Insel inmitten eines Sees, in einer Felsmulde, an einem felsigen Hang und an allen Orten wächst, an denen die Pflanze allein und ohne Bodenkontakt um ihr Überleben kämpft. Häufig eingebunden in ein *Bon-kei* oder ein *Sai-kei* (siehe unten und S. 21 unten), spiegelt die felsenumfassende Form des Bonsai auf spektakuläre Weise die Härten der Natur wider. In einer Erdtasche auf einem Stein gepflanzt, sind seine Nahrungsquellen extrem begrenzt. Dies formt seinen Charakter.

Crataegus monogyna, *S. 123;* Salix caprea, *S. 140*

Sokan: Die Doppelstamm- oder Zwillingsstammform

Bei dieser weitverbreiteten Wuchsform bilden zwei Stämme, die aus einer Wurzel hervorgehen, entweder unter der Erde oder knapp darüber, einen Zwillingsstamm (Zwiesel). Im Allgemeinen ist der eine Stamm höher als der andere, nach dem Prinzip »Vater und Sohn«. Die beiden Stämme werden gleichberechtigt in ihren Rollen erzogen, um eine harmonische Einheit zu bilden. Diese Form wird häufig durch die Anordnung der Äste verschleiert. Daher gestaltet man sie durch einen sorgfältigen Schnitt und eine deutliche Astausrichtung klarer.

Acer buergerianum, *S. 96;* Ligustrum sinense *›Variegatum‹, S. 155;* Lonicera nitida, *S. 156*

Sankan: Die Dreifachstammform

Der Dreifachstamm bildet sich aus einer Wurzel und verzweigt sich unter der Erde oder knapp darüber. Dabei ist jeder Stamm von unterschiedlicher Höhe und Dicke, nach dem Prinzip »Mutter und zwei Töchter«. Diese Form behandelt man wie einen einzigen Baum. Dazu ist es notwendig, die nach innen wachsenden Äste zu entfernen und die entsprechende Blattmasse zu regulieren, um ein Ersticken der Pflanze zu vermeiden sowie Licht und Luft in das Astwerk zu lassen.

Corylus avellana, *S. 122;* Rhododendron x obtusum, *S. 168*

Bonsai-Stilformen mit unterschiedlichen Baumarten

Sai-kei: Die Miniaturlandschaft

Die Miniaturlandschaft erzählt eine Geschichte. Die Komposition umfasst immer unterschiedliche Gehölzarten, die stets in Gesellschaft von Steinen, Gräsern, Moos und auch Sand angeordnet sind. Die Arbeit mit der Perspektive ist wesentlich.

Kabudachi: Die Mehrfachstammform

Hierbei handelt es sich um Gehölze, die dazu neigen, mehrere verschieden hohe Stämme aus einem Wurzelstock auszubilden. Der *Kabudachi*-Bonsai zeigt einen dominierenden Stamm, dem schmalere und kleinere Stämme zur Seite stehen, die zusammen eine asymmetrische Silhouette ergeben. Dieser Bonsai wird gezogen, indem man den Stamm bis zum Boden herunterschneidet, um den Austrieb neuer Triebe zu fördern. Die Äste sind bei allen Stämmen nach außen gerichtet.

Ligustrum ovalifolium, *S. 153;* Chaenomeles *x* superba, *S. 175*

Ikadabuki/Netsunagari: Die Floßform

In der Natur handelt es sich dabei um einen Baum, der durch Witterungseinflüsse (starke Stürme) umgeworfen wird, auf einer Seite liegen bleibt und an der Stammunterseite Wurzeln ausbildet, wobei sich die nach oben gerichteten Äste zu neuen Stämmen entwickeln können. Es entsteht der Eindruck eines Baumriegels. Alle Stämme entstehen aus demselben Holz, das entweder gerade und dick oder leicht gekrümmt und dünn sein kann. Die entsprechende Bonsai-Form zieht man nach diesem Vorbild.

Lonicera nitida *›Baggesen's Gold‹, S. 157*

Yose-Ue: Die Wald- oder Gruppenpflanzung

Mehrere Bäume (aber immer im ungeraden Mengenverhältnis) derselben Art vermitteln den Eindruck eines Wäldchens. Sie wachsen in unregelmäßigen Abständen und bilden Stämme unterschiedlicher Dicke aus, wobei der dominierende Baum stets ein asymmetrisches Dreieck mit den beiden stärksten Nebenstämmen bildet. Der höchste Baum entfaltet sich immer an der höchsten Stelle. Mehrere Stämme dürfen auf keinen Fall in einer Linie stehen – gleichgültig aus welcher Richtung man sie betrachtet.

Nandina domestica, *S. 160;* Cotoneaster simonsii, *S. 179*

Bon-kei: Die Landschaft

Diese Gestaltungsform stellt die Welt auf einem Tablett oder in einer Schale dar. Dieses Bild kann Felsen mit Grotten, Bonsai-Bäume mit Begleitpflanzen bzw. Unterwuchs, einen imaginären See aus kleinen Kieseln oder Wasser, Figuren und Häuser in Miniaturform enthalten. Auf Proportionen achten!

Bonsai-Werkzeuge und -Techniken

Die Werkzeuge

Bonsai-Liebhaber haben eine Auswahl an Werkzeugen zur Verfügung, die dem Laien in ihrer Vielfalt und Ausprägung verwunderlich erscheinen mag. Es ist allerdings nicht nötig, die gesamte Palette an Werkzeugen zu besitzen, denn dies kann ein Vermögen kosten. Man kann durchaus auch ohne die Hilfe von Spezialwerkzeugen hervorragende Bonsais gestalten – allein mit dem normalen Werkzeug, das man im Hause hat. Was die Bonsai-Werkzeuge betrifft, so haben sich diese im Lauf der Jahrhunderte verbessert und erleichtern die Anwendung der meisten Techniken für den ernsthaften Bonsai-Liebhaber. Zehn davon, die häufigsten und die nützlichsten, sind auf diesen Seiten abgebildet. Dank dieser Hilfsmittel ist die Gestaltung und die Pflege Ihres Bonsai wesentlich einfacher, schneller und professioneller.

Werkzeuge für Stamm und Äste

Der Blattschneider

Für den Pflegeschnitt des Blattwerks und für heikle Eingriffe, wie die vollständige oder teilweise Entfernung der Blätter, benutzt man einen Blattschneider. Klein und leicht, ist er dazu geschaffen, die Blattstiele glatt durchzuschneiden, ohne diese zu quetschen oder die nebenstehenden Blätter zu beschädigen. Mit schmalen Klingen und einem Federgriff ist er für die »Maniküre« des Bonsai unersetzlich. Der Blattschneider ist ein Universalwerkzeug für Links- und Rechtshänder.

Lange Bonsai-Schere für feine Äste

Sie ist bei stark verästelten Bäumen ein unerlässliches Werkzeug, um beim Schneiden den Baum nicht zu verletzen. Sie hat einen langen Griff, damit man leicht ins Innere des Astwerkes gelangt, und ihre spitzen Scherenblätter erlauben eine hohe Schnittgenauigkeit. Die lange Schere ist für Links- wie Rechtshänder ausgelegt.

Die große Bonsai-Schere für dickere Äste

Massiver in der Form als die lange Bonsai-Schere, benutzt man sie für Zweige und Äste von über 10 mm Durchmesser. Als sehr häufig eingesetztes Werkzeug gehört diese Schere fraglos zur Grundausstattung des Bonsai-Liebhabers. Ihre runden Griffe ohne Feder sind für Rechts- wie Linkshänder geeignet.

Die Konkavzange

Dank ihrer besonderen Zangenausformung ist sie ideal für das Schneiden von Ästen am Stamm. Die Besonderheit ist, dass dieses Werkzeug, anders als die Schere, eine konkave Schnittfläche hinterlässt, die glatt verheilt. In mehreren Größen erhältlich, ist die größte sogar scharf genug zur Entfernung von Ästen, für deren Schnitt eigentlich eine Säge notwendig wäre (siehe Kasten S. 26).

Der große Drahtschneider

Dieses Werkzeug ist unerlässlich bei der Gestaltung von Ästen durch Drahten. Es ist so beschaffen, dass man den Draht durchschneiden kann, ohne dabei die Rinde zu verletzen. Versuchen Sie beim Abwickeln oder Lösen des Drahtes von Hand, diesen mit einer herkömmlichen Zange zu durchschneiden, riskieren Sie ernsthafte Verletzungen an der Pflanze. Den Drahtschneider gibt es je nach Stärke des Bonsai-Drahtes in verschiedenen Größen.

Im Uhrzeigersinn von links oben: Blattschneider, lange Bonsai-Schere, große Bonsai-Schere, Konkavzange, großer Drahtschneider (rechte Seite).

Werkzeuge und Ausrüstungsgegenstände für Wurzelbehandlung und Umtopfen

Wurzelschere

Ganz allgemein für den Schnitt von Wurzeln und feinem Wurzelgeflecht geeignet, hat sie dieselbe Form wie die große Bonsai-Schere mit runden Griffen, ist jedoch aus noch soliderem Material, da sich die Wurzeln meist als sehr zäh erweisen. Sie ist immer aus nicht rostendem Stahl und daher leicht zu säubern.

Wurzel-Schaufelhaken

Im Allgemeinen aus rostfreiem Stahl, ist dieser stets an einem Ende mit einer Kralle und am anderen Ende mit einem flachen Spatel ausgestattet. Der Wurzelhaken erlaubt es, die Wurzeln vor dem Schnitt zu entflechten oder auszukämmen, der Spatel dient dazu, die Erde in der Schale beim Umtopfen aufzulockern und zu durchlüften. Der Wurzelhaken macht das Substrat unkrautfrei und säubert es schonend.

Erdschütte

Dieser leicht zu handhabende Stahlzylinder dient beim Umtopfen dazu, Erde an schwer zugängliche Stellen zu bringen. Er wird in verschiedenen Größen angeboten und ist immer aus rostfreiem Stahl.

Essstäbchen

Hier haben wir den idealen Ausrüstungsgegenstand, um eine neue Erdmischung gefühlvoll in die Wurzeln eines Bonsai zu bringen, ohne das Bodengefüge zu zerstören.

Kokosbesen

Den Kokosbesen nimmt man, um die Erdoberfläche nach dem Umtopfen zu säubern, indem man die lose Erde entfernt und damit eine glatte Oberfläche schafft, ohne die Wurzeln zu beeinträchtigen. Gleichermaßen brauchbar ist er zur Säuberung der Töpfe.

Im Uhrzeigersinn von links oben: große Bonsai-Schere, Wurzel-Schaufelhaken, Kokosbesen, Essstäbchen, Erdschütte (rechte Seite).

Anderes nützliches Material

- Eine alte Zahnbürste ist nützlich, um das Moos von den Stämmen und Ästen Ihres Bonsai zu bürsten. Die Borsten sind fest genug, um wirksam zu säubern, ohne die Rinde zu schädigen.
- Ein Wundverschlussmittel schützt die Schnittwunden nach einem Astschnitt und schränkt das Risiko eines Krankheitsbefalls durch Eindringen von Bakterien in die Wunde ein.
- *Jin*-Zangen werden zum Drahten benötigt. Man benutzt sie außerdem zum Entrinden des Holzes, um einen *Jin* oder *Shari* zu gestalten (siehe S. 37).
- Mithilfe eines Drehtisches ist es möglich, die Pflanze von allen Seiten zu begutachten, was sich besonders beim Schnitt als sehr nützlich erweist. Es gibt einige unterschiedliche Modelle im Handel, doch auch eine einfache Drehscheibe für ein TV-Gerät erfüllt ihren Zweck.
- Die sogenannte kugelförmige Spezialzange ist ein verhältnismäßig neues Werkzeug, das vorzugsweise eingesetzt wird, um Aststümpfe zu entfernen und Schnittfehler zu korrigieren. Diese Zange hinterlässt einen sauberen, kreisförmigen Schnitt am Stamm, der gut und so flach abheilt, dass man die Narbe kaum bemerkt. Außerdem eignet sie sich hervorragend dazu, das tote Holz herauszuarbeiten, um einen *Jin* zu gestalten oder Stümpfe abzuschnitzen, die für einen Schnitt zu groß sind.
- Eine kleine Säge kann sich beim Rückschnitt jener Äste als nützlich erweisen, die für die Konkavzange zu dick sind. Ist der Schnitt zu grob und es bleiben Wunden zurück, kann man mit der kugelförmigen Spezialzange nachschneiden, um eine saubere Schnittfläche zu erhalten.
- Ein Satz Schraubzwingen oder Klemmhölzchen, s-förmige Haken oder kleine Spannvorrichtungen sind durchaus hilfreich bei der Ausformung größerer Äste und Stämme von Nadelholzbäumen, deren harzreiches Holz auch im Alter meistens noch recht biegsam bleibt.

Drahtsorten für die Technik des Drahtens

Draht ist ein Hilfsmittel, um einigermaßen flexible Äste in die Form oder Richtung zu lenken, die für die Gestaltung des Bonsai nötig ist. In der Regel geschieht diese Maßnahme während der ersten Wuchsjahre bei Hartholzarten. Koniferen dagegen können aufgrund der harzreichen, flexibleren Äste (mit Ausnahme des sehr alten Holzes) wesentlich länger durch Drahten geformt werden. Das Drahten ist eine einfache Methode, preiswert und sehr wirkungsvoll, und hat aus diesen Gründen viele andere Gestaltungstechniken beim Bonsai verdrängt. Das gängigste Material ist Kupfer- oder Aluminiumdraht. Aluminiumdraht ist dabei am leichtesten zu handhaben, denn er verhärtet nicht mit der Zeit. Kupferdraht bietet nicht ganz die gleiche Biegsamkeit, passt sich jedoch aufgrund seiner Farbtönung besser an die Rinde an. Die Stärke des Kupferdrahts hängt jeweils von der Astgröße und der Gehölzart des Bonsai ab. Für die kleinen und feinen Zweige arbeitet man mit einem Draht von geringem Durchmesser. Dagegen wählt man dickeres Material für eine wirkungsvolle Gestaltung von älteren und stärkeren Ästen. Dabei gilt die Faustregel, dass der Drahtdurchmesser dreimal geringer sein sollte als das Holz, das man in Form bringen möchte.

Bonsai-Schalen

Bonsai-Schalen sind, was Formen, Größen und Farben betrifft, in großer Auswahl erhältlich und erfüllen mehrere Funktionen. Die wichtigste ist, dass sie dem Bonsai die nötige Stabilität geben, also Höhe und Breite des Baumes ausgleichen, mit dem Kunstwerk harmonieren und ihren Teil dazu beitragen, die gewünschte virtuelle Landschaft in der Fantasie des Betrachters entstehen zu lassen (siehe S. 10). Man wählt Form, Größe und Farbe der Schale je nach Funktion des Bonsai – also nach seiner Stilart, der Farbe seines Laubes und seiner Blüten.

Auswahl der geeigneten Schale

- Die Schale sollte ausreichend groß sein, um den Wurzeln genügend Platz zu lassen, sich mindestens während zwei Jahren auszubreiten. Sie sollte die richtige Dränage bieten und frostfest sein. Im Allgemeinen sind Bonsai-Schalen verhältnismäßig flach, doch bestimmte Gehölz- bzw. Stilarten benötigen ein tiefes Behältnis, um das Gewicht der Pflanze auszugleichen. Auch manche fruchttragende Bäume erfordern eine tiefere Schale, um genügend Platz für das Substrat zu schaffen. Schalen gibt es in zahlreichen Ausführungen: von einem flachen, niedrigen Tablett – perfekt für Gruppenpflanzungen – bis zu hohen, geraden Töpfen für die Kaskadenformen des Bonsai. Bonsai-Schalen sind häufig in ovaler Form gehalten. Vorwiegend kommen Letztere für Baumarten mit rundlicher Silhouette zur Verwendung.
- Die Größe des Behältnisses richtet sich nach den Ausmaßen des Baumes. Die Länge der Schale sollte etwa zwei Drittel des Baumkronendurchmessers oder – als ein anderer möglicher Orientierungsansatz – zwei Drittel der gesamten Baumhöhe messen. Die Tiefe der Schale entspricht dem einfachen bis anderthalbfachen des unteren Durchmessers des Stamms. Was die Raumaufteilung betrifft, so sollte der Bonsai gewöhnlich nicht in der Mitte stehen, sondern in einer Position gepflanzt werden, die etwa einem Drittel der Topflänge und -breite entspricht, sodass das Verhältnis zwischen Baum und Schale natürlicher erscheint und dazu beiträgt, den Eindruck einer Miniaturlandschaft zu vermitteln (siehe S. 12).
- Die ästhetischen Faktoren bei der Wahl der Schale sind entscheidend für die Wirkung des Ensembles. Das Resultat muss ausgewogen und harmonisch sein, ohne dass der Topf zum dominierenden Element wird und die Schönheit des Tableaus ruiniert. Die Farbe der Rinde, der Blüten und des Blattwerks, die Form und die Stilart des Bonsai müssen bei der Auswahl in Betracht gezogen werden.
- Der Baum muss gut und fest in der Schale platziert sein, und auch dieser Umstand beeinflusst die Wahl des Behältnisses. Ein Bonsai mit breitem Kronenumfang oder ein Wäldchen braucht eine große und flache Schale, die deren Dimensionen ausgleicht und zur Entwicklung einer Miniaturlandschaft beiträgt. Dagegen benötigt ein Bonsai in Kaskadenform einen tiefen Topf, der dessen Gewicht und visuellen Eindruck ausbalanciert und das Gefühl von Schwere und Schroffheit eines Gebirgshanges vermittelt.

Schnitt und Gestaltungstechniken

Bonsai-Gehölze lassen sich in zwei Kategorien einteilen: Laubbäume und Nadelbäume. Die Laubbäume sind entweder immergrün (d. h., sie behalten ihr Laub auch im Winter) oder laubabwerfend (d. h., sie verlieren ihre Blätter im Winter). Um welchen Laub-Bonsai es sich auch handelt – die Gestaltungs- und Pflegetechniken (z. B. Erhaltungsschnitt) bleiben dieselben; allein die Zeiten für den Schnitt differieren je nach Baumart. Struktur und Wuchsverhalten der Koniferen unterscheiden sich allerdings grundlegend von denen der Laubbäume. Also sind gewisse Gestaltungstechniken und Erhaltungsschnitte ebenso unterschiedlich. Aus diesem Grund ist es sehr wichtig, einen Laubbaum von einem Nadelbaum zu unterscheiden, um die richtigen Techniken anzuwenden.

Der Bonsai-Schnitt

Das Wichtigste beim Schnitt ist, dass der Bonsai-Gestalter weiß, was er möchte. Erst wenn man sich darüber im Klaren ist, warum man schneidet, kann man über die geeignete Schnitttechnik nachdenken. Beim Schnitt unterscheidet man zwei Arten: Der erste, der Erhaltungsschnitt, besteht darin, den Stil eines Bonsai zu bewahren, um seinen Charakter im Lauf der Jahre zu erhalten. Der zweite, der Erziehungs- oder Formschnitt, dient dazu, die angestrebte Baumform, den angestrebten Bonsai-Stil durch entsprechende Schnittmaßnahmen zu fördern und zu entwickeln. Der Erhaltungsschnitt ist bei Koniferen und Laubbäumen unterschiedlich, da zum Beispiel der Wuchsrhythmus beider Baumkategorien beträchtlich voneinander abweicht. Der Formschnitt allerdings ist in beiden Fällen recht ähnlich, da es sich darum handelt, eine Form herauszuarbeiten, die dem Ideal möglichst nahe kommt. Der Erziehungsschnitt geht oft zusammen mit dem Drahten einher, vor allem bei Nadelbäumen. In der Praxis ist es meistens schwierig, einen Formschnitt von einem Erhaltungsschnitt zu trennen, denn das Wachstum eines Bonsai ist ein ständig fortschreitender Prozess, der sich über ein ganzes Bonsai-Leben hinzieht.

Der Erhaltungsschnitt bei Laubbäumen

Der Erhaltungsschnitt bei Laubbaumarten hat zum Ziel, eine bereits bestehende Gestalt zu erhalten. Ein gefühlvolles Auslichten vermeidet, dass das Astwerk zu schwer und dicht wird. Erhaltungs- und Formschnitt finden im Allgemeinen am Winterende statt, in einer Zeit, da die Struktur der Äste und Zweige am deutlichsten zu begutachten ist. Wenn nötig, ist der Erhaltungsschnitt bis zum Ende der Vegetationsperiode fortzuführen. Bevor man mit der Arbeit beginnt, macht man sich mit den Eigenarten der betreffenden Baumart vertraut, denn bestimmte Arten wie Ahorn *Acer* und Birke *Betula* neigen dazu, zu »bluten«, wenn man sie zum falschen Zeitpunkt schneidet.

Der Blattschnitt besteht im Entfernen der Blätter, die die Silhouette des Baumes stören. Arbeiten Sie mit einem Blattschneider, und achten Sie darauf, nicht die Zweige abzuschneiden, die für die zukünftige Entwicklung des Baumes nötig sind. Blattstiele, die am Baum bleiben, sollten vom verbleibenden Laub überdeckt werden. Bestimmte Laubbaumarten, wie zum Beispiel die Rosskastanie *Aesculus hippocastanum*, lassen sich etwa zur Sommermitte sogar völlig entlauben, damit der Baum neue und kleinere Blätter austreibt.

Im Uhrzeigersinn von links oben: Die Blattspreite wird zur Hälfte abgeschnitten; Schnitt der Zweige; Schnitt der Äste (rechte Seite).

Zusätzlich ist ihre Färbung im Herbst intensiver. Bei frisch umgetopften, immergrünen Laubbäumen in voll belaubtem Zustand empfiehlt sich oftmals ein Blattschnitt. Entweder halbiert man mit dem Blattschneider die Blattspreite bei einem Großteil des Laubes, oder man entfernt die Hälfte der Belaubung. Vor dem Umtopfen erfolgt der Wurzelschnitt (siehe S. 50/51). Mit der Verminderung der Laubblattoberfläche senkt man den Stoffwechsel, und damit insbesondere Feuchtigkeitsverluste durch Verdunstung, und verringert den Stress, der durch das Umtopfen und durch die Auslichtung des Wurzelballens ausgelöst wird.

Der Schnitt der Triebe korrigiert die Silhouette des Bonsai und lichtet verdichtende Ast- und Kronenpartien (siehe Foto S. 31). Arbeiten Sie hierbei mit einer langen oder einer großen Bonsai-Schere je nach Beschaffenheit des Pflanzenmaterials.

Der Schnitt der Äste besteht darin, das Astwerk auszulichten, zu durchlüften und die Stilart eines Bonsai zu erhalten (siehe Foto S. 31). Arbeiten Sie mit einer Konkavzange oder der großen Bonsai-Schere, je nach Astdurchmesser und der Erreichbarkeit der Äste. Behandeln Sie die größeren Schnittflächen mit einem Wundverschlussmittel.

Erhaltungsschnitt bei Nadelbäumen

Diese Schnittmethode dient der Erhaltung einer bereits geschaffenen Bonsai-Form und der Förderung neuer Triebe, damit die Silhouette des Bonsai auch während der Wachstumsperiode gewahrt bleibt. Allerdings tolerieren Nadelbäume nur selten einen radikalen Schnitt. Es empfiehlt sich daher, behutsam vorzugehen und im Bedarfsfall die Maßnahmen auf mehrere Eingriffe zu verteilen. Neben dem Schnitt kann man während der Vegetationsphase auch pinzieren und drahten, um die Konifere zu erziehen, ihre Entwicklung zu fördern und ihren Stil zu erhalten. Eine unnötige Verdichtung des Astwerkes sollte man auf jeden Fall vermeiden und entsprechend zielgerichtet auslichten. Das heißt, die Auslichtungsmaßnahme bewirkt, dass nun Licht und Luft in die ehemals verdichteten Partien kommt, dem Baum die Möglichkeit zur Regeneration gegeben und gleichzeitig die Form an den Stiltyp angepasst wird. Gewöhnlich nimmt man einen Erhaltungsschnitt bei Nadelbäumen im Frühjahr und im Sommer vor, wenn die Pflanzen mitten im Wachstum sind. Man kann diese Aktivität jedoch bei einigen Kiefern und Fichten auch bis Anfang Winter ausdehnen.

Der Schnitt der Triebe, oder anders ausgedrückt, die Entfernung der Triebe und feinen Verästelungen, die die Silhouette oder die Stilart des Baumes stören und die das Astwerk zu sehr verdichten, ist ein kontinuierlicher Prozess. Arbeiten Sie mit der langen oder der großen Bonsai-Schere je nach Dicke des zu schneidenden Holzes.

Der Astschnitt erfolgt, um verdichtete Astpartien auszulichten und die Stilform des Bonsai zu erhalten. Arbeiten Sie mit einer Konkavzange oder einer großen Bonsai-Schere, je nach Astdicke und Zugänglichkeit. Behandeln Sie die Schnittflächen mit einem Wundverschlussmittel, um Infektionen zu verhindern.

Das Pinzieren dient dazu, die Anzahl der jungen Knospen an der Spitze eines Astes oder Zweiges zu verringern. Wird diese Maßnahme korrekt durchgeführt, vermeidet diese Technik das Gelbwerden und Welken der Blätter. Die beste Vorgehensweise dabei ist, die Astspitze festzuhalten und mit den Fingern eine Knospe herauszukneifen. Achten Sie darauf, nur die jungen, weichen Triebspitzen zwischen Daumen und Zeigefinger oder Mittelfinger abzuknipsen, denn beschädigte Blätter werden gelb und welken. Die neuen Triebe sind prall mit Saft gefüllt. Entfernt man zu viele dieser Triebe, führen Feuchtigkeitsverluste schnell zur Austrocknung der Pflanze. Ein solcher Schaden kann vermieden werden, wenn die Pflanze vor dem Pinzieren leicht besprüht wird und auch während der folgenden Tage in feuchterer Umgebung steht.

Das Entfernen der Kerzen bei Kiefern ist eine Form des Pinzierens. Die länglichen, dünnen kerzenförmigen Gebilde, zu denen sich die Knospen bei Kiefern an den Spitzen der gesunden Triebe auswachsen, erscheinen in Gruppen. Die Entfernung der mittigen Kerze regt die Ausbildung neuer Triebe an, die einen buschigeren und ästhetischeren Wuchs hervorrufen. Solange diese Sprosse noch weich sind, bricht man diese mit Daumen und Zeigefinger mit einer leichten Drehung heraus, um die verbleibenden Nadeln an der Pflanze nicht zu verletzen. Durch diese Methoden kann man das Längenwachstum, die Verzweigung und die Nadellänge beeinflussen. Nach der Entfernung der Kerzen beugt man einem Flüssigkeitsverlust in derselben Weise vor wie beim Pinzieren (siehe oben).

Pinzieren (oben).
Entfernen der Kerzen (unten).

Formschnitt und Gestaltungstechniken

Bevor man einen Formschnitt in Angriff nimmt, um ganz von vorne zu beginnen oder die Stilart eines Bonsai zu ändern, sollte man sich die Zeit nehmen, einen Bonsai aufmerksam zu begutachten. Nicht nur Details, sondern der Bonsai in seiner Gesamtheit muss in die Betrachtung einbezogen werden, um das in ihm steckende Potenzial zu entdecken und zu ergründen. Diese Prozedur ist der wichtigste Teil einer Gestaltung. Betrachten Sie die Anordnung der Äste, die Neigung des Stammes usw. Machen Sie sich bewusst, wie ein Baum austreibt, wie er vermutlich im Lauf der Jahre wachsen wird.

Alle Techniken des Erhaltungsschnitts, die eigentlich dazu dienen, den Stil eines Bonsai zu bewahren, können auch zur Entwicklung einer neuen Wuchsform eingesetzt werden: der Blattschnitt und das Pinzieren, um die Verzweigung und die Bildung einer Vielzahl von Knospen zu fördern, der Schnitt der Triebe, um die Silhouette des Baumes zu lichten und zu verfeinern, und der Astschnitt, um die Baumkrone zu durchlüften. Andere Techniken sind allein der Gestaltung vorbehalten, wie die unterschiedlichen Methoden des Drahtens oder ein Schnitt, die das Wuchsverhalten des Baumes in die eine oder andere Richtung beeinflussen sollen.

Das Drahten

Das Drahten wird benutzt, um dem Bonsai eine besondere Form zu geben. Schlampiges oder nachlässiges Drahten allerdings macht die Gestaltung des Bonsai unmöglich. Um diese Technik zu beherrschen, bedarf es Zeit und Übung - doch die Mühe wird sich lohnen. Üben Sie, das Holz zu biegen und zu drehen, an Gehölzen, die reichlich Triebe und Zweige produzieren. Hier sollten Übungsfehler keine Konsequenzen nach sich ziehen.

Für die Entscheidung, welche Äste gedrahtet werden sollen, lassen Sie sich bitte Zeit. Wählen Sie anschließend den Draht mit dem geeigneten Durchmesser aus (üblich ist ein Sechstel bis ein Drittel des zu biegenden Astdurchmessers). Der benötigte Draht muss deutlich länger als der Ast sein. Als Faustregel gilt, dass er mindestens ein Drittel länger als der zu bearbeitende Ast sein muss, aber für den Anfang ist es besser, ihn noch länger zu bemessen, um ihn in einem Stück, also ohne jede Unterbrechung, spiralförmig um den Ast winden zu können. Bevor Sie damit beginnen, müssen Sie den Draht sicher im Wurzelballen hinter oder vor dem Stamm verankern und fast parallel zur Erde einmal um den Stamm legen, wenn Sie vorhaben, den Stamm oder einen der unteren Äste zu drahten. Beim Drahten der oberen Zweige befestigen Sie den Draht zuerst mit einigen Windungen am Stamm. Da diese Stelle die höchste Spannung aushalten muss, sollte man den Draht so befestigen, dass er das Holz nicht schädigt und sich nicht lockern kann. Anschließend winden Sie den Draht in einem Winkel von 45° um den Ast oder Stamm. Ist der Ast auf seiner gesamten Länge verdrahtet, lockert man den Draht Stück für Stück, um ihn in die gewünschte Position zu bringen. Das Ende des Drahtes wird nach hinten gebogen und noch einmal gedreht, um einen sauberen, ästhetischen Abschluss zu haben.

Drahtet man zwei gegenüberliegende Äste gleichzeitig, kann man denselben Draht benutzen und führt ihn zwischen den Ästen um den Stamm.

Möchte man eine Drahtung verlängern, um den Stamm einer großen Konifere zu biegen, benutzt man zwei Drähte, die man parallel um den Stamm windet, wobei sich die Drähte jedoch niemals überkreuzen dürfen. Sie können sich in das Holz einschneiden.

Alternative Techniken

Für die Gestaltung eines Bonsai gibt es noch andere Verfahren, die heute allerdings seltener angewendet werden, da sie weniger Manipulationsmöglichkeiten zulassen als das Drahten. Man greift auf diese Methoden zurück, möchte man Altholz bei Laubbäumen, aber auch Koniferen gestalten.

Spannschnüre (an der Schale befestigt)

Dieses Verfahren nutzt die Schale zur Fixierung der Äste. Man sollte sich vergewissern, dass die Schale die Zugkraft der Spannschnüre auch aushalten kann. Eine einigermaßen sichere Methode ist, Drähte durch die Abzugslöcher der Schale zu führen und daran die Schnüre zu befestigen, die dann ihrerseits den Ast durch Spannung in die gewünschte Position bringen. Bei dieser Methode muss die Spannschnur wöchentlich überprüft und gegebenenfalls gelockert werden, falls der Baum schnell wächst. Es ist ein langsamer, aber dennoch wirksamer Prozess.

Zusätzliche Ratschläge zur Drahtung

- **Die Drahtung bei Nadelbäumen** wird häufig angewandt, da sie bei der Astgestaltung wesentlich schneller zum Erfolg führt als die Schnittmethode. Nach dem Astschnitt kann es nämlich oft Jahre dauern, bis sich ein neuer Trieb an der gewünschten Stelle bildet. Dennoch setzt auch die Drahtung etwas Geduld voraus. Man belässt den Draht mindestens während einer Vegetationsperiode am Ast, damit sich das Pflanzengewebe an das vorgegebene Korsett auch wirklich anpasst.

  Die meisten Nadelbäume haben ein flexibles Holz und lassen sich leicht in Form biegen.
- **Die Drahtung bei Laubbäumen** kann nur bei jungem, noch biegsamem Holz durchgeführt werden. Bei den meisten Laubbaumarten ist das Holz schon nach einem Jahr zu fest und steif, um erfolgreich gedrahtet zu werden. Um einen Laubbaum von mehr als einem Jahr zu formen, muss man einen Formschnitt anwenden.

  Die neuen Triebe der Laubbaumarten neigen dazu, sehr fein und brüchig zu sein. Deshalb muss das Drahten hier besonders behutsam - also ohne allzu große Richtungsänderungen und Biegungen - erfolgen. Angesichts der schnellen Wüchsigkeit der jungen Triebe lässt man eine Drahtung lediglich während einer Saison (zwei oder drei Monate sind häufig ausreichend) an den Zweigen. Behält man sie länger bei, wird der Draht sich in die Rinde graben und das Wachstum des Zweiges unterbrechen.

Die Drahtung des jungen, flexiblen Holzes eines Laubbaumes (unten links).
Verdrahtung eines Astes zur Formkorrektur bei einem Nadelbaum (unten rechts).

Spannschnüre (an einer Stütze befestigt)
Bei einer weiteren Gestaltungstechnik wird das Spannseil an einer Stütze befestigt. Dieser Vorgang ermöglicht es, die Neigung oder die Biegung eines Astes oder des Stammes zu verändern. Man verbindet Ast oder Stamm mithilfe des Spannseils an mehreren Punkten an der Stütze. Die Spannung muss dabei ständig überprüft werden, denn man lockert oder strafft diese Stück für Stück, je nachdem, inwieweit das Holz die neue Form angenommen hat. Dieser Prozess dauert zwar mehrere Monate, ist jedoch praktisch, wenn man einen Bonsai nach der streng aufrechten Form oder in der geneigten Form erziehen möchte.

Gewichte
Eine weitere Hilfe bei der Gestaltung von Ästen sind Gewichte. Um die gewünschte Linienführung zu erreichen, befestigt man mit Sand gefüllte Säckchen oder zum Beispiel ein Senkblei, wie sie Angler verwenden, an einer Schnur oder einem Drahtende an der entsprechenden Stelle des Astes. Wichtig dabei ist, dass die Gewichte entsprechend der Astgröße und der gewünschten Ausformung gewählt werden. Darüber hinaus ist es ratsam, die Schnur über einem Polster, zum Beispiel aus weichem Stoff, am Ast zu befestigen, um einerseits ein Verrutschen zu verhindern und andererseits Verletzungen an der Rinde vorzubeugen.

Pinzieren.

Der Formschnitt von Ästen
Um dem Baum einen natürlichen Habitus zu verleihen, ist es notwendig, große Zwischenräume zwischen den Ästen zu schaffen. Dies erreicht man, indem man bestimmte vom Stamm ausgehende Äste entfernt und die anderen Äste teilweise zurückschneidet. Im Idealfall entspringt der unterste Ast am ersten Drittel über dem Stammansatz, der folgende nach einem weiteren Drittel der verbleibenden Stammlänge, und so geht es weiter bis zur Spitze des Bonsai. Dieses Prinzip, bei dem sich die Intervalle zwischen den Ästen bis zur Spitze immer weiter verringern, ähnelt erstaunlich den natürlichen Verhältnissen. Die obige Faustregel liefert dem Bonsai-Gestalter gute Anhaltspunkte für seinen Formschnitt, sie zeigt, wo er die silhouetten- und charakterbildenden Äste findet und welche Äste er entfernen muss.

Das Pinzieren von Laubbäumen
Diese Technik kommt zur Anwendung, will man den Austrieb der Seitentriebe anregen. Durch das rechtzeitige »Entspitzen« der Gipfelknospe treiben die Knospen in den Blattachseln aus. Damit entstehen feinere Zweige an den Astansätzen, die Blattmasse verdoppelt sich, und die Blätter werden kleiner. Pinziert man am Ende des Frühjahrs oder Anfang Sommer, erreichen die neuen Triebe ihre Reife noch vor dem Winter. Diese Methode bewirkt, dass neue Zweige exakt an der gewünschten Stelle entstehen. Sollten sich dennoch überzählige Zweige gebildet haben, lassen sich diese im Herbst und im Winter entfernen.

Rückschnitt zu langer Sommertriebe
Zu einem späteren Zeitpunkt als das Pinzieren schneidet man die zu langen Triebe. Während der Sommerperiode bilden die Äste oft lange, saftige Triebe aus, die unbedingt entfernt werden müssen. Es ist aber zu beachten, dass diese Arbeit frühestens in der Spätsaison, besser noch im Winter erfolgt. Entfernt man diese Triebe nicht, gerät der Wuchs des Bonsai außer Kontrolle.

Die Methode Lingman »Clip and Grow«
Hierbei handelt es sich um eine chinesische Technik zur schnellen Alterung. Bei Laubbäumen beansprucht diese allerdings mehr Arbeitszeit als ein normaler Formschnitt. Beginnen Sie damit, eine buschig wachsende Pflanze auszuwählen. Führen Sie einen starken Wurzel- sowie einen

Astschnitt durch (siehe S. 50/51), und pflanzen Sie den Baum in einen tiefen sogenannten »Gestaltungstopf«. Behandeln Sie sämtliche Schnittflächen mit einem Wundverschlussmittel. Nach einem Jahr wird er an den Schnittstellen neue Triebe ausgebildet haben. Jetzt kann man ihn wieder in eine attraktivere Schale umpflanzen und ihn in der gewünschten Stilart beschneiden. Dank dieser Methode entwickelt der Baum vom Ansatz an einen knorrigen, charaktervollen Stamm, wozu er sonst Jahre gebraucht hätte.

Jin, *Shari* und *entrindetes Holz*

In freier Natur entsteht stets dort totes Holz an einem Baum, wo zum Beispiel ein Ast vom Sturm, durch die Schneelast beziehungsweise durch andere Einflüsse gebrochen oder abgerissen ist. Solche Szenen sind wichtige Vorbilder für einen Bonsai, die sich künstlich schaffen lassen. Der japanische Ausdruck für einen beschädigten Ast, der als Stumpf weiter existiert, ist *Jin*; bei einem *Shari* scheint ein Ast vollkommen abgerissen und hat dabei auch noch einen Teil der Rinde des Stammes mitgenommen. Das Phänomen des *entrindeten Holzes* oder des *Totholzes* bezeichnet lange Streifen blanken, entrindeten Holzes an einem Stamm.

Jin, *Shari* und *entrindetes Holz* sind Alterungstechniken, die bei der Ausformung eines Bonsai immer beliebter werden. Die Nachbildung von totem Holz, wie im Fall eines abgerissenen Astes, vermittelt bei einem Bonsai Charakter und Schönheit. Dieses Phänomen suggeriert Verwitterung und Alterung durch Elemente der Natur wie Schnee, Regen, Fröste, Stürme, Trockenheit und starke Sonneneinstrahlung. Nadelbäume eignen sich vorrangig für die Technik des *Jin* und *Shari*. Hier sind sie meist von blasser, manchmal silbriggrauer Farbe – also wie von Wind und Sonne gebleicht; bei Laubbäumen erscheinen solche Partien eher bräunlich.

Die Ausdehnung von *Jin* und *Shari* darf dabei nur so groß werden, dass sie die Gesundheit des Bonsai nicht gefährden. Wie in der Natur können größere Wunden zum Absterben des ganzen Baumes führen. *Jin* und *Shari* sind mittlerweile erprobt und nunmehr auch für den Anfänger unter der Bedingung anzuwenden, dass er sich an die Vorsichtsmaßregeln hält.

Vor und nach dem Rückschnitt der sommerlichen Langtriebe (rechts).

Die *Jin*-Technik

- Wählen Sie einen Ast aus, der die Gesamtkomposition ihres Bonsai bereichern würde, wenn er bis auf einen Stumpf reduziert wird. Entfernen Sie sämtliche kleinen Zweige und Blätter an dem Abschnitt, an dem der *Jin* entstehen soll.
- Bestimmen Sie eine Stelle, wo Sie den *Jin* ansetzen können, und schneiden Sie die Rinde um den Ast auf dieser Höhe ringförmig mit einer Schere oder einem Messer ein, ohne das unter der Rinde liegende Holz zu verletzen. Anschließend quetschen Sie die Rinde mit der *Jin*-Zange vorsichtig oberhalb des Einschnitts, um das Verbindungsgewebe zwischen Rinde und Holzkern zu lockern und abzulösen. Mit einer scharfen Zange oder einem Messer lässt sich nun die Rinde leicht und schonend auf der gewünschten Länge entfernen. Auf diese Weise erhalten Sie ein Stück blanken Holzes. Schneiden Sie dann den Ast unmittelbar oberhalb des entrindeten Holzes zur Hälfte ein, und reißen Sie den oberen Teil mit einer Drehbewegung ab. Auf diese Weise erhalten Sie eine unregelmäßige, recht natürlich wirkende Bruchstelle, die Sie dann mit einem spitzen Messer nachbessern können, etwa um die Maserung besser zur Geltung zu bringen: Ihr *Jin* ist vollbracht. Achtung: Die Wunde am Holz »blutet« noch einige Zeit nach der Behandlung. Für etwaige weitere Eingriffe empfiehlt es sich daher, mehrere Tage zu warten, bis die präparierte Partie vollkommen abgetrocknet ist.

Ein *Shari* entsteht durch dieselbe Technik, mit dem Unterschied, dass hierbei der erste Schnitt am Stamm selbst oder an einem Hauptast durchgeführt wird und nur so großflächig erfolgt, dass die Gesundheit des Baumes nicht beeinträchtigt wird. Bei *Sharimiki* (siehe S. 19) oder »Totholz (Treibholz)« handelt es sich um einen großflächigen *Shari*. Kreiert man einen großflächigen *Shari*, sollte man darauf achten, das Holz unter der Rinde nicht zu verletzen und diese keinesfalls auf dem gesamten Stammumfang zu entfernen: Sonst wird der Saftfluss unterbrochen, was zum Absterben des gesamten Baumes führt. Man kann auch einen Bonsai mit ausgehöhltem Stamm gestalten, indem man einen jungen Baum um das alte tote Holz zieht, sodass sie im Laufe des Wachstums miteinander nach dem Pfropfprinzip verschmelzen.

Das Wesen des Bonsai in jeder Pflanze entdecken und herausarbeiten

Für die praktische Gestaltung eines Bonsai mit den hier behandelten Techniken und Methoden ist es für den Anfang am einfachsten, ein völlig unbehandeltes, d. h. unbeschnittenes Gehölz, auszuwählen. Es genügen vielleicht nur einige Stunden, um Struktur und Stil eines passablen Bonsai entstehen zu lassen, doch es dauert ein Menschenleben und länger, diese zu verfeinern und zu verbessern. Um als Bonsai erzogen zu werden, muss ein Gehölz zunächst einen Stamm besitzen, der sich zur Spitze hin verjüngt, etliche von diesem Stamm ausgehende Äste und ein dichtes und kompaktes, eng daran anschließendes Blattwerk aufweisen. Es ist allerdings oft vorteilhaft, eine Pflanze zu suchen, die diese Eigenschaften bereits besitzt, anstatt diese über viele Jahre zu kultivieren, bevor man einen Bonsai daraus gestaltet.

Lassen Sie das Bäumchen zum Beispiel zwei oder drei Jahre im Garten wachsen, damit vor allem der Stammumfang zunimmt. Es ist möglich, gewisse Pflanzen allein durch Schnitttechniken in unterschiedlichen Stilformen zu erziehen, wie zum Beispiel bei Felsenmispel *Cotoneaster* und Feuerdorn *Pyracantha*. Andere wiederum, zum Beispiel die Nadelbäume, müssen fast in jedem Fall gedrahtet oder mit Spannschnüren und anderen Hilfsmitteln in Form gebracht werden. Hat man sich einmal für eine Pflanze entschieden, sollte man sich unbedingt die Zeit nehmen, sie gründlich zu beobachten und anzusehen, um alle Gestaltungsmöglichkeiten auch wirklich auszuloten, die diese bietet. Beobachten Sie die Charakteristika und Eigenheiten des Wuchses oder der Form des Gehölzes und ziehen Sie daraus – möglichst treffende – Schlüsse für ein Behandlungskonzept und -alternativen. Gewisse Pflanzen wie die des Ulmengewächses *Zelkova* passen sich von Natur aus der Besenform an, andere wiederum, wie unterschiedliche Pinienarten, sind vollkommen in der Form des Literaten. Allerdings sind die meisten Gehölze keineswegs an nur eine oder wenige Stilart(en) gebunden. Zuvor aber sollten Sie sich mit dem Werkzeug und den Techniken vertraut gemacht und das Wuchsverhalten des Baumes im Wesentlichen verstanden haben. Immer wieder sollte das Potenzial des Baumes während des Schnitts abgewogen und begutachtet werden. Die Gestaltung eines Bonsai benötigt Zeit und Raum.

Zur Erinnerung

Nachfolgend einige wichtige Punkte, die Sie im Gedächtnis behalten sollten, wenn Sie sich auf die Welt des Bonsai einlassen.

- Frostharte Pflanzen gedeihen im Freien und nicht in Innenräumen. Die Bonsai-Kunst war also traditionell eine Aktivität im Freien und ist es im Allgemeinen auch noch heute. Bonsais in Innenräumen stammen aus tropischen Ländern und sollten im Sommer artgemäß für eine gewisse Zeit im Freien gehalten werden, können jedoch nur in ausgesprochen milden Klimazonen den Winter im Freien überleben.
- Auch dem erfahrensten Bonsai-Kenner können Fehler unterlaufen. Jeder hat einmal seinen Baum verunstaltet oder gar vernichtet. Das ist der Preis, den man bezahlt, wenn man am »lebenden Objekt« arbeitet. Man sollte es als eine Lehre verstehen und nicht zum Anlass nehmen, sich von dieser Kunst zu verabschieden.
- Beschränken Sie sich auf bestimmte Pflanzenarten. Jede einzelne hat ihre besonderen Bedürfnisse, und es ist schon etwas Erfahrung und Ausdauer nötig, um zu lernen, was ihr zuträglich ist. Seien Sie kritisch gegenüber sich selbst, so wie Sie dem Baum gegenüber kritisch bleiben sollten.
- Mit dem Tag, an dem Sie Ihren Bonsai in eine Schale setzen, beginnen Sie eine langjährige Beziehung und übernehmen die Verantwortung für seine Pflege. Füllen Sie diese Pflicht nicht aus, wird der Bonsai eingehen. Nehmen Sie Ihr Engagement ernst, werden Sie reich belohnt.
- Bitten Sie andere Bonsai-Liebhaber um Hilfe und Unterstützung. Treten Sie einem Club oder Verein in Ihrer Gegend bei. Man lernt immer viel, wenn man Wissen und Erfahrung mit anderen austauscht.
- Vergessen Sie nicht: Es dauert Jahre, Jahrzehnte und manchmal sogar länger, bis der ausgewählte Bonsai ein Gesamtkunstwerk wird. Behalten Sie Ihr Ziel stets vor Augen, und genießen Sie den Weg dorthin.

Pflege und Kultur

Wie komme ich zu einem Bonsai?

Bonsais sind, wie zuvor erwähnt, gewöhnlich Freilandpflanzen und keine Zimmerpflanzen und müssen daher entsprechend behandelt werden. Beachten Sie auch, dass es Gehölzarten gibt, die in ihrem Ursprungsland vollkommen frosthart sind, sich in unseren Breiten jedoch als überraschend empfindlich erweisen. Unter gemäßigten Klimabedingungen sollten halbfrostharte Arten und tropische Arten immer in Innenräumen überwintern.

Samen

Die Kultur eines Bonsai aus Samen ist ein außerordentlich zeitaufwendiger Prozess, bei dem man mehrere Jahre braucht, bis ein befriedigendes Resultat erreicht ist. Bestimmte Arten keimen schnell, andere wiederum benötigen eine Spezialbehandlung. Am Ende des Keimvorgangs, wenn die Pflanze groß genug ist, topft man sie um und lässt sie mehrere Jahre wachsen, bevor man mit der Gestaltung beginnt. Das Pflänzchen hat auf diese Weise Zeit, Wurzeln, Astwerk und einen zufriedenstellenden Stamm auszubilden und die nötige Kraft zu entwickeln, um dem bevorstehenden Formschnitt standzuhalten.

Stecklinge

Die Gewinnung von Stecklingen ist eine praktische Vermehrungsmethode von seltenen oder besonders begehrten Arten oder Züchtungen. Einfach und preiswert, kann sie sich andererseits auch als recht langwierig erweisen und ungleichmäßige Resultate erbringen. Der Erfolg einer Anzucht aus Stecklingen hängt davon ab, wie schnell und problemlos der Steckling Wurzeln bildet und zur eigenständigen Pflanze wird. Wie bei der Aussaat bedarf es Jahre, bis die angewurzelten Stecklinge einen robusten Stamm, vitale Wurzeln und ein einigermaßen entwickeltes Astwerk ausgebildet haben. Es gibt Arten, die sich besser durch Stecklinge als durch Samen vermehren lassen. Außerdem haben Stecklinge die gleichen Charakteristika wie die Mutterpflanze.

Baumschulware

Bäume und Sträucher, die man als Containerware in einer Baumschule erwirbt, sind häufig eine gute Grundlage für die Gestaltung eines Bonsai. Sie haben bereits gut ausgebildete Wurzeln und sind an das Leben im Topf gewöhnt. Prüfen Sie sie gründlich, und achten Sie darauf, eine hundertprozentig gesunde Pflanze zu erwerben.

Bäume aus der freien Natur

Diese Methode erfordert viel Sorgfalt, will man weder die Wurzeln des gewünschten Exemplars noch die benachbarten Pflanzen beim Ausgraben schädigen. Die Entnahme aus der Natur erfordert allerdings die Genehmigung des Landbesitzers. Das Ausgraben von geschützten Arten ist nicht gestattet. Im Übrigen ist es recht schwierig, einen in der Natur ausgereiften, klein gebliebenen Baum zu kultivieren. In jedem Fall muss er zur richtigen Jahreszeit, also vor Austrieb der Knospen und nicht in vollem Laub stehend, ausgegraben werden.

Kauf eines fertigen Bonsai

Der Kauf eines bereits als Bonsai gestalteten Baumes ist eine sehr naheliegende Möglichkeit des Einstiegs. Die Pflanzen sind schon mindestens drei Jahre alt, und man hat ihnen bereits eine Form und eine Stilart zugewiesen, was die Arbeit ungemein erleichtert. Achten Sie darauf, dass die Pflanze gesund, also ohne Schädlings- und Krankheitsbefall, ist, damit sie die weitere Gestaltung ohne großen Schock übersteht. Holen Sie entsprechende Ratschläge und Tipps von erfahrenen Bonsai-Praktikern ein. Darüber hinaus werden an vielen Orten Bonsai-Kurse angeboten.

Eine Auswahl junger Bonsais in unterschiedlichen Stilrichtungen und Gestaltungsstadien (rechte Seite).

Die Bonsai-Pflege

Die Pflege eines Bonsai gestaltet sich meist aufwendiger als die einer normalen Topfpflanze. Das knapp bemessene Substrat erfordert eine nahezu tägliche Überwachung des Baumes und kurzzeitige Gieß- und Düngeintervalle. Auch das richtige Licht, die richtige Temperatur und Belüftung erfordern Aufmerksamkeit. Der Schnitt ist von zentraler Bedeutung. Das Umtopfen muss zügig und sehr sorgfältig erfolgen.

Das Gießen

Verfassung und Gesundheit einer Pflanze hängen unmittelbar von der Wasserversorgung ab. Das bedeutet, dass das Pflanzsubstrat mit der richtigen Menge von Wasser versorgt sein und der Feuchtigkeitsgrad den momentanen Bedürfnissen des Baumes angepasst sein muss. Das Substrat darf keinesfalls vernässen, aber auch nicht austrocknen. Das Gießen muss richtig dosiert, in kürzeren Zeitabständen und möglichst regelmäßig erfolgen. Ob ein Bonsai gewässert werden muss, stellt man fest, indem man die obere Substratschicht an einer Stelle vorsichtig entfernt und die Feuchtigkeit darunter bestimmt. Ist die Erde dort kaum noch feucht, sollte gewässert werden. Ist sie trocken, muss der Bonsai sofort in ein Tauchbad (siehe Foto S. 45). Schon beim Anheben des Topfes können Sie an der Schwere desselben erkennen, ob die Erde zu trocken oder zu feucht ist. Im Tauchbad sollten Sie den Bonsai zumindest den ganzen Morgen oder bis zum Mittag belassen. Gießen Sie am frühen Morgen oder am späten Abend.

Die Wasserqualität

Die Beschaffenheit des Wassers trägt entscheidend zur Gesundheit des Baumes bei. Regenwasser galt bisher als die bei Weitem beste Wahl. Heute erscheint es in vielen Gebieten eher fraglich, ob man es noch uneingeschränkt empfehlen kann – vor allem nicht in den Ballungszentren, wo es oft durch die Luftverschmutzung stark verunreinigt ist. Gutes Gießwasser darf weder zu kalkhaltig sein noch Chloride oder Fluoride enthalten. Gießen Sie niemals mit künstlich enthärtetem Wasser.

Leitungswasser führt abhängig von seiner Qualität gelegentlich zu einer Konzentration von Calciumsalzen an der Substratoberfläche und an den Rändern der Schale. Diese Verkrustungen müssen regelmäßig mit einer alten Zahnbürste entfernt werden. Heidekrautgewächse wie Rhododendren und Azaleen oder Gehölzarten, die sauren Boden benötigen, tolerieren keinen Kalk. Gießen Sie diese mit brauchbarem Regenwasser.

Die Gießmethoden

Das Gießen mit Regenwasser ist – mit den zuvor erwähnten Bedenken – die naheliegendste und natürlichste Gießweise für Bonsais. Benutzen Sie dazu Regenwasser, das sich der Umgebungstemperatur angepasst hat, und eine Gießkanne mit feinem Gießkopf. Gießen Sie sanft, und warten Sie, bis das Wasser versickert ist. Wiederholen Sie das Gießen ein weiteres Mal. Danach sollte das Wasser durch die Abflusslöcher der Schale tropfen. Ist das nicht der Fall, oder ergießt es sich in einem Schwall nach dem Gießen, ist vermutlich das Substrat stärker verdichtet. Dann sollte man dazu übergehen, die Schale in ein Tauchbad zu geben (siehe Foto S. 45) und den Bonsai schnell in ein anderes Substrat umtopfen. Vergewissern Sie sich, dass das Substrat stets auf der ganzen Fläche gleichmäßig und ausreichend gewässert ist.

Dagegen empfiehlt es sich aufgrund der Lufttrockenheit in Innenräumen auch das Laub regelmäßig zu überbrausen, um die Luftfeuchtigkeit in der Umgebung der Pflanze zu erhöhen.

Falsches Gießen und seine Folgen

- Gelbverfärbung der Blätter oder Nadelabwurf
- Welken des Laubes
- Nasse Erde mit fauligem Geruch
- Ansiedlung feuchtigkeitsliebender Moose und Unkräuter auf der Substratoberfläche
- Wurzelverkümmerung und -rückbildung
- Fäulnis am Stammanlauf und an den Wurzeln
- Im schlimmsten Fall: Absterben der Pflanze

Das Tauchbad kommt zur Anwendung, wenn die Erde vollkommen ausgetrocknet, zu verdichtet oder so mit Wurzeln durchsetzt ist, dass das Substrat das Wasser nicht mehr aufnimmt. Stellen Sie den Baum samt Schale in ein Bassin, und füllen Sie es langsam mit temperiertem Regenwasser an, bis der Wasserspiegel den Rand der Bonsai-Schale erreicht. Lassen Sie den Bonsai so lange im Wasser, bis keine Luftblasen mehr aufsteigen. Verdichtete Böden zeigen keine oder nur wenige Luftblasen und sind deshalb keine Indikatoren für einen wassergesättigten Boden. Nehmen Sie danach die Bonsai-Schale heraus und kippen Sie sie leicht zur Seite, damit das überschüssige Wasser ablaufen kann. Das Tauchbad sollte einmal pro Monat durchgeführt werden.

Bewässerungsanlagen empfehlen sich besonders während der Ferienzeit. Hierbei gibt es zahlreiche und fantasievolle Möglichkeiten. Sehr effizient ist die Tröpfchenbewässerung, wobei man das Wasser durch ein Schlauchsystem mit immer kleinerem Durchmesser leitet, aus dem dann Wasser in die Schalen tropft. Sehr einfach funktioniert die Kapillarbewässerung. Hierbei wird eine Schale mit Wasser neben das Bonsai-Gefäß gestellt, und beide werden durch eine saugfähige Schnur oder ein Stoffband verbunden, die sich mit Wasser vollsaugen und fest mit dem Bonsai-Substrat verbunden sind. Eine weitere Variante arbeitet mit nassem Sand oder speziellen, wassergetränkten Matten, in oder auf die man die Schale stellt. Stellen Sie die Pflanze auf jeden Fall in den Schatten oder Halbschatten.

Das Tauchbad: Die Schale wird in ein Bassin mit Wasser gestellt (unten links). Dieses Bild zeigt auch eine Lösungsmöglichkeit für das Gießproblem während des Urlaubs: Die Kapillarbewässerung findet hier über ein Gazeband statt, das die Bonsai-Schale mit dem Wasser verbindet (unten rechts). (Zu Demonstrationszwecken werden hier zwei eigentlich nicht kombinierbare Bewässerungsmethoden in einem Bild zusammengefasst!)

Messung der Luftfeuchtigkeit

Bestimmte Bonsai-Arten brauchen eine hohe Luftfeuchtigkeit. Die Gehölzarten, die im Unterstand der Wälder und in den Tropen zu Hause sind, muss man jeden Tag mit Wasser bestäuben. Die Blätter der frostharten Arten trocknen schnell aus und müssen daher vor allem bei heißem Wetter, austrocknenden Winden und starker Sonneneinstrahlung besprüht werden (am Morgen oder am Abend). In der Regel besprüht man Bonsais in Innenräumen einmal pro Tag, besonders im Sommer.

Das Licht

Nicht nur Bonsai-Pflanzen, sondern nahezu allen Pflanzen ist ein grundlegendes Bedürfnis nach Licht gemeinsam. Licht regt die Fotosynthese an, wodurch lebenswichtige Nährstoffe in den Blättern produziert werden.

Lichtmangel

Zu geringes Licht bereitet einer Pflanze Stress, erhöht die Anfälligkeit gegenüber Krankheiten und Schädlingen, produziert überlange Triebe, große Blätter und unausgewogene, schlecht korrigierbare Wuchsformen. Die Pflanze versucht zwar, ihr Chlorophyll maximal auszuschöpfen, um die Fotosynthese in Gang zu halten und dem Licht so nahe wie möglich zu kommen. Trotzdem kann in Extremfällen ein Bonsai an Lichtmangel eingehen.

Lichtüberschuss

Im Umkehrfall kann zu viel und zu grelles Licht bestimmte Bonsai-Pflanzen schädigen - vor allem im Sommer. Viele der japanischen Ahornarten und bestimmte, natürlich im Unterstand der Wälder vorkommende Arten verbrennen leicht unter direkter oder zu starker Sonneneinstrahlung. Sie benötigen vorzugsweise im Sommer zumindest halbschattige Situationen. Es gibt viele Materialien, die einen guten Sonnenschutz garantieren und die Bonsai-Pflanzen während dieser Jahreszeit schützen. Hier genügt oft schon ein Platzwechsel an einen schattigeren Standort.

Lichtverhältnisse bei Bonsais im Innenraum

In Innenräumen vermeidet man es, tropische Pflanzen direkt an ein Fenster zu stellen, wo sie der direkten Sonneneinstrahlung ausgesetzt sind. Direkte Sonneneinstrahlung verursacht leicht Brandschäden an Blättern, zudem ist die Gefahr groß, dass das Bodensubstrat schnell austrocknet. Daher wählt man für diese Pflanzen einen Standort mit viel diffusem Licht und meidet am besten Südfenster.

Die Belüftung

Eine schlechte Luftzirkulation kann sich nachteilig auf das Wuchsverhalten und auf die Resistenz des Bonsai auswirken. Schon ein einfacher Pflanzenständer genügt, um den Bonsai in eine günstige Position mit guter Luftzirkulation zu bringen. Einem Bonsai frische Luft zu bieten, bedeutet dennoch nicht, ihn dem Wind oder dem Luftzug auszusetzen. Bedingt durch den gering bemessenen Boden in der flachen Schale ist die Gefahr der Austrocknung bei Bonsai-Pflanzen viel größer als bei normalen Topfpflanzen. Laubabwerfende Bonsai-Arten reagieren besonders empfindlich. Darunter ganz besonders die, die aus gemäßigten und feuchten Klimazonen kommen.
In Verbindung mit Frost kann der Wind besonders verheerende Auswirkungen haben: Das Substrat vereist, wird hart, und die Wurzeln haben kein Wasser mehr. In vielen derart gelagerten Fällen stirbt die Pflanze eher durch Verdursten als durch Erfrieren - ein Umstand, der sehr häufig im Winter verkannt wird.
Schützen Sie Ihre Bonsai-Pflanze so gut wie möglich vor Wind, entweder in einer besonders geschützten Ecke des Gartens oder durch einen speziellen Windschutz. In der Gärtnerei sind unterschiedliche Produkte zu diesem Zweck erhältlich.

Luftverhältnisse in Innenräumen

Bonsai-Gehölze in Innenräumen vertragen wie alle Pflanzen keinen Zug. Sie gedeihen besser an einem von ständig wechselnden Bedingungen unbeeinflussten Platz, also nicht vor einem Fenster oder einer Tür.

Diese beiden Beispiele veranschaulichen die schädlichen Auswirkungen von zu geringer Lichteinstrahlung (rechte Seite).

Der Frost

Die meisten Bonsai-Pflanzen sind unter gemäßigten Klimabedingungen frosthart und widerstandsfähig – mit Ausnahme natürlich der Bonsais für Innenräume. Frostharte Baum- und Straucharten brauchen mindestens zwei harte Frostperioden, um in eine Ruhephase einzutreten und ihr Wachstum während des Winters zu unterbrechen. Alle Bonsai-Bäume haben frostempfindliche Wurzeln, da sie im Topf gezogen werden. Frostschäden treten vor allem im Frühjahr auf, und dann vorwiegend an den Blatt- und Blütenknospen (siehe Textkasten S. 49).

Bonsai-Substrate

Dem Substrat kommt bei der Bonsai-Kultur eine sehr wichtige Rolle zu. Man denke nur an den geringen Wurzelraum, den die Pflanze beanspruchen kann. Substratmischungen für Bonsai-Anwendungen enthalten in der Regel zwei Hauptbestandteile: a) organisches Material – Grundlage für das Bodenleben und Nährstoff- und Wasserlieferant für die Pflanze – und b) anorganisches Material (Kies, Sand), welches im Wesentlichen für eine Durchlüftung des Substrates sorgt.
Mischungen bestehen in der Regel aus kompostiertem Laub, Torf, Humus, Kies, Sand und Dünger in einem Verhältnis, das nach den jeweiligen Bedürfnissen variiert. Nachfolgend die Zusammensetzung einer bewährten Standardmischung mit Krümelstruktur, gutem Luftaustausch und hoher Wasserkapazität, die für viele Bonsai-Kulturen geeignet ist: ein Drittel Laubkompost, ein Drittel Torf oder Kokosfasern, ein Drittel Kies.
Wird nicht ausdrücklich auf ein anderes Substrat verwiesen, können alle in diesem Buch genannten Bonsai-Arten in diese Mischung gepflanzt werden. Bei Pflanzen, die ein Substrat mit besserem Wasserabzug (Dränage) benötigen, fügt man der Standardmischung ungefähr weitere 30 Prozent Kies hinzu und reduziert dementsprechend die anderen Anteile. Für Pflanzen, die auf sauren Böden gedeihen, wie Azaleen oder Rhododendren, benutzt man ausschließlich ein Spezialsubstrat für Heidekrautgewächse. Diese Arten tolerieren keinen Kalk in der Erde, brauchen also eine kalkfreie Mischung, in der der Anteil des Laubkomposts in der oben beschriebenen Standardmischung ersetzt wird. Man bevorzugt hierfür gewaschenen, unbedingt kalkfreien Kies. Das sogenannte *Akadama*-Substrat, ein aus Japan importiertes, sehr nährstoffarmes Tongranulat mit hervorragendem Wasserabfluss, wird traditionell für die Bonsai-Kultur verwendet. Diese Mischung ist sehr teuer. Für den Beginn eignet sich genauso gut auch die oben angegebene Standardmischung.

Der Dünger

Alle Pflanzen brauchen für ihre Existenz drei wesentliche Nährstoffe – Kalium, Stickstoff und Phosphor – und eine kleine Menge Spurenelemente sowie Magnesium. Alle Mischungen enthalten diese Bestandteile in unterschiedlichen Mengenverhältnissen, dasselbe gilt für die Spurenelemente. Ohne einen ausgeglichenen Nährstoffhaushalt zeigt die Pflanze Mangelerscheinungen. Die Dünger sind entweder organische oder rein mineralische Dünger und fördern nicht nur den Wuchs, sondern auch die Bodenfruchtbarkeit des Substrates, die auch für die Widerstandskraft Ihres Bonsai von Bedeutung ist.
Mineraldünger sind Dünger, welche einen oder mehrere Pflanzennährstoffe, wie z. B. Stickstoff, Phosphat, Kali, Kalk und Magnesium, enthalten. Sie werden natürlich aus Mineralien oder synthetisch gewonnen und in Form von anorganischen Verbindungen angeboten. Organische Dünger enthalten die eigentlichen Nährstoffe in mehr oder weniger komplexen organischen Verbindungen und müssen im Boden zuvor mineralisiert werden, um für die Pflanze verfügbar zu sein. Sie enthalten ähnliche Bestandteile, wie sie sich natürlich im Boden befinden. Auf lange Sicht zieht man einen organischen Dünger vor, der es dem Bonsai ermöglicht, seine Ressourcen je nach Bedarf anzuzapfen.

Die Düngergaben: Wann und in welcher Form?

Man gibt Bonsai-Pflanzen den Dünger, den sie tatsächlich aufnehmen können und keinesfalls mehr. Die kritischste Zeit ist die Hauptwachstumsphase. Die besonderen Bedürfnisse jeder Pflanzenart schlagen Sie bitte im Einzelnen ab S. 60 nach. Zu Beginn der Hauptwachstumsphase, also

Unterschiedliche Substratmischungen. Von links nach rechts: Laubkompost, Gartenkies und Torf (rechte Seite).

Einfacher und wirksamer Schutz

Um den Bonsai temporär vor Wind und Frost im Winter zu schützen, raten wir, ihn auf eine Bank zu stellen (siehe S. 52) oder in eine geschützte Ecke. Diese wird anschließend mit einem Gartenflies oder einer Noppenfolie überdeckt. Auf diese Weise ist die Pflanze perfekt gegen Frost geschützt, ohne die Luftzirkulation zu unterbrechen. Vergessen Sie nicht, die Pflanze licht zu stellen, sobald die Frostgefahr vorüber ist.
Bestimmte Arten müssen den ganzen Winter über geschützt werden. Diese stellt man in ein Kalthaus oder einen ungeheizten Wintergarten. Achten Sie auf entsprechende Hinweise ab S. 60.

beim Austrieb, ist ein ausgewogener, organischer Dünger oder ein mineralischer Langzeitdünger die Regel. Später, während des weiteren Wachstums, in der Regel nach dem Hochsommer, kann man diesen durch einen nitratärmeren Dünger ersetzen, wie man ihn für Tomaten oder Rosen verwendet.

Bei dieser nitratärmeren sowie kalium- und magnesiumreicheren Düngermischung sind die jungen Knospen frost- und krankheitsresistenter, da sie rechtzeitig verholzen. Darüber hinaus fördert dieses Mischverhältnis eine vitale Wurzelbildung und Blütenknospen für die folgende Saison. Welchen Dünger auch immer Sie verwenden, beachten Sie bitte genau die Dosieranleitung, ganz besonders bei zu verdünnenden Flüssigdüngern. Eine Düngung zum falschen Zeitpunkt oder eine zu hoch dosierte Flüssigdüngung können zur Ausbildung überlanger, weicher, frost- und krankheitsanfälliger Triebe und Verbrennungen an den Wurzeln führen, die im schlimmsten Fall das Absterben der Pflanze zur Folge haben.

Das Düngen von Bonsais in Innenräumen

In Innenräumen kann im Prinzip das ganze Jahr gedüngt werden. Doch auch hier ist es wichtig, sich bei der Düngung auf den Rhythmus der Pflanze einzustellen. Das heißt, man muss sich beispielsweise auf die Hauptwachstumsphase und auf die Ruhephasen einstellen, die je nach Ursprungsgebiet - beispielsweise auf der südlichen Erdhalbkugel sogar genau - entgegengesetzt zu den Phasen in unseren Breiten sein können. In solchen Fällen ist eine Volldüngung vor dem Spätherbst und Winter, also vor der Hauptwachstumsphase, und eine nitratarme Düngung zur Erhöhung der Widerstandskraft vor dem Sommer, also vor Beginn der Ruhezeit, angebracht. Beachten Sie auch die besonderen Hinweise zur Düngung der entsprechenden Gehölzart bei den Einzelbeschreibungen in diesem Buch.

Das Umtopfen

Um Ihrem Bonsai ein langes Leben und eine gute Widerstandskraft zu garantieren, achten Sie darauf, dass sein Wurzelwachstum aktiv bleibt - zu erkennen an einem dichten, weißen Wurzelgeflecht. Dieses pflegt man durch einen regelmäßigen Wurzelschnitt, verbunden mit regelmäßigem Umtopfen, entweder in dieselbe oder in eine andere Schale ähnlicher Größe. Junge Bonsais müssen häufiger umgetopft werden als ältere - in der Regel alle zwei Jahre, gelegentlich sogar jährlich.

Wann umtopfen?

- In einer Ruhephase.
- Wenn Wasser noch während des Gießens stark durch die Abflusslöcher der Schale austritt oder ungewöhnlich lange braucht, um das Substrat zu durchdringen.
- Wenn der Baum sich leicht aus dem Topf lösen lässt und die Wurzeln verfilzen.

Die beste Zeit für das Umtopfen und den Wurzelschnitt ist Anfang Frühjahr, kurz vor der Hauptwachstumsphase. Laubabwerfende Arten tragen zu diesem Zeitpunkt bereits Blätter, und die Nadelbäume beginnen neue Triebe auszutreiben. Die Pflanzen stehen dann weniger unter Stress und sind genügsamer. Ist ein Bonsai umgetopft, braucht er einige Wochen, um die Störung seiner Wurzeln zu verkraften, bevor er sein Wachstum wieder aufnimmt.

Wie umtopfen?

- Überdecken Sie die Abflusslöcher der neuen Schale mit einem feinen Gitterdraht oder einem Netz, um ein Durchrieseln der Erde zu verhindern. Fixieren Sie Drahtgitter oder Netz mit einem Metalldraht, indem Sie diesen durch zwei Abflusslöcher führen (siehe Abbildungen S. 51). Hat die Schale nur ein einziges Abflussloch, winden Sie den Draht um ein Holz- oder Bambusstückchen an der Unterseite der Schale. Dieser Draht kann gleichzeitig zur guten Verankerung Ihres Bonsai in der Schale dienen. Streuen Sie eine feine Lage Substratmischung auf den Schalenboden, die unterhalb des Stammbereichs etwas angehäufelt sein sollte. Vergessen Sie dabei nicht, dass die Platzierung des Bonsai außermittig sein sollte, um den Geboten der Raumaufteilung in Dritteln zu entsprechen (siehe Abschnitt »Proportion«, S. 12).
- Mithilfe des Spatels oder Wurzel-Schaufelhakens lösen Sie vorsichtig die Erde vom Rand der alten Schale und nehmen den Baum samt Wurzelballen heraus. Stellen Sie ihn so beiseite, dass die Wurzeln nicht austrocknen. Reinigen Sie anschließend die Schale mit einem milden, biologisch abbaubaren Reinigungsmittel, und spülen Sie gründlich nach, falls Sie den Topf wieder verwenden möchten. Entflechten Sie das Wurzelwerk, entfernen Sie vorsichtig die

Erde zwischen den Wurzeln, und schütteln Sie den Wurzelballen leicht aus.

- Mit einer scharfen Bonsai-Schere machen Sie sich anschließend an den Schnitt. Entfernen Sie vollständig alle abgestorbenen Wurzeln. Alle übrigen werden gut um ein Drittel eingekürzt. Belassen Sie aber möglichst viele der feinen Haarwurzeln, um die Wasser- und Nahrungsaufnahme nicht allzu sehr einzuschränken.
- Schneiden Sie so, dass der Wurzelballen problemlos in die Schale passt. Der Wurzelschnitt ist eine anspruchsvollere Technik, und er bedarf nicht nur der Einfühlungsgabe, sondern auch etwas Beherztheit, muss jedoch keinen ästhetischen Ansprüchen genügen, da man die Wurzeln ja nicht sieht. Der Schnitt dient allein der Gesundheit und der guten Entwicklung der Pflanze.
- Platzieren Sie den Bonsai in der Schale, indem Sie vorsichtig die Wurzeln nach allen Seiten gleichmäßig ausbreiten. Es kann sein, dass Sie diesen Vorgang wiederholen müssen, bis Sie eine gute Platzierung unter Beachtung der Proportionen und in Einklang mit der Bonsai-Schale gefunden haben. Winden Sie anschließend den Draht um den Stamm Ihres Bonsai, um ihn in Position zu halten. Dieser muss einigermaßen straff sitzen, ohne zu viel Spannung zu haben, um weder Stamm noch Wurzeln zu verletzen.
- Schaufeln Sie anschließend Substrat hinein. Drücken Sie dieses sanft um die Wurzeln mit einem Stäbchen fest, und achten Sie darauf, dass eine gute Substratschicht unter dem Wurzelballen liegt. Klopfen Sie die Schale sanft auf die Arbeitsfläche, um die Erde zu verteilen, fügen Sie, wenn nötig, noch etwas hinzu, ebnen Sie die Oberfläche knapp unter dem Rand, und klopfen Sie diese ebenfalls fest. Streichen Sie die Bodenoberfläche glatt, und säubern Sie die Schalenränder mit einem Kokosbesen.

Man befestigt einen feinen Gitterdraht über den Abflusslöchern, um den Bonsai gut im Topf zu verankern und ein Ausfließen der Erde zu verhindern (rechts oben).
Man schneidet den Wurzelballen entsprechend der Schalengröße zu (rechts Mitte).
Man füllt mithilfe der Erdschütte vorsichtig die Substratmischung in das Gefäß (rechts unten).

- Nach dem Umpflanzen gießen Sie großzügig, aber gefühlvoll, um das neue Substrat nicht abzuschwemmen. Lassen Sie dem Baum an einem geschützten, beschatteten Ort einige Wochen lang Zeit, bis er erste Anzeichen von Wachstum zeigt – zum Beispiel durch Knospenbildung oder -öffnung bei Laubbäumen. Nicht sofort düngen! Die erste Düngung nach dem Umtopfen sollte erst nach einem Zeitraum von sechs Wochen bis zu zwei Monaten erfolgen (Ausnahmen sind im Pflanzenverzeichnis angegeben). Erst eine erholte Pflanze ist in der Lage, das unvermittelt größer gewordene Nahrungsangebot durch Düngung aufzunehmen.

Schutz und Pflege von *Jin* und *Shari*

Um es klar zu sagen: *Jin* und *Shari* sind nichts anderes als mehr oder minder schwere Verwundungen eines Baumes mit all seinen Folgen. Soll der Baum nicht kränkeln, faulen oder gar absterben, fordern *Jin* und *Shari* unsere ständige Aufmerksamkeit. Kontrollieren Sie diese Stellen regelmäßig, und säubern Sie sie mit einer Zahnbürste, vor allem an den für Infektionen besonders anfälligen Rindenrändern. Bestreichen Sie die entrindeten Flächen mit Essigsäure (Essig) oder Zitronensäure (Zitronensaft), damit das Holz außerdem seine natürliche Färbung behält – es finden sich auch Spezialmittel im Handel. Reinigen Sie abgestorbene Stellen mit einem Reinigungsmittel auf der Basis von Chlorwasser. Dabei sollten Sie allerdings sehr vorsichtig vorgehen. Chlor ist ein aggressiver Stoff, der lebende Teile der Pflanze schädigen kann, wenn Sie nicht aufpassen.

Die Gesundheit eines Bonsai

Ganz besonders Bonsai-Pflanzen erfordern eine stetige Pflege, denn das ist der Schlüssel für gesundes Wachstum und starke Widerstandskraft. Sie sollten Ihren Bonsai mindestens einmal pro Tag gründlich betrachten, in Hitze- oder Kälteperioden sogar mehrmals, um mögliche Probleme frühzeitig zu erkennen und zu behandeln, bevor sie außer Kontrolle geraten. Ein hochwertiges, gesundes Substrat, regelmäßiges Gießen, angepasste Lichtverhältnisse, ein geeigneter Dünger und Schutz gegen Wind und Frost – all das trägt zur Gesundheit eines Bonsai bei.
Auch andere Faktoren spielen eine Rolle: Hygiene, ein an die jeweilige Art angepasster Standort und der Kampf gegen Schädlinge (siehe Textkasten S. 53).

Die Hygiene

Bei Bonsai-Pflanzen heißt gute Hygiene regelmäßiges Entfernen kranker, abgestorbener Blätter, Nadeln und anderen Abfalls auf und unter dem Baum, das Entfernen von Unkraut, unerwünschtem Moos auf der Erde und von Algen am Stamm, die Sorge für ein gesundes Substrat.

Der geeignete Standort

Bonsai-Pflanzen stellt man vorzugsweise nicht auf den Boden. Das gilt besonders für die kleinen Exemplare, um eine bessere Betrachtung und Bearbeitung zu ermöglichen. Stellt man sie in einer gewissen Höhe auf, verbessert sich überdies die Luftzirkulation. Die erhöhte Position erschwert auch den Zugang von Ameisen oder Schnecken.
Im Freien genügen schon einige Ziegelsteine, Mauersteine aus Beton und Holzbohlen, um ein kleines Podest oder eine Bank in der richtigen Höhe zu bauen, auf die man die Bonsai-Pflanze stellt. Auch in Innenräumen sollten Bonsais gut und richtig positioniert werden. Hier ist dieselbe Sorgfalt wie für Lichtverhältnisse, Luftzirkulation usw. geboten. Weiter sollte man beachten, dass der Baum stabil steht und weder von Bewohnern noch Haustieren leicht umgestoßen werden kann. Außerdem sind die meisten Zimmerpflanzen empfindlich gegen Temperaturschwankungen. Meiden Sie also einen Platz besonders in Heizungs- oder Südfensternähe.
Bestimmte Zimmer-Bonsais vertragen in den Sommermonaten den Aufenthalt im Freien sehr gut. Auch hier muss man den Standort mit Bedacht wählen. Er sollte immer vor Wind und Luftzug geschützt, im Halbschatten und keineswegs in der prallen Sonne sein. Gleichermaßen wichtig ist es, ihn täglich zu besprühen und zu gießen. Achten Sie auch hier immer auf Mangel- und Krankheitssymptome an der Pflanze. Erste Anzeichen von Problemen und Stress sind zum Beispiel gelbe oder braune Blattränder und -flecken.

Man bestreicht einen Jin *zum Schutz mit einer Speziallösung (rechte Seite).*

Schädlingsbekämpfung

Bonsais sind denselben Schädlingen und Krankheiten ausgesetzt wie ihre Verwandten im Garten oder in der freien Natur. Vergessen Sie nie: Eine gesunde Pflanze ist immer kräftiger und widerstandsfähiger gegen Befall. Erliegen Sie nicht der Versuchung, eine Überdosis Dünger zu verabreichen, was im minder schweren Fall nur zu einem nur mühsam zu bändigenden Austrieb von wässrigen und krankheitsanfälligen Trieben führt. Welches Problem auch immer auftritt – zuerst ist Ursachenforschung angesagt. Bei Bedarf bringen Sie Ihren Bonsai zu Ihrem Bonsai- oder Baumschulgärtner. Hat man die Krankheit bestimmt, können Sie das wirksamste Gegenmittel auswählen. Vorsicht ist geboten, sollten Sie sich für ein chemisches Mittel entscheiden. Beachten Sie genau die Anwendungsvorschriften des Herstellers. Die Schädlinge und Krankheiten, für die die einzelnen Baumarten anfällig sind, sind im Pflanzenverzeichnis aufgeführt.

Bonsai-Pflege rund ums Jahr

Wo auch immer Ihre Präferenzen liegen mögen, die Pflanzenkultur ist ein Zeitvertreib mit wechselvollen Freuden, die gänzlich vom Klima, der Jahreszeit und dem Wuchsverhalten der Pflanzen abhängen. Eine umfassende Vorstellung des Wuchsverhaltens Ihres Baumes ist für Sie nützlich, bevor Sie sich für eine bestimmte Maßnahme oder Technik und für einen bestimmten Eingriffszeitpunkt entscheiden. Das nachstehende Diagramm führt noch einmal die wesentlichen Pflegemaßnahmen für Ihren Bonsai im Lauf der Monate auf.

Dieser Zeit- und Maßnahmenplan ist als eine Art Gedächtnishilfe gedacht, der Sie an die wichtigsten Arbeiten in der jeweiligen Jahreszeit erinnert. Allerdings sind hier nur die groben Richtlinien aufgeführt. Für Einzelheiten konsultieren Sie das Pflanzenverzeichnis.

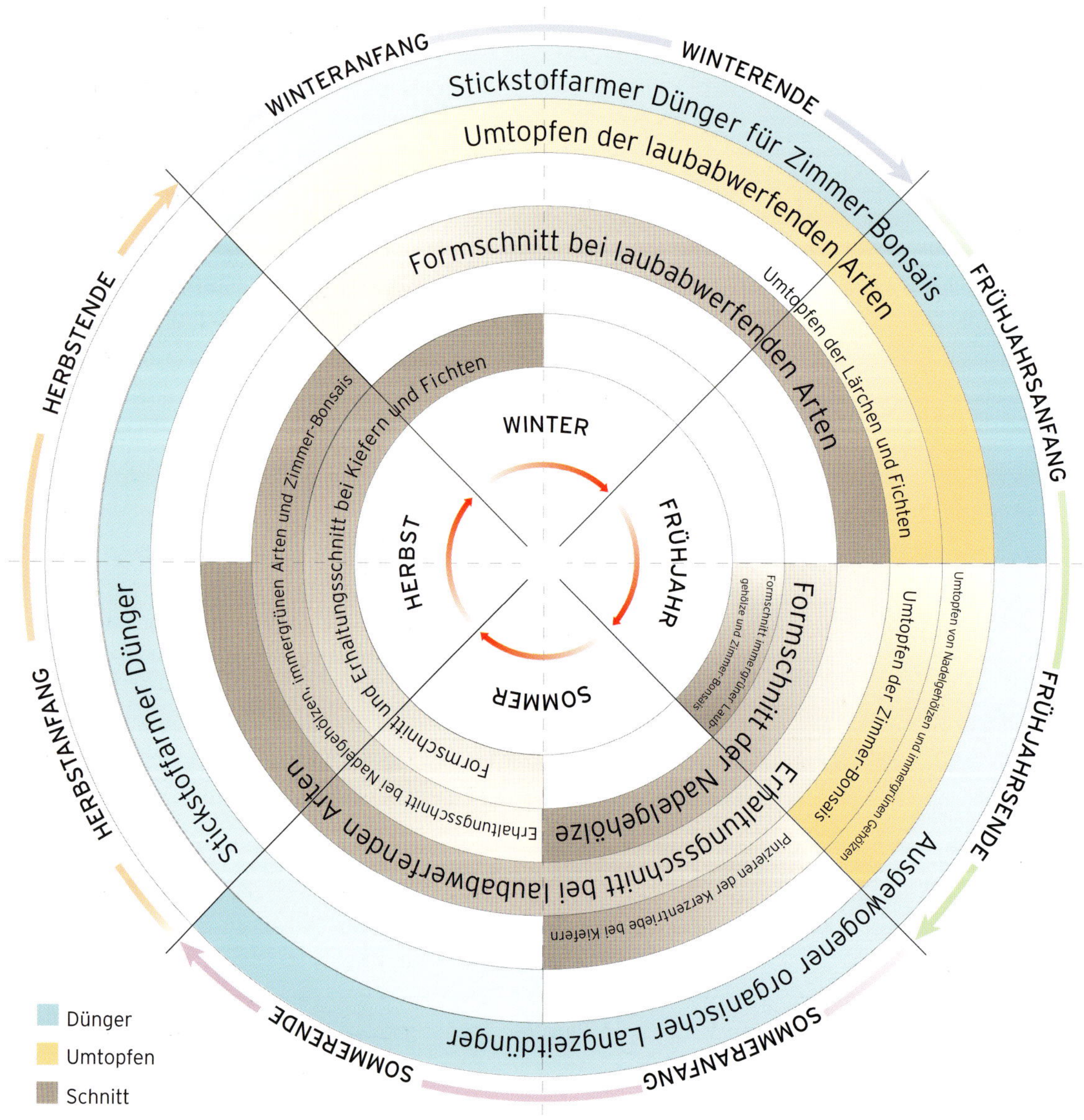

Anfang Frühjahr

Die ersten Anzeichen des Austriebs zeigen sich nun deutlich. Mit zunehmender Tagesdauer entwickeln sich die Bonsais nun zusehends schneller. Jetzt ist es Zeit, die Routineaufgaben wie den »Frühjahrsputz« anzugehen, aber auch Ihre Kreativität und Erfindungsgabe unter Beweis zu stellen.

Standort: Wenn nötig, wind- und frostgeschützt. Vorsicht vor der Morgensonne in der Zeit, da sich die Knospen öffnen.

Gießen: Schränken Sie die Wassergaben ein, aber lassen Sie das Substrat nie austrocknen.

Pflege: Kontrollieren Sie etwaigen Insektenbefall, vor allem an den Pflanzen. Kratzen Sie die Algen von den Stämmen.

Düngen: Nach den Anweisungen für den Winter bei Zimmer-Bonsai mit einem nitratarmen Dünger.

Umtopfen: Umtopfen von Laub- und bestimmten Nadelgehölzen.

Schnitt: Formschnitt bei Laubgehölzen. Eventuell drahten.

Ende Frühjahr

Jetzt sind die Tage länger als die Nächte. Laubgehölze befinden sich nun in der Hauptwachstums- und Blühphase. Dennoch ist mit Spätfrösten zu rechnen – nach den Eisheiligen können frostempfindliche Pflanzen guten Gewissens ins Freie gestellt werden.

Standort: Warnung vor der Morgensonne! Vermeiden Sie eine direkte Sonneneinstrahlung auf dem empfindlichen Neuaustrieb und den Blüten.

Gießen: Passen Sie die Wassergaben allmählich den wärmer werdenden Temperaturen an.

Pflege: Achten Sie auf Schädlingsbefall, und entfernen Sie, wenn nötig, das Unkraut.

Düngen: Beginnen Sie zu düngen, vorzugsweise mit einem ausgewogenen organischen oder einem Langzeitdünger.

Umtopfen: Umtopfen von Nadelbäumen, immergrünen Laubbäumen und Zimmer-Bonsais.

Schnitt: Formschnitt der Zimmer-Bonsais, von Nadelbäumen und immergrünen Laubgehölzen. Fichten, Wacholder und Kiefern können gedrahtet oder sonst in Form gebracht werden. Lichten Sie das Astwerk bei Laubgehölzen aus.

Anfang Sommer

Laubgehölze sind nun voll belaubt, und viele Blütenbäume zeigen jetzt ihre Blütenpracht. Kiefern und andere Nadelbäume treiben frische Nadeln und »Kerzen« (kerzenartiger Neuaustrieb z. B. bei Kiefer) aus. Die Tage werden immer länger, und alles entwickelt sich zusehends.

Standort: Bringen Sie robustere Zimmer-Bonsais tagsüber ins Freie; nach den Eisheiligen kann man sie auch dort belassen. Lichtempfindliche Bonsai-Pflanzen wie zum Beispiel Ahorne *Acer*, Hainbuche *Carpinus* oder Azaleen sollten im Schatten stehen.

Gießen: Reichliche Wassergaben je nach Bedarf.

Pflege: Tägliche Schädlings- und Krankheitskontrolle. Regelmäßiges Unkrautjäten.

Düngen: Gabe eines ausgewogenen organischen Düngers oder eines Langzeitdüngers.

Umtopfen: Kein Umtopfen oder Umpflanzen.

Schnitt: Formschnitt und Drahten von Nadelbäumen (mit Ausnahme von Kiefern und Fichten, mit denen man sich später im Jahr befasst). Entfernen der Kerzentriebe an den Kiefern. Pinzieren der anderen Koniferen. Rückschnitt junger Triebe bei Laubgehölzen.

Ende Sommer

Am Saisonende brauchen Bonsai-Pflanzen ständige Aufmerksamkeit. Die Tage werden kürzer. Denken Sie auch daran, Vorsorge für die Pflege Ihrer Bonsais während der Ferien zu treffen.

Standort: Sie können nun auch empfindliche Zimmer-Bonsai-Arten tagsüber ins Freie bringen. Stellen Sie lichtempfindliche Exemplare wie Ahorne *Acer*, Hainbuche *Carpinus* oder Azaleen an schattige Plätze.

Gießen: Reichliche Wassergaben je nach Bedarf.

Pflege: Regelmäßige Krankheits- und Schädlingskontrolle der Pflanzen. Unkrautjäten. Entfernen abgefallener Blätter.

Düngen: Ausbringen von Langzeitdünger. Nitratarmer Dünger wie für Tomaten oder Rosen bei Blütengehölzen.

Umtopfen: Kein Umtopfen.

Schnitt: Schnitt und Drahten von Kiefern und Fichten. Drahten der anderen Baumarten, wenn nötig. Kontrolle der bereits angebrachten formgebenden Mittel (Spannschnüre, Klemmhölzchen usw.). Pinzieren der Wacholder und anderer Koniferen. Rückschnitt der Jungtriebe bei Laubgehölzen, immergrünen Laubbäumen und Zimmer-Bonsais.

Anfang Herbst

Die Tage sind deutlich kürzer, das Wachstum der Bonsais verlangsamt sich. Es ist Zeit, die Früchte und Beeren zu ernten, die dem Baum oder Strauch zusätzliche Farbe und interessante Optik geben. Außerdem ist es jetzt günstig, die Pflanze einer gründlichen Inspektion zu unterziehen und das saisonale Wachstum zu bilanzieren.

Standort: Bringen Sie bestimmte Zimmer-Bonsais ins Freie.

Gießen: Reichliches Gießen je nach Bedarf.

Pflege: Entfernen von Unkraut und abgestorbenen Blättern. Rückschnitt der Spättriebe.

Düngen: Ausbringen von nitratarmem Dünger.

Umtopfen: Kein Umtopfen.

Schnitt: Pinzieren der Wacholder. Letztes Drahten der Nadelbäume. Schnitt und Drahten von Kiefern und Fichten. Fortfahren mit dem Rückschnitt neuer Triebe an sommer- und immergrünen Laubgehölzen und Zimmer-Bonsais.

Ende Herbst

Mittlerweile sind die Tage kürzer als die Nächte. Das Wachstum ist nun völlig eingestellt. Sommergrüne Laubgehölze verlieren zusehend rasch ihre Blätter.

Standort: Stellen Sie ausgewählte Zimmer-Bonsais bei schönem Wetter ins Freie. Sorgen Sie für Winterschutz.

Gießen: Wassergaben nur wenn nötig. Achten Sie aber darauf, dass die Erde an sonnigen Tagen nicht austrocknet.

Pflege: Achten Sie weiterhin auf Anzeichen von Problemen mit Schädlingen oder Krankheiten.

Düngen: Begrenzte Gabe von nitratarmem Dünger.

Umtopfen: Kein Umtopfen (winterliche Ruhephase).

Schnitt: Mäßiges Pinzieren der Wacholder. Schnitt und Drahten der Kiefern und Fichten. Kontrolle formgebender Maßnahmen. Entfernen zu strammer Drähte und Spannseile. Führen Sie den Rückschnitt der Spättriebe sowohl an sommergrünen und immergrünen Laubgehölzen als auch bei Zimmer-Bonsais weiter fort.

Anfang Winter

Es ist die Zeit der letzten Herbstfärbung, des Blattabwurfs und des beginnenden »Winterschlafs«. Jetzt ist der ideale Zeitpunkt für eine Inspektion der Struktur des Bonsai, die Festlegung der Aufgaben für das kommende Jahr und die Ernte von Früchten der Arbeit der vergangenen Saison.

Standort: Falls erforderlich, Verbringung an einen wind- und frostgeschützten Platz.

Gießen: Pfleglich gießen. Der Wind trocknet das Substrat ebenso schnell aus wie die Sonne.

Pflege: Halten Sie die Bodenoberfläche in der Schale sauber. Kontrollieren Sie, ob sich Schädlinge für den Winter eingenistet haben. Schaffen Sie die empfindlichen Bonsai-Arten in ihre Winterquartiere. Unkraut entfernen.

Düngen: Zimmer-Bonsais düngen.

Umtopfen: Umtopfen der frostharten Laubgehölze (Winterruhe).

Schnitt: Letzter Schnitt der Kiefern und Fichten. Formschnitt einiger großer Laubgehölze.

Ende Winter

Ein neues Jahr beginnt, und die schlimmste Zeit des Winters steht noch bevor. Die Tage werden länger, das Wurzelwachstum setzt ein. Säubern Sie den Bonsai, und reparieren Sie Pflanzenständer und Bänke.

Standort: Wind- und frostgeschützt.

Gießen: Eingeschränktes, sehr kontrolliertes Gießen. Vergewissern Sie sich, dass die Wurzeln nie komplett austrocknen. Achten Sie andererseits auch darauf, dass das Substrat während des Winterregens nicht zu feucht geworden ist. Stellen Sie die Schale erhöht, um einen Wasserabfluss zu garantieren.

Pflege: Säubern; entfernen Sie das Unkraut im Stamm- und Wurzelbereich. Untersuchen Sie Ihre Pflanzen auf Schädlinge und Krankheiten.

Düngen: Verabreichen Sie den Zimmer-Bonsais Dünger.

Umtopfen: Umpflanzen der laubabwerfenden Gehölze.

Schnitt: Formschnitt der laubabwerfenden Gehölze.

Nadelbäume und immergrüne Laubbäume

Cedrus deodara ›Aurea‹

Himalajazeder Pinaceae

Junger Bonsai im geneigten Stil (Shakan).

Die elegante Himalajazeder *Cedrus deodara* ›Aurea‹ ist ein stattlicher Nadelholzbaum – in wärmeren Zonen erreicht er die enorme Höhe von 60 m. Er gedeiht an den Hängen des westlichen Himalaja, in Ostafghanistan und Westnepal. Die Zeder hat eine pyramidale Kronenform und charakteristisch herabhängende Zweige, einen schnurgeraden Schaft, eine dunkle Rinde, lange spitze Nadeln und fassförmige, aufrechte Zapfen. Sie wird in ihrer Heimat Indien aufgrund ihrer dekorativen Erscheinungsform gepflanzt und wegen ihres duftenden Holzes zum Hausbau benutzt. Sie ist ein standorttoleranter Baum und eignet sich sehr gut zur Bonsai-Gestaltung.

■ **Stilart und Größe:** Geeignet für die streng aufrechte und frei aufrechte sowie die geneigte Form, Treibholz, den Literaten, die Wurzel-über-dem-Felsen-Form, die felsenumfassende Form und die Waldform. Geeignet für mittlere bis extragroße Bonsai.

■ **Besondere Merkmale:** Zarte, goldene Nadeln, die sich im Alter grün färben, dunkle Rinde, ausladende hängende Endtriebe, fassförmige Zapfen.

■ **Pflege:** Verträgt pralle Sonne bis Halbschatten. Feucht, aber nicht nass halten. Vor extremen Temperaturen schützen. Von Frühjahr bis Herbst alle zwei Wochen düngen. Alle drei bis fünf Jahre zum Frühjahrsende umtopfen.

■ **Schnitt und Formgebung:** *Frühjahrsende* – Formschnitt und Formgebung durch Drahten oder Spannseile etc. *Frühjahr und Sommer* – Pinzieren der jungen Triebe, ohne die Nadeln zu verletzen.

■ **Bonsai-Vermehrung:** Durch krautige, diesjährige Stecklinge im Frühjahr, durch verholzte Stecklinge im Sommer oder durch Pfropfung im Spätsommer. Man kann auch eine junge Pflanze in der Baumschule kaufen, um diese dann zu gestalten, oder einen jungen, bereits gestalteten Bonsai von einem Bonsai-Gärtner erwerben.

■ **Schädlinge und Krankheiten:** Läuse und andere saugende Schädlinge, wie zum Beispiel Rote Spinne und die Raupen des Kiefern-Prozessionsspinners.

Chamaecyparis obtusa ›Nana Gracilis‹ Hinoki-Scheinzypresse Cupressaceae

Mittelalter Bonsai im geneigten Stil (Shakan) *mit* Jin *und* Shari.

Die *Chamaecyparis obtusa* ›Nana Gracilis‹ ist die Zwergform der Hinoki-Scheinzypresse, ein in Japan forstlich angebauter Waldbaum, der vorwiegend zu Bauholz verarbeitet wird. Trotz seiner profanen Verwendung ist er auch ein heiliger Baum des Shintoismus. Die Zwergform ist ein kleiner Strauch von kompaktem Wuchs, mit muschelförmig ausfächernden Ästen und schuppenartigen dunkelgrünen Blättern mit bläulich weißen Äderungen an der Unterseite. Sie ist sehr beliebt für die Bonsai-Gestaltung aufgrund ihrer dichten Belaubung und ihrer natürlich wirkenden Erscheinungsform, die schon in jungen Jahren an einen alten Baum erinnert.

■ **Stilart und Größe:** Sie eignet sich für alle Stilarten, außer der Besenform, und für alle Größen.

■ **Besondere Merkmale:** Muschelförmige Verzweigungspartien mit dunkelgrünem, schuppenartigem Laub. Die zierlichen Blätter sind an der Unterseite bläulich weiß geädert.

■ **Pflege:** Sie bevorzugt einen lichten Standort, sollte jedoch nicht in der prallen Sonne stehen. Halten Sie die Erde feucht und besprühen Sie sie regelmäßig, ohne sie zu vernässen. Schutz vor austrocknenden Winden im Winter und vor allem vor Bodenfrost. Düngen Sie etwa alle zwei Wochen von Frühjahr bis Herbst. Das Umtopfen geschieht alle zwei Jahre am Frühjahrsende bei jungen Pflanzen. Bei Pflanzen, die älter als zehn Jahre sind, nur bei Bedarf (wenn der Wurzelballen zu groß für die Schale wird).

■ **Schnitt und Formgebung:** *Frühjahrsende* – Formschnitt und Gestaltung durch Drahten oder Spannschnüre etc. *Ende Frühjahr, Sommer und Anfang Herbst* – Pinzieren der Triebspitzen während der Wachstumsphase.

■ **Bonsai-Vermehrung:** Durch im Sand bewurzelte Stecklinge im Sommer oder Herbst, durch Absenker im Sommer oder durch Pfropfung Ende des Sommers. Bei Zeitmangel kann man ein bereits gestaltetes Exemplar bei einem Bonsai-Gärtner kaufen.

■ **Schädlinge und Krankheiten:** Läuse und andere saugende Schädlinge, Rote Spinne, Rinden- und Wollläuse; Vertrocknungserscheinungen, Echter Mehltau.

Chamaecyparis pisifera ›Boulevard‹ Sawara-Scheinzypresse oder Kleine Silberzypresse Cupressaceae

*Streng aufrechter Bonsai mittleren Alters mit Gipfel-*Jin.

Die Sawara-Scheinzypresse ›Boulevard‹ ist die Zwergform der japanischen Sawara-Scheinzypresse. Letztere hat einen dichten, konischen Wuchs und eine aufrechte, abgeflachte Astverzweigung mit dunkelgrüner Benadelung. Von ihr existieren zahlreiche Zuchtformen, wie zum Beispiel die ›Boulevard‹. Dies ist ein kleiner Baum oder Strauch mit kompaktem, konischem Wuchs. Ihre weiche, silberblaue Benadelung nimmt im Winter eine violett-rötliche Färbung an. Sie wird aufgrund dieser feinen Benadelung sehr geschätzt, ist darüber hinaus pflegeleicht, was sie zu einem idealen Bonsai-Baum für Anfänger und diejenigen macht, die sich an Techniken wie *Jin* und *Shari* versuchen möchten.

■ **Stilart und Größe:** Sie eignet sich für alle Stilformen mit Ausnahme der Besenform. Ihre Rinde lässt sich im Rahmen der *Jin-* und *Shari*-Technik leicht lösen. Für alle Größen.

■ **Besondere Merkmale:** Winzige, weiche und silberblaue Benadelung, die sich im Winter violett-rötlich verfärbt. Wunderschöne kastanienbraune Rinde.

■ **Pflege:** Dieser Baum braucht viel Licht, muss jedoch vor direkter Sonneneinstrahlung geschützt werden. Halten Sie ihn feucht, und besprühen Sie ihn regelmäßig. Schutz vor austrocknenden Winden im Winter und vor allem vor Bodenfrost. Man düngt alle zwei Wochen vom Frühjahr bis zum Herbst.
Das Umtopfen geschieht alle zwei Jahre Ende des Frühjahrs bei jungen Exemplaren. Bei über zehnjährigen Bäumen je nach Bedarf, das heißt, sobald der Wurzelballen für die Schale zu groß wird.

■ **Schnitt und Formgebung:** ***Frühjahrsende*** – Formschnitt und Formgebung durch Drahtung etc. ***Ende des Frühjahrs, Sommer und Anfang Herbst*** – Pinzieren der Verzweigungsspitzen während der Wuchsphase.

■ **Bonsai-Vermehrung:** Durch in Sand gewurzelte Stecklinge im Sommer oder im Herbst, durch Absenker im Sommer oder durch Pfropfung am Ende des Sommers. Bei Zeitmangel kann ein bereits geformtes Exemplar auch beim Bonsai-Gärtner erworben werden.

■ **Schädlinge und Krankheiten:** Läuse und andere Saft saugende Schädlinge, Rote Spinne, Wollläuse; Vertrocknungserscheinungen, Echter Mehltau, Blattverbrennungen durch starke, direkte Sonneneinstrahlung.

Cryptomeria japonica

Japanische Zeder oder Japanische Sicheltanne Cupressaceae

Junger Bonsai im streng aufrechten Stil (Chokkan).

In Japan beheimatet, besticht diese große, elegante Konifere von schneller Wüchsigkeit durch einen stabilen geraden Stamm, eine Rinde in einem ungewöhnlichen Rotbraun, die sich in Streifen abschält, und gestreckte Zweige mit sichelförmigen Nadeln, die in dichten Büscheln an langen, dünnen Zweigen erscheinen. Wie ihre zahlreichen Zuchtformen wird sie aufgrund ihrer ornamentalen Gestalt sehr geschätzt. Sie verträgt auch Schatten, und im Gegensatz zu vielen anderen Nadelholzbäumen ist sie ausschlagfähig. Sie ist ein klassischer Baum für die Bonsai-Kultur.

■ **Stilart und Größe:** Streng aufrecht und frei aufrecht, geneigt, entrindeter Stamm, Literat, Felspflanzungen, Wald, Miniaturlandschaft *(Sai-kei)* und Landschaft *(Bon-kei)*. Am besten für mittlere und sehr große Bonsai.

■ **Besondere Merkmale:** Sichelförmige Benadelung, die sich im Herbst bronzefarben verfärbt, braunrote Rinde, die sich in Streifen abschält.

■ **Pflege:** Dieser Baum braucht einen lichten Standort. Direkte Sonneneinstrahlung muss jedoch vermieden werden. Feucht halten, ohne zu vernässen, trockener im Winter. Im Winter vor Frost schützen. Seine Benadelung sollte vor austrocknenden Winden bewahrt werden. Man düngt alle zwei Wochen von Frühjahr bis Herbst. Das Umtopfen findet alle zwei Jahre am Frühjahrsende bei jungen Exemplaren und später alle drei bis fünf Jahre statt.

■ **Schnitt und Formgebung:** *Frühjahrsende* – Formschnitt und Drahten. *Frühjahr und Sommer* – Pinzieren der neuen Triebe, sobald sie etwas länger als 1 cm sind, um eine kompakte Benadelung zu erzielen. Entfernen überschüssiger Triebe am Stamm und den Hauptästen.

■ **Bonsai-Vermehrung:** Im Sommer durch krautige Stecklinge oder Absenker.

■ **Schädlinge und Krankheiten:** Läuse und andere saugende Schädlinge; Rote Spinne; pilzliche Krankheitserreger.

Cryptomeria japonica ›Bandai-sugi‹ Japanische Sicheltanne Cupressaceae

Junger Bonsai im frei aufrechten Stil (Moyogi).

Die Sicheltanne ›Bandai-sugi‹ ist eine langsam wachsende Form der Japanischen Sicheltanne. Sie ist ein kleiner Baum von kompaktem, im Alter oft bizarrem Wuchs. Wie ihre Verwandte hat sie eine rotbraune Rinde, die sich in Streifen abschält. Das ausgebreitete Astwerk trägt an den Enden kompakte Nadelbüschel. Ihr gestauchter Wuchs, ihre dichte Benadelung und ihre Schnittverträglichkeit machen sie zu einem beliebten Baum für die Bonsai-Kultur.

■ **Stilart und Größe:** Frei aufrecht, geneigt, entrindeter Stamm, Literat, Felspflanzungen, Wald, Miniaturlandschaft, Landschaft. Für sehr kleine bis mittlere Größen.

■ **Besondere Merkmale:** Grüne Benadelung, die sich in der kalten Zeit bronzefarben verfärbt. Ihre rotbraune Rinde schält sich in Streifen ab.

■ **Pflege:** Sie braucht einen lichten Standort, toleriert jedoch keine direkte Sonneneinstrahlung. Man hält sie feucht, ohne sie zu vernässen, im Winter wenig und vorsichtig gießen. Mit Frost- und Windschutz ihre empfindliche Benadelung gegen austrocknende Winde schützen. Gedüngt wird vierzehntäglich von Frühjahr bis Herbst. Das Umpflanzen findet bei jungen Exemplaren alle zwei Jahre am Frühjahrsende statt, später nur noch alle drei bis fünf Jahre.

■ **Schnitt und Formgebung:** ***Frühjahrsende*** **–** Formschnitt und Drahten. ***Frühjahr und Sommer*** **–** Pinzieren der jungen, knapp über 1 cm langen Triebe, um eine kompakte Belaubung zu fördern. Entfernen überschüssiger Jungtriebe am Stamm und an den Ästen.

■ **Bonsai-Vermehrung:** Im Sommer durch krautige Stecklinge oder Absenker.

■ **Schädlinge und Krankheiten:** Läuse und andere saugende Schädlinge; Rote Spinne; pilzliche Krankheitserreger.

Cryptomeria japonica ›Elegans‹ Japanische Sicheltanne ›Elegans‹ Cupressaceae

Mittelalter Bonsai im frei aufrechten Stil (Moyogi).

Die *Cryptomeria japonica* ›Elegans‹ ist eine Spielform der Japanischen Sicheltanne mit wellig pyramidalem Wuchs und fuchsroter Rinde. Sie erreicht eine Höhe von 4 bis 6 m. Die alternde Rinde schält sich streifig ab. Die Äste sind waagerecht ausgestreckt. Die weiche, grüne Benadelung verfärbt sich im Herbst und Winter rot-bronzefarben. Die erstaunlich weichen Nadeln, ihr langsamer Wuchs und ihre Schnittverträglichkeit machen die *Cryptomeria japonica* ›Elegans‹ zu einer Baumart, die sich gut für die Bonsai-Kultur eignet.

■ **Stilart und Größe:** Frei aufrecht, geneigt, entrindeter Stamm, Literat, Felspflanzungen, Wald, Miniaturlandschaft und Landschaft. Für kleine bis große Ausführungen.

■ **Besondere Merkmale:** Die jungen Nadeln sind weich und stumpf, rot-bronzefarben im Herbst und Winter. Die fuchsbraune Rinde schält sich in Streifen ab.

■ **Pflege:** Sie bevorzugt einen lichten Standort ohne direkte Sonneneinstrahlung. Man hält sie feucht, lässt sie jedoch nicht vernässen, und reduziert die Gießmenge im Winter. Sie braucht einen Frostschutz im Winter, und ihre Benadelung verträgt keine austrocknenden Winde. Die Düngung erfolgt alle zwei Jahre im Herbst. Ende Frühjahr werden junge Exemplare im Zweijahresrhythmus umgepflanzt, später alle drei bis fünf Jahre.

■ **Schnitt und Formgebung:** ***Frühjahrsende*** **–** Formschnitt und Drahten. ***Frühjahr und Sommer*** **–** Pinzieren der jungen, etwa über 1 cm langen Triebe zur Kronenverdichtung. Entfernen der überschüssigen jungen Triebe am Hauptstamm und den Ästen.

■ **Bonsai-Vermehrung:** Im Sommer durch krautige Stecklinge und Absenker.

■ **Schädlinge und Krankheiten:** Läuse und andere saugende Schädlinge; Rote Spinne; Wurzelfäule.

Cryptomeria japonica ›Spiralis‹ Japanische Sicheltanne Cupressaceae

Junger Bonsai im frei aufrechten Stil (Moyogi).

Die attraktive Varietät der *Cryptomeria japonica* erzielt häufig einen großen Umfang, bleibt jedoch immer ein kleiner Baum oder kompakter Strauch von langsamem Wuchs mit rostbrauner Rinde, waagerecht ausgestreckten Ästen und einer lebhaft grünen, weichen Benadelung.

Normalerweise wird sie aufgrund ihrer ornamentalen Wirkung gewählt. Mit ihren spiralförmig angeordneten, weichen Nadeln und ihrem langsamen Wuchs ist die ›Spiralis‹ eine gute Wahl für eine Bonsai-Kultur.

■ **Stilart und Größe:** Frei aufrecht, geneigt, entrindeter Stamm, Literat, Felspflanzungen, Wald, Miniaturlandschaft und Landschaft. Für kleine bis große Bonsais.

■ **Besondere Merkmale:** Weiche, spiralförmig angeordnete Nadeln von lebhaftem Grün. Rinde ähnlich rotbraun wie die der anderen zuvor beschriebenen Varietäten von *Cryptomeria japonica*.

■ **Pflege:** Der Baum bevorzugt einen lichten Standort, jedoch ohne direkte Sonneneinstrahlung. Man hält ihn feucht, ohne ihn zu vernässen, und reduziert die Wassermenge im Winter. Er braucht einen Frostschutz im Winter, und seine Nadeln sind empfindlich gegen austrocknende Winde. Eine Düngung erfolgt zweiwöchentlich ab Frühjahr bis Herbst. Junge Exemplare topft man alle zwei Jahre am Frühjahrsende um, später alle drei bis fünf Jahre.

■ **Schnitt und Formgebung:** ***Frühjahrsende*** **–** Formschnitt und Drahten. ***Frühjahr und Sommer*** **–** Pinzieren der jungen Triebe von 1,2 cm Länge für eine dichte Benadelung. Entfernen der überschüssigen Triebe am Hauptstamm und an den Ästen.

■ **Bonsai-Vermehrung:** Im Sommer durch krautige Stecklinge oder Absenker.

■ **Schädlinge und Krankheiten:** Läuse und andere saugende Schädlinge; Rote Spinne; pilzliche Erreger.

Ginkgo biloba

Ginkgo, Mädchenhaarbaum, Silberaprikose Ginkgoaceae

Mittelalter Bonsai im frei aufrechten Stil (Moyogi) *gezogen.*

Der Ginkgo ist der einzige Überlebende einer im Erdmittelalter weitverbreiteten Gattung. Er ist ein laubabwerfender Nadelholzbaum, der heute noch im Südosten Chinas gedeiht und sich durch seinen konischen, aufrechten Wuchs und die erstaunliche Form seiner fächerförmigen Blätter auszeichnet. Seit Jahrhunderten wächst er vor allem in der Nähe von heiligen Stätten und buddhistischen Tempeln, ist frosthart und unempfindlich gegen Luftverschmutzung. Vor allem deshalb eignet er sich besonders als Stadt- und Alleebaum. Jung besitzt er ein sehr offenes, aufrechtes Astwerk. Im Alter entwickelt sich häufig ein säulenförmiges Kronenbild. Der Ginkgo ist wegen seines unverwechselbaren, archetypischen Erscheinungsbildes und seiner Genügsamkeit ein beliebter Bonsai-Baum.

■ **Stilart und Größe:** Streng und frei aufrecht, geneigt und als Wald. Für mittlere bis sehr große Bonsai.

■ **Besondere Merkmale:** Aufrechter, konischer Wuchs, sehr ungewöhnliche, fächerförmige, meist zweilappige *(biloba)*, gelegentlich mehrlappige, aber auch ungelappte Blätter, zarte – im Frühjahr grüne, im Herbst goldgelbe – Belaubung. Stark gestauchte Kurztriebbildung, leuchtend kastanienfarbene Knospen.

■ **Pflege:** Der erwachsene Baum verträgt direkte Sonneneinstrahlung, während die jungen Exemplare einen halbschattigen Standort benötigen. Feucht und im Winter verhältnismäßig trocken halten. Schützen Sie die Pflanze im Winter vor Frost. Düngen Sie alle zwei Wochen vom Frühjahr bis Mitte des Sommers. Topfen Sie im Frühjahr jährlich bis zum Alter von zehn Jahren um, später im Zweijahresrhythmus.

■ **Schnitt und Formgebung:** *Winter* – Formschnitt. Nicht drahten, die Rinde ist zu brüchig. ***Frühjahr und Sommeranfang*** – Rückschnitt junger Triebe auf ein oder zwei Blätter.

■ **Bonsai-Vermehrung:** Durch verholzte Stecklinge im Herbst oder durch Abmoosen im Frühjahr.

■ **Schädlinge und Krankheiten:** Eine bemerkenswerte Eigenschaft des Ginkgo ist seine nahezu vollständige Resistenz gegen Insektenfraß und jede Form von Krankheiten (Pilze, Bakterien, Viren).

Ilex crenata

Japanische immergrüne Stechpalme Aquifoliaceae

Junger Bonsai in der frei aufrechten Form (Moyogi).

Dieser langsam wachsende große Strauch oder kleine Baum ist in Japan und Korea beheimatet. Er ist ein immergrünes Laubgehölz mit buchsähnlichen, steifen, ledrigen Blättern, hat eine glatte, silbergraue Rinde und bildet im Winter kleine schwarze Beeren an den weiblichen Exemplaren aus. Da er sehr schattenverträglich ist, kann man ihn auch sehr gut als Zimmer-Bonsai ziehen. Er gehört zu den klassischen Ausgangspflanzen für die Bonsai-Kultur und wird vor allem wegen seiner Robustheit, Frosthärte, Schatten- und Schnittverträglichkeit sowie der Attraktivität seiner Wurzelstruktur geschätzt.

■ **Stilart und Größe:** Die Stechpalme eignet sich für alle Stilformen, außer der Besenform, und für alle Bonsai-Größen.

■ **Besondere Merkmale:** Graugrünes, dichtes, glänzendes Laub. Glatte, silbergraue Rinde und schwarze Beeren im Winter an den weiblichen Pflanzen. Interessante Wurzelausformung über der Erde.

■ **Pflege:** Pralle Sonne bis Schatten – die Stechpalme verträgt alles. Sie muss selbst im Winter immer feucht gehalten und bei Heizungsluft regelmäßig besprüht werden. Trotz aller Robustheit ist dieser *Ilex* vor stärkerem Frost und kalten Winden zu schützen. Gedüngt wird alle zwei Wochen von Frühjahr bis Herbst. Bei Zimmer-Bonsais sollte die Düngergabe monatlich erfolgen. Alle zwei Jahre zum Ende des Frühjahrs umtopfen.

■ **Schnitt und Formgebung:** ***Frühjahrsende*** – Formschnitt und/oder Erhaltungsschnitt. Auslichten des Astwerks. Blattschnitt (zur Hälfte oder ganz) und ein drastischer Wurzelschnitt. ***Sommer und Anfang Herbst*** – Pinzieren und regelmäßiger Rückschnitt der neuen Triebe zur Förderung einer kompakten Krone.

■ **Bonsai-Vermehrung:** Durch krautige Stecklinge im Sommer (an den weiblichen Exemplaren, wenn sich Früchte zeigen).

■ **Schädlinge und Krankheiten:** Ilex-Minierfliege und Wickler (Nachtschmetterling).

Juniperus chinensis ›Blaauw‹ Chinesischer Wacholder Cupressaceae

Älterer Bonsai in der Form entrindeter Stamm (Sharimiki) *mit* Shari *und* Jin.

In China und Korea beheimatet ist diese Form des Chinesischen Wacholders: ein kleiner Baum oder großer Strauch mit abblätternder, purpurbrauner Rinde und sich fächerförmig verzweigenden Ästen. Diese tragen dichte und fedrige Büschel blaugrüner, schuppenartiger Blätter. Der Chinesische Wacholder wird hauptsächlich aufgrund seiner Rinde als Bonsai gezogen, die ihm das Aussehen von Reife und Alter verleiht, und wegen seiner steil aufwärts wachsenden Äste, die ihn als Objekt für die Gestaltung von Mehrstammformen und Gruppenpflanzungen empfehlen.

- **Stilart und Größe:** Er eignet sich für alle Stilarten, außer für die Besenform, und für alle Größen von Bonsais. Gleichermaßen geeignet ist er für Alterungstechniken wie *Jin* und *Shari*.
- **Besondere Merkmale:** Dichte und fedrige Tuffe blaugrüner, schuppenartiger Blätter. Zottig abblätternde, purpurbraune Rinde.
- **Pflege:** Der Chinesische Wacholder ist ausgesprochen lichthungrig, sollte jedoch vor praller Sonne im Sommer und vor Frost im Winter geschützt werden. Im Winter vor trockenen Winden schützen. Man hält ihn feucht (auch im Winter) und übersprüht ihn regelmäßig. Er wird etwa alle zwei Wochen vom Frühjahr bis zum Herbst gedüngt. Junge Exemplare werden im zweijährigen Rhythmus im Frühjahr, über zehnjährige Bäume nur nach Bedarf (wenn die Schale für den Wurzelballen zu klein wird) umgetopft.
- **Schnitt und Formgebung:** *Frühjahrsende* – Formschnitt und Drahten. *Ab Frühjahrsende bis Anfang Herbst* – Pinzieren der Spitzen und der frischen Triebe während der Wachstumsperiode. Regelmäßiges Entfernen sämtlicher gelber Nadeln.
- **Bonsai-Vermehrung:** Durch im Sand bewurzelte Stecklinge im Sommer oder durch Absenker.
- **Schädlinge und Krankheiten:** Läuse und andere saugende Schädlinge; Rote Spinne; Prachtkäfer; Krebs und Wurzelfäule.

Juniperus chinensis ›Shimpaku‹

Chinesischer Wacholder ›Shimpaku‹
Cupressaceae

Älterer Bonsai im frei aufrechten Stil (Moyogi) *mit* Shari *und* Jin.

Die Chinesische Wacholder-Varietät ›Shimpaku‹ stammt aus China, Japan und Korea und ist ein zwergwüchsiger Strauch mit brauner, in Streifen abblätternder Rinde und dichten Tuffen aus schuppenartigen grünlich bis blaugrünen Blättern. Als Bonsai-Pflanze ist sie weit verbreitet – u. a. aufgrund ihrer schnell alternden Rinde und den dichten Blättertuffen, die sich zur Schaffung guter Proportionen eignen.

■ **Stilart und Größe:** Alle Stilarten mit Ausnahme der Besenform und für alle Bonsai-Größen. Gleichermaßen zur Gestaltung von *Shari* und *Jin* geeignet.

■ **Besondere Merkmale:** Dichte Tuffe aus blaugrünen schuppenförmigen Blättern. Braune abblätternde Rinde.

■ **Pflege:** Dieser Wacholder braucht viel Licht, sollte jedoch vor direkter Sonneneinstrahlung geschützt werden. Halten Sie ihn feucht, und übersprühen Sie ihn regelmäßig. Vor Frost, vor allem vor Bodenfrost und austrocknenden Winden, muss er im Winter geschützt werden. Düngergaben sollten alle zwei Wochen von Frühjahr bis Herbst erfolgen. Umgetopft wird alle zwei Jahre bei jungen Exemplaren und bei Bäumen mit einem Alter über zehn Jahren je nach Bedarf. Achten Sie auf die Entwicklung des Wurzelballens!

■ **Schnitt und Formgebung:** ***Frühjahrsende*** – Formschnitt und Drahten. ***Frühjahrsende, Sommer und Anfang Herbst*** – Pinzieren der Triebspitzen während der Wachstumsperiode. Entfernen Sie regelmäßig sämtliche gelben Nadeln.

■ **Bonsai-Vermehrung:** Durch Stecklinge im sandigen Substrat oder durch Absenker.

■ **Schädlinge und Krankheiten:** Läuse und andere Saft saugende Schädlinge; Rote Spinne; Prachtkäfer; Zypressenkrebs und Wurzelfäule; im Gegensatz zu anderen Wacholderarten nicht anfällig für Birnengitterrost.

Juniperus rigida

Igelwacholder, Tempelwacholder, Nadelwacholder   Cupressaceae

Junger Bonsai in der Halbkaskadenform (Han-Kengai).

Diese in Japan beheimatete, kleine immergrüne Konifere hat zierliche, horizontal ausgebreitete Äste mit eleganter Verzweigung und sehr spitzen, nadelähnlichen Blättern. Es dauert zwei Jahre, bis die grünen Beeren, die an den weiblichen Pflanzen erscheinen, purpurschwarz reifen. Diese Früchte kommen nur dann zustande, wenn man weibliche und männliche Exemplare zusammen kultiviert. Sie sind für die Bonsai-Kultur sehr beliebt, einfach zu ziehen und bieten sich vor allem auch für die Alterungstechniken *Jin* und *Shari* an.

■ **Stilart und Größe:** Streng aufrecht und frei aufrecht, geneigt, entrindeter Stamm, als Literat, für Felspflanzungen, als Wald, Miniaturlandschaft und Landschaft. Gleichermaßen geeignet für *Jin* und *Shari*. Für mittlere bis extrem große Bonsai-Größen.

■ **Besondere Merkmale:** Blaugrüne, spitze Nadeln, die sich im Herbst bronzefarben verfärben. Gelbbraune oder braune abschilfernde Rinde, gerader aufrechter Stamm und Beeren an den weiblichen Exemplaren.

■ **Pflege:** Ein lichthungriger Baum, der jedoch keine direkte Sonneneinstrahlung mag, gedeiht in gut durchlüfteten, schwach basischem Substrat. Er sollte feucht gehalten und regelmäßig übersprüht werden – ältere Exemplare vertragen kurzzeitig auch Trockenheit. Davon abgesehen, braucht er einen Schutz gegen Frost, vor allem gegen Bodenfrost. Gedüngt wird vierzehntäglich von Frühjahr bis Herbst. Das Umtopfen findet bei den jungen Exemplaren alle zwei Jahre im Frühjahr, bei über zehnjährigen Pflanzen je nach Wurzelentwicklung statt.

■ **Schnitt und Formgebung:** ***Frühjahrsende*** – Formschnitt und Drahten. ***Frühjahr und Sommer*** – Pinzieren neuer Triebe, sobald diese knapp über 1 cm Länge erreicht haben, um eine kompakte Belaubung zu fördern. Entfernen überschüssiger Triebe am Hauptstamm und an den Ästen. Verletzungsgefahr durch stachelige Benadelung!

■ **Bonsai-Vermehrung:** Im Sommer durch Stecklinge im sandigen Substrat, durch Absenker oder Samen (aus in kalter Umgebung stratifiziertem Saatgut).

■ **Schädlinge und Krankheiten:** Läuse und andere saugende Schädlinge; Rote Spinne; Apfelrost.

Larix decidua

Europäische Lärche   Pinaceae

Junger Bonsai mit teilweise gedrehtem Stamm (Nejikan).

Diese laubabwerfende, große Konifere aus den kalten und feuchten Gebirgsregionen Europas hat eine konische, aufrecht schlanke Wuchsform und weiche, büschelige, nadelförmige Blätter. Diese Lärche ist in ihrem angestammten Gebiet im Gebirge sehr zäh und frosthart, verträgt jedoch keine Spätfröste. Als Bonsai ist sie leicht zu ziehen, wenn man sie vor Spätfrost schützt und in gut durchlüfteten, nachhaltig frischen Substraten kultiviert. Entdecken Sie die vielfältigen Wuchsformen der Lärche in ihren Ursprungsgebieten der Hochalpen, z. B. im Engadin. Der harte Überlebenskampf mit der Natur hat dort nahezu die komplette Palette an Bonsai-Stilarten hervorgebracht. Für Anfänger der Bonsai-Kultur ist die Lärche eine hervorragende Wahl.

■ **Stilart und Größe:** Sämtliche Stilarten, ausgenommen die Besenform. Für alle Bonsai-Größen geeignet.

■ **Besondere Merkmale:** Feine rosettenartige, auf Kurztrieben wachsende, nadelartige Blätter, die sich von einem lebhaften Grün im Frühjahr zu Goldgelb und Rostrot im Herbst verfärben, bevor sie abfallen (einzige laubabwerfende europäische Konifere). Rinde und Zapfen sind schuppig.

■ **Pflege:** Die Lärche verträgt pralle Sonne. Allerdings muss sie feucht – im Winter trockener – gehalten werden. Vor Frost schützen! Die Benadelung darf nicht austrocknenden Winden ausgesetzt werden. Die Düngergaben erfolgen vom Frühjahr bis zum Herbst alle zwei Wochen. Jährliches Umtopfen zu Beginn des Frühjahrs. Säubern Sie die Erdoberfläche, und entfernen Sie die abgestorbenen Blätter Ende Herbst.

■ **Schnitt und Formgebung:** ***Frühjahrsende und Winter*** – Formschnitt und Drahten. ***Frühjahr und Sommer*** – Pinzieren Sie die neuen Triebe an den Seitenästen, um einen dichteren und kompakteren Austrieb zu erhalten.

■ **Bonsai-Vermehrung:** Aus Samen erfolgt die Aussaat Ende April/Anfang Mai nach zweitägiger Wässerung und Wuchsstoffbehandlung. Ansonsten durch Abmoosen oder Stecklinge im Spätsommer und durch Absenker Ende des Frühjahrs.

■ **Schädlinge und Krankheiten:** Fichtengallenlaus, Läuse, Wollläuse und andere saugende Schädlinge wie Rote Spinne; Triebsterben, Wurzelfäule, Lärchenkrebs.

Larix kaempferi

Japanische Lärche Pinaceae

Älterer Bonsai im Kaskadenstil (Kengai).

Die *Larix kaempferi* ist wie die Europäische Lärche eine laubabwerfende Konifere und stammt aus den Bergregionen Japans. Forstlich wird sie auch in den luftfeuchteren Gebieten des nördlichen Mitteleuropa angebaut. Sie ist von elegantem Wuchs mit konischer Krone und hat waagerechte bis hängende Äste. Die neuen Triebe sind rötlich orangefarben und verfärben sich im Winter dunkelviolett. Die nadelartigen, bläulich angehauchten Blätter sind in Büscheln angeordnet. Frosthart und windverträglich, ist dieser Baum durch alle Jahreszeiten hindurch ausgesprochen attraktiv. Die Tatsache, dass zahlreiche Exemplare ein hohes Alter erreicht haben, macht ihn besonders wertvoll. Die Japanische Lärche ist für Anfänger - noch mehr als die Europäische Lärche - zu empfehlen, da sie noch robuster und anpassungsfähiger als diese ist. Das biegsame Astwerk gestattet darüber hinaus eine Vielzahl von Stilformen.

- **Stilart und Größe:** Für sämtliche Stilarten, ausgenommen die Besenform, und für alle Bonsai-Größen.
- **Pflege:** Volle Sonne behagt diesem Baum. Das Substrat muss gut durchlüftet und wasserdurchlässig sein. Stauende Nässe führt zum Absterben des Baumes. Feucht halten, im Winter Wassergaben reduzieren. Stellen Sie diese Lärche im Winter an einen frostgeschützten Ort, und schützen Sie sie vor austrocknenden Winden. Gedüngt wird in zweiwöchentlichen Intervallen von Frühjahr bis Herbst. Das Umtopfen des Jungbaumes findet jährlich Anfang Frühjahr statt. Gegen Herbstende sollten Sie sämtliche abgefallenen Nadeln entfernen.
- **Schnitt und Formgebung:** *Winter* - Formschnitt und Drahten. *Frühjahr und Sommer* - Pinzieren der jungen Triebe, um einen dichteren und kompakteren Neuaustrieb zu fördern.
- **Bonsai-Vermehrung:** Durch Stecklinge (Sommerende) oder durch Absenker (Frühlingsende).
- **Schädlinge und Krankheiten:** Die Japanische Lärche gilt als weniger krankheitsanfällig als die Europäische Lärche. Sie ist kaum anfällig für Lärchenkrebs, wird aber unter Stressbedingungen zuweilen u. a. von Läusen und anderen saugenden Schädlingen, von Lärchenschütte und Triebsterben nicht verschont.

Metrosideros excelsa

Eisenholzbaum oder Neuseeländischer Weihnachtsbaum Myrtaceae

Junger Bonsai im frei aufrechten Stil (Moyogi).

Dieser bis zu 10 m hohe, immergrüne Baum stammt aus Neuseeland und ist frostempfindlich. Er bildet dichte Büschel kleiner, dunkelgrün glänzender, ledriger Blätter aus und von Dezember bis Januar rote Blüten in der Form einer großen Flaschenbürste. Der knorrige Stamm ist von einer graubraunen rissigen, faserigen Rinde überzogen, die häufig Wurzeln auf der Suche nach Mulden und Vertiefungen ausbildet, in denen sie sich dann entwickeln. Diese Baumart toleriert Salzwinde, Stürme und Trockenheit. Sie gedeiht in sandigen und nährstoffarmen Böden. Aufgrund ihres subtropischen Ursprungs kultiviert man sie als Zimmer-Bonsai in gemäßigten Klimazonen.

■ **Stilart und Größe:** Geeignet für alle Stilarten, ausgenommen die Besenform. Für alle Größen, nur nicht die sehr kleinen.

■ **Besondere Merkmale:** Dichtes, dunkelgrünes Blattwerk, rissige Rinde, Luftwurzeln und leuchtend rote Blüten in der Form von Flaschenbürsten.

■ **Pflege:** In Innenräumen an einem lichten Standort, jedoch nicht in der vollen Sonne. Die Temperatur sollte nicht unter 7 °C fallen. Immer feucht halten - eine hohe Luftfeuchtigkeit ist zwingend nötig. Übersprühen Sie daher den Baum bei Heizungsluft täglich. Düngen Sie alle zwei Wochen von Ende Frühjahr bis Herbst und einmal monatlich in den Wintermonaten. Alle zwei Jahre am Frühjahrsende umtopfen.

■ **Schnitt und Formgebung:** ***Frühjahrsende*** - Formschnitt und Drahten. *Sommer und Herbst* - Entfernen der verblühten Blüten und Rückschnitt der neuen Triebe auf ein oder zwei Blattpaare.

■ **Bonsai-Vermehrung:** Durch ca. 10 bis 15 cm lange Stecklinge im Frühjahr und Sommer, durch Abmoosen im Sommer und durch Aussaat.

■ **Schädlinge und Krankheiten:** Läuse und andere saugende Schädlinge; Rote Spinne; Chlorose durch schlechte Wasserqualität; Verbrennungen durch die Sommersonne (häufige Ursache, wenn der Bonsai zu dicht am Fenster steht).

Picea abies ›Nidiformis‹

Nestfichte Pinaceae

Mittelalter Bonsai in der frei aufrechten Form (Moyogi).

Diese Zwergfichte hat eine breite, nach oben hin abgeflachte Wuchsform, mit nestartiger Vertiefung in der Mitte bei älteren Exemplaren. Ihre Äste wachsen ausladend horizontal und dicht etagenförmig, die in aufrechten Büscheln stehenden Nadeln sind kurz, hellgrün und aufgrund ihres hohen Harzgehalts klebrig. Die *Picea abies* ›Nidiformis‹ trägt zylinderförmige Zapfen, die mehrere Jahre am Baum bleiben können. Die Ausgangsform dieser Fichte ist *Picea abies*.

Ursprünglich beheimatet in montanen, submontanen und nordisch-kontinentalen Zonen der nördlichen Hemisphäre, wird die Fichte weit darüber hinaus als Forstbaum in erster Linie zur Holzproduktion angepflanzt und genutzt. Die zwergwüchsige *Picea abies* ›Nidiformis‹ ist ein vitaler, anpassungsfähiger Baum, der sich für die Gestaltung als Bonsai in zahlreichen Stilarten anbietet und daher für Anfänger sehr empfehlenswert ist.

■ **Stilart und Größe:** Für sämtliche Stilarten, bis auf die Besenform, und für alle Bonsai-Größen. Besonders geeignet für sehr kleine Bonsai-Bäume.

■ **Besondere Merkmale:** Dichte Benadelung, etagenförmig und horizontal sich ausbreitende Äste, schuppige Rinde und Zapfen.

■ **Pflege:** Sonnig. Frisches, gut durchlüftetes, mittel mit Nährstoffen versorgtes Substrat. Wassermenge im Winter reduzieren. Junge Exemplare im Winter vor Frost und ihre Benadelung vor austrocknenden Winden schützen. Vorsichtige und mäßige Düngung alle zwei Wochen von Anfang Frühjahr bis Mitte Herbst. Umgetopft wird alle zwei Jahre am Frühjahrsende.

■ **Schnitt und Formgebung:** ***Herbstende und Winter*** – Formschnitt und Drahtung. ***Frühjahr und Sommer*** – Pinzieren der frischen, 2,5 cm langen Triebe.

■ **Bonsai-Vermehrung:** Durch Stecklinge vom diesjährigen Holz im Herbst.

■ **Schädlinge und Krankheiten:** Läuse, Schildläuse und andere saugende Schädlinge; Borkenkäfer, Blattwespen, Wickler, Fichtenrüsselkäfer; Rotfäule, Krebs.

Picea glauca var. *albertiana* ›Conica‹ Zuckerhutfichte Pinaceae

Mittelalter Bonsai im frei aufrechten Stil (Moyogi).

Die *Picea glauca* var. *albertiana* ›Conica‹ ist eine langsamwüchsige Konifere mit konischer, schmaler Form und dichter hellgrüner Benadelung. Sie ist in den kanadischen Rocky Mountains beheimatet und toleriert daher trockene Böden besser als andere Fichten. Sie hat eine blättrige, dunkelbraune Rinde.

Die regelmäßigen Äste wachsen horizontal und tragen zylinderförmige Zapfen in hellem Kastanienbraun, die lange halten und nach unten hängen. Die Zuckerhutfichte eignet sich sehr gut für Bonsai-Anfänger. Sie ist widerstandsfähig und lässt sich in vielen Stilarten ziehen.

■ **Stilart und Größe:** Für zahlreiche Stilarten mit Ausnahme der Besenform und für alle Bonsai-Größen. Besonders geeignet für sehr kleine Bonsais.

■ **Besondere Merkmale:** Streng konischer Wuchs mit dichter, hellgrüner Benadelung, blättrige, dunkelbraune Rinde und zylinderförmige, hängende Zapfen in hellem Braun.

■ **Pflege:** Volle Sonne. Mäßig feucht halten, im Winter trockener. Die jungen Exemplare im Winter vor Frost und die Benadelung vor trockenen Winden schützten. Mäßige Düngergaben alle zwei Wochen von Anfang Frühjahr bis Mitte Herbst. Umtopfen alle zwei Jahre im Frühjahr.

■ **Schnitt und Formgebung:** *Herbstende und Winter* – Formschnitt und Drahten. *Frühjahr und Sommer* – Pinzieren der frischen, ca. 2,5 cm langen Triebe.

■ **Bonsai-Vermehrung:** Durch Stecklinge vom diesjährigen Holz im Herbst.

■ **Schädlinge und Krankheiten:** Läuse, Schildläuse und andere saugende Schädlinge; Borkenkäfer, Blattwespen, Rüsselkäfer, Wickler; Krebs.

Picea mariana

Schwarzfichte Pinaceae

Mittelalter Bonsai im frei aufrechten Stil (Moyogi).

Diese Konifere wächst kerzengerade aufrecht, auffällig schmal konisch und tiefbeastet, erreicht eine mittlere Höhe – abhängig von der Wuchszone von 8 bis 28 m. Die jungen Triebe sind deutlich braun behaart. Sie ist im Norden Kanadas und in Alaska beheimatet, bildet dort die Waldgrenze nach Norden und toleriert trockene Böden besser als andere Fichten. Charakteristisch sind auch ihre fast schwarzbraune, schuppige Rinde, ihre kräftig blaugrüne Benadelung, die braunen, im ausgereiften Zustand herabhängenden, kleinen, derben, mehrjährigen Zapfen. Dieser vitale Baum mit seinen harzigen, flexiblen Ästen bietet sich für eine große Palette an Bonsai-Stilarten an.

■ **Stilart und Größe:** Alle Stilarten mit Ausnahme der Besenform und für alle Bonsai-Größen.

■ **Besondere Merkmale:** Extrem schmale Krone, kräftig blaugrüne Nadeln, schuppige braune Rinde und braune, hängende Zapfen, die in der Blütezeit grünlich bis purpurrot gefärbt und aufrecht stehend sind.

■ **Pflege:** Volle Sonne, frisches, gut durchlüftetes Substrat, gedeiht auch auf sauren, organischen Böden, ist aber widerstandsfähiger im neutralen Milieu. Feucht halten, im Winter weniger gießen, aber nicht austrocknen lassen. Vor allem junge Bäume im Winter vor Frost und Austrocknung schützen. Alle zwei Wochen von Anfang Frühjahr bis Mitte Herbst düngen. Das Umtopfen findet alle zwei Jahre am Frühjahrsende statt.

■ **Schnitt und Formgebung:** ***Herbstende und Winter*** – Formschnitt und Drahten. ***Frühjahr und Sommer*** – Pinzieren der jungen, ca. 2,5 cm langen Triebe.

■ **Bonsai-Vermehrung:** Durch Stecklinge vom diesjährigen Holz im Herbst, durch Abmoosen oder Absenker – ähnliche Ausbreitungsmethoden kommen bei dieser Fichte im Bereich der polaren Waldgrenze auch natürlich vor.

Schädlinge und Krankheiten: Schildlaus, Läuse und andere saugende Schädlinge; Wickler, Rüsselkäfer, Borkenkäfer; gelegentlich Rostpilze, Wurzelfäule.

Pinus aristata

Fuchsschwanz- oder Grannenkiefer Pinaceae

Junger Bonsai im frei aufrechten Stil (Moyogi).

Diese getrenntgeschlechtliche (einhäusige) Kiefer ist im Südwesten der Vereinigten Staaten beheimatet und eine besonders langlebige Art. Eine früher zu dieser Art zählende Kiefer gehört zu den ältesten Lebewesen der Welt (nachweislich 4700 Jahre). Sie ist ein verhältnismäßig kleiner Baum mit grau- bis dunkelgrünen Nadeln sowie gedrungenen und behaarten jungen Trieben von rötlich brauner Farbe. Die Nadeln erscheinen häufig weißgefleckt von Harzrückständen. Die Kurztriebe enden in pinselartigen Büscheln mit je fünf Nadeln. Auch ihre im ersten Jahr purpurfarbenen, bedornt schuppigen Zapfen sind mit Harzflocken bedeckt. Die Grannenkiefer gilt als einer der extremsten Überlebenskünstler in ihrem natürlichen Verbreitungsgebiet mit fantastischen Erscheinungsformen. Die charaktervolle Wuchssilhouette des reifen Baumes und seine Schnittverträglichkeit machen ihn zu einem besonderen Objekt für die Bonsai-Kultur.

- **Stilart und Größe:** Diese Kiefer ist für alle Stilarten mit Ausnahme der Besenform und für alle Bonsai-Größen geeignet.
- **Pflege:** Diese Kiefer kann sehr genügsam erzogen werden, was nicht zur Vernachlässigung der Pflege verführen darf. Im Gegenteil: Dies erfordert ständige Kontrolle und Aufmerksamkeit – volle Sonne, sehr maßvoll wässern. Vor starken Frösten im Winter schützen. Sparsam einmal monatlich vom Frühjahrsende bis Herbstende düngen. Das Umtopfen findet im Frühjahr alle zwei Jahre bei jungen Exemplaren und nach dem zehnten Lebensjahr je nach Wurzelbildung statt.
- **Schnitt und Formgebung:** *Herbst* – Formschnitt und Drahten. Entfernen sämtlicher alter Nadeln und Auslichten überschüssiger Triebe zur Förderung der Kronendurchlüftung im Winter. *Anfang Sommer* – Entfernen eines Drittels bis zur Hälfte der neuen Kerzen. *Frühjahrsende, Sommer und Herbstanfang* – Rückschnitt oder Entfernen überlanger Triebe während der Wachstumsperiode.
- **Bonsai-Vermehrung:** Durch stratifizierte Samen.
- **Schädlinge und Krankheiten:** Rüssel-, Pracht- und Blatthornkäfer, Schmetterlinge, Blattwespen; Krebs, Wurzelfäule.

Pinus mugo

Bergkiefer, Latsche, Legföhre   Pinaceae

Junger Bonsai in frei aufrechter Form (Moyogi) *mit an der Schale befestigten Spannschnüren.*

Diese frostharte, zweinadelige, einhäusige getrenntgeschlechtliche Kiefernart ist in den hohen Bergregionen Mittel- und Westeuropas beheimatet. Sie ist ein geduckter, krummwüchsiger Strauch mit graugrüner Benadelung, schuppiger Rinde und steifen, leicht gebogenen Nadeln und kleinen, in Büscheln wachsenden Zapfen. Aus ihr wurden viele Zwergformen und besonders langsamwüchsige Klone gezüchtet. Diese für die Bonsai-Kultur bestens geeignete Art nimmt rasch eine Wuchsform an, die einem alten Baum täuschend ähnlich sieht. Zudem besitzt sie eine hohe Schnittverträglichkeit.

■ **Stilart und Größe:** Für alle Stilarten, außer der Besenform. Besonders geeignet für Wurzel-über-dem-Felsen-Formen und für alle Bonsai-Größen.

■ **Pflege:** Volle Sonne (bis Halbschatten). Boden gut durchlüftet und wasserdurchlässig. In der Natur gedeiht die Bergkiefer auf nicht vernässten Moderformen. Sie verträgt keinerlei Staunässe oder verdichtete Substrate. Im Winter Gießmenge reduzieren. Regelmäßig im Sommer besprühen und maßvoll gießen (verkürzt die Triebe und Nadeln). Obwohl sehr frosthart, ist entsprechender Schutz durchaus empfehlenswert. Sehr windunempfindlich.
Von Ende Frühjahr bis Ende Herbst monatlich sparsam einmal düngen. Die Bergkiefer verträgt das Umtopfen aufgrund der spärlichen, empfindlichen Bewurzelung in der Regel nicht sehr gut und erfordert deshalb Ihre besondere Aufmerksamkeit. Das Umtopfen findet im Frühjahr und bei jungen Bäumen alle zwei Jahre statt, danach nur nach Bedarf.

■ **Schnitt und Formgebung:** ***Herbst*** – Formschnitt und Drahten. Entfernen von alten Nadeln und Auslichten überschüssiger Triebe. ***Anfang Sommer*** – Entfernen überzähliger Kerzen. ***Ende Frühjahr, Sommer und Anfang Herbst*** – Rückschnitt oder Entfernen zu langer Triebe während der Wachstumsperiode.

■ **Bonsai-Vermehrung:** Durch Samen – dabei lässt man die Samen vor der Pflanzung über Nacht einweichen und setzt sie eine ganze Nacht im Winter dem Frost aus. Die Stecklingsvermehrung gestaltet sich recht schwierig und funktioniert nur bei jüngeren Exemplaren (jünger als zehn Jahre).

■ **Schädlinge und Krankheiten:** Vor allem die Larven der Rüsselkäfer, Blatthornkäfer, Prachtkäfer und Wicklerraupen; Krebs, Wurzelfäule.

Pinus mugo ›Gnom‹

Bergkiefer Pinaceae

Älterer Bonsai in Halbkaskadenform (Han-Kengai).

Diese Bergkiefer ist eine kleine und kompakte Züchtung der *Pinus mugo* (S. 79). Sie ist ein sehr niedriges Gehölz mit einer rundlichen Silhouette, einer schuppigen Rinde, dunkelgrüner Benadelung aus kurzen, leicht gebogenen Nadeln und mit kleinen, büschelartig wachsenden Zapfen. Von Natur aus wesentlich kompakter im Wuchs als die Stammform mit deutlich kürzeren Nadeln, die ihr schon ohne jedes Zutun eine miniaturisierte Wuchsform verleihen.

■ **Stilart und Größe:** Für alle Stilarten mit Ausnahme der Besenform. Besonders geeignet allerdings für die Wurzel-über-dem-Felsen-Form und die felsenumfassende Pflanzung. Für alle Bonsai-Größen bis auf die extrem großen Bonsais.

■ **Besondere Merkmale:** Dunkelgrüne, kurze und gebogene Nadeln, die paarweise wachsen, schuppige Rinde und büschelweise Zapfen.

■ **Pflege:** Verträgt volle Sonne. Gut durchlüftete Substrate. Mäßig und kontrolliert gießen und düngen (einmal im Monat) von Ende Frühjahr bis Ende Herbst. Im Sommer regelmäßig übersprühen. Im Winter sehr eingeschränkt und nur nach Überprüfung des Substrates gießen. Vor Frösten und eisigen Winden schützen. Umtopfen alle zwei Jahre im Frühjahr bei jungen Exemplaren, danach alle zwei bis fünf Jahre, ältere Exemplare nur nach Bedarf.

■ **Schnitt und Formgebung:** ***Herbst*** **–** Formschnitt und Drahten. Entfernung aller alter Nadeln und Auslichten überschüssiger Triebe im Winter. ***Anfang Sommer*** **–** Entfernen überschüssiger Kerzen (frische Triebe). ***Ende Frühjahr, Sommer und Anfang Herbst*** **–** Rückschnitt oder Entfernen überlanger Triebe während der Wachstumsperiode.

■ **Bonsai-Vermehrung:** Durch Samen – hierfür lässt man die Samen eine Nacht vor der Pflanzung einweichen und setzt sie eine ganze Nacht im Winter dem Frost aus. Vegetative Vermehrungsverfahren durch Stecklinge, Ableger etc. garantieren zwar Sortenreinheit, sind aber für Anfänger nicht zu empfehlen und überdies recht zeitaufwendig. Das schnellste Ergebnis wird durch die Beschaffung von Baumschulware erzielt.

■ **Schädlinge und Krankheiten:** Wie die meisten Bergkiefern ist auch diese Varietät recht robust, wird aber gelegentlich von Larven der Rüsselkäfer, Blatthornkäfer, Prachtkäfer, Holzwespen und Wicklerraupen, die an den jungen Trieben fressen, befallen; Krebs, Wurzelfäule.

Pinus mugo ›Mops‹

Bergkiefer   Pinaceae

Mittelalter Bonsai im frei aufrechten Stil (Moyogi).

Diese Züchtung ähnelt *P. m.* ›Gnom‹, wächst aber noch gemächlicher. Dies führt zu einem deutlich kleinen, kompakten Wuchs. Auch die dunkelgrüne Benadelung ist vergleichsweise kürzer. Sonst sind die Unterschiede dieser anspruchslosen und robusten Kiefer eher unauffällig. Wie bei der Stammform und wie bei *P. m.* ›Gnom‹ ist die graue bis schwarzgraue Rinde schuppig. Die besonderen Eigenschaften von *P. m.* ›Mops‹, wie Kleinwüchsigkeit, Anspruchslosigkeit und kurze Nadeln, prädestinieren diese Varietät für die Bonsai-Kultur.

- **Stilart und Größe:** Für alle Stilarten mit Ausnahme der Besenform. Besonders geeignet für die Felspflanzungen wie Wurzel-über-dem-Felsen-Form und felsenumfassender Bonsai. Für kleine bis mittlere Bonsai-Größen.
- **Besondere Merkmale:** Kompakter Zwergwuchs, sehr kurze und steif aufrechte, dunkelgrüne Nadeln.
- **Pflege:** Siehe *P. m.* ›Gnom‹.
- **Schnitt und Formgebung:** Siehe *P. m.* ›Gnom‹.
- **Bonsai-Vermehrung:** Siehe *P. m.* ›Gnom‹.
- **Schädlinge und Krankheiten:** Siehe *P. m.* ›Gnom‹.

Pinus nigra

Schwarzkiefer Pinaceae

Junger Bonsai in Literatenform (Bunjingi) *mit umfangreicher Drahtung.*

Pinus nigra ist eine stattliche, zweinadelige Kiefer und stammt ursprünglich aus den Alpen und gebirgigen Regionen des nördlichen Mittelmeerraumes. Die langlebige, wärme- und lichtliebende Art stellt geringe Ansprüche an den Boden (verträgt Kalk-, Silikat-, schwere Lehm- wie auch leichte Sandböden) und wird als einzige salzverträgliche Nadelholzart auch zur küstennahen Dünenbefestigung verwendet. Die Schwarzkiefer besitzt abhängig von der Sorte eine variierende bräunlich graue, manchmal hellere bis schwarzbraune schuppige Borke, die mit zunehmendem Alter aufreißt und zerklüftet. Sie hat eine dichte Benadelung aus ca. 15 cm langen, derben, tief dunkelgrünen Nadeln und einzeln oder in Büscheln wachsende, feste Zapfen. Aufgrund ihrer Stressresistenz, ihrer Anspruchslosigkeit und Schnittverträglichkeit eignet sich die Schwarzkiefer hervorragend für die Bonsai-Gestaltung.

■ **Stilart und Größe:** Für alle Stilarten, außer der Besenform. Perfekt geeignet für die Literatenform. Und für alle Bonsai-Größen.

■ **Pflege:** Volle Sonne. Gut durchlüftetes, frisches Substrat. Nicht vernässen! Im Winter Gießmenge verringern. Im Sommer regelmäßig übersprühen. Vor starken Frösten und eisigen Winden schützen. Monatlich von Ende Frühjahr bis Ende Herbst vorsichtig düngen. Umtopfen alle zwei Jahre im Frühjahr bei jungen Exemplaren, dann alle zwei bis fünf Jahre je nach Wurzelentwicklung.

■ **Schnitt und Formgebung:** *Herbst* – Formschnitt und Drahten. Entfernen sämtlicher alter Nadeln und Auslichten der überschüssigen Triebe zur Auflockerung der Krone. *Anfang Sommer* – Entfernen von einem Drittel bis zur Hälfte der Kerzen (neue Triebe). ***Ende Frühjahr, Sommer und Ende Herbst*** – Rückschnitt oder Entfernen zu langer Triebe während der Wachstumsperiode.

■ **Bonsai-Vermehrung:** Durch Samen – diese vor der Pflanzung stratifizieren (über Nacht in Wasser einweichen) und Frostbehandlung durchführen.

■ **Schädlinge und Krankheiten:** Im Allgemeinen wenig anfällig. Rostpilze, Larven der Rüsselkäfer (z. B. Kiefernkulturrüssler), Raupen der Blattwespen (z. B. Kiefernbuschhornblattwespe).

Pinus parviflora

Mädchenkiefer Pinaceae

Mittelalter Bonsai im frei aufrechten Stil (Moyogi).

Diese kleine bis mittelgroße (bis 25 m hoch), breitkronige Kiefer ist in Japan beheimatet und wird dort häufig als Gartenbaum oder als Bonsai gezogen. Ihre Benadelung ist stufenförmig, die etwa 3,5 cm langen Nadeln sind für Kiefern auffällig kurz, bläulich grün und gebogen, wachsen in dicht gedrängten Fünferbüscheln an den Kurztriebspitzen – womit dieser Nadelbaum zu den sogenannten fünfnadeligen Kiefern zählt. Ihre konisch geformten, dunkelbraunen Zapfen stehen aufrecht, werden bei der Gestaltung als Bonsai meist entfernt, damit der Baum nicht zu viel Energie in die Samenbildung verschwendet. Überdies fügen sich diese Zapfen nur schlecht in das Gesamtbild eines Bonsai. Die Mädchenkiefer ist zu Beginn der Saison ausgesprochen schnellwüchsig.

■ **Stilart und Größe:** Alle Stilarten mit Ausnahme der Besenform. Eignet sich hervorragend für Felspflanzungen. Für alle Bonsai-Größen. Die Zwergformen von *Pinus parviflora* eignen sich ebenfalls besonders für Felsenthemen und die Miniaturlandschaft.

■ **Pflege:** Sonnig. Wasserdurchlässige Substratmischung. Feucht halten, nicht vernässen. Im Winter Gießmenge so reduzieren, dass Substrat nicht völlig austrocknet. Im Sommer regelmäßig übersprühen. Vor harten Frösten und eisigen Winden schützen. Ab Frühjahrsende bis Ende Herbst monatlich düngen. Umtopfen alle zwei Jahre im Frühjahr bei jungen Bäumen, danach alle zwei bis fünf Jahre je nach Wurzelbildung.

■ **Schnitt und Formgebung:** *Ende Sommer und Herbst* – Formschnitt und Drahten.

■ **Bonsai-Vermehrung:** Durch Aussaat. Samen stratifizieren (über Nacht in Wasser einweichen), im Winter draußen dem Frost aussetzen (vor Vögeln schützen). Ende Winter oder Anfang Frühjahr durch Pfropfen.

■ **Schädlinge und Krankheiten:** Relativ robust; bei falscher Pflege und schlechter Platzierung (Schatten, fehlende Durchlüftung, Vernässung, Austrocknung, Überdüngung etc.) Befall von Larven und Imagos der Rüssel-, Pracht- und Borkenkäfer, Raupen von Blattwespen und Nachtschmetterlingen, Blattminierern etc.; Infektion durch Pilze wie Rostpilze, Krebs, Nadel-Brandflecken.

Pinus sylvestris

Gemeine Kiefer oder Föhre Pinaceae

Junger Bonsai gedrahtet, im frei aufrechten Stil (Moyogi).

Diese langlebige (bis zu 600 Jahre), große (bis über 40 m hohe), zweinadelige Kiefer besiedelt vom Norden Europas bis in den Norden Ostasiens eines der größten Areale aller Baumarten. Darüber hinaus wird sie forstlich in weiten Gebieten des gemäßigt temperierten Europas angebaut. Sie ist eine lichtbedürftige, sehr frostharte Pionierbaumart und gedeiht auf ärmeren, trockneren Böden. Wie fast alle Kiefern gehen die Wurzeln ein – vor allem für die Ernährung bedeutsames – symbiotisches Verhältnis mit Pilzen ein. Im Alter bildet die Kiefer eine abgeflachte Krone, eine rissige helle und im Gipfelbereich rötlich braune Borke, aber es gibt auch Rassen mit deutlich schmalerer Krone. Die Nadeln sind blaugrün, kräftig und mittellang (ca. 8 cm). Wie bei der Mädchenkiefer werden die Zapfen aus ästhetischen und aus konditionellen Gründen entfernt. Die Gemeine Kiefer ist eine ideale Bonsai-Pflanze.

■ **Stilart und Größe:** Für alle Stilarten, bis auf die Besenform. Geradezu perfekt geeignet für die Literatenform. Für mittlere und große Bonsai-Größen.

■ **Pflege:** Volle Sonne, gut durchlüftetes, mäßig trockenes bis mäßig frisches Substrat. Im Winter sehr mäßig gießen. Boden vor sehr starkem Frost schützen. Monatliches, sparsames Düngen vom Frühjahrs- bis Herbstende.

■ **Schnitt und Formgebung:** *Ende Sommer und Herbst* – Formschnitt und Drahten. Entfernen der alten Nadeln und der überschüssigen Triebe zur Auslichtung der Krone im Winter. Jedes zweite Jahr Rückschnitt der Astspitzen. *Anfang Sommer* – Entfernen der großen mittleren Kerzen (Terminaltriebe). Einige Wochen später erscheinen an diesen Stellen Ersatztriebe, die zur Hälfte zu entfernen sind.

■ **Bonsai-Vermehrung:** Durch Aussaat. Samen stratifizieren (in Wasser einweichen). Im Winter draußen dem Frost aussetzen (vor Vögeln schützen).

■ **Schädlinge und Krankheiten:** Wie sehr viele Kiefernarten ist auch diese Kiefer sehr robust. Blatt- und Wollläuse; Kiefernrüsselkäfer, Blatthornkäfer, Blauer Kiefernprachtkäfer; Raupen von Blattwespen wie Kiefernkultur- und Gespinstblattwespen, Schmetterlingen; Infektionen durch Pilze wie Kiefernschütte, Triebsterben.

Pinus sylvestris ›Watereri‹

Gemeine Kiefer   Pinaceae

Mittelalter Bonsai im frei aufrechten Stil (Moyogi).

Diese Zuchtform der *Pinus sylvestris* ist ein kleines, langsamwüchsiges Gehölz mit rundlicher Krone. Ihre langsame Wüchsigkeit (in zehn Jahren ca. 1 m) und geringe Endhöhe (ca. 3 bis 4 m) machen *P. s.* ›Watereri‹ zu einem idealen Material für die Bonsai-Gestaltung. Sie ist leicht zu schneiden und bietet sich für eine große Anzahl von Bonsai-Stilarten an.

■ **Stilart und Größe:** Alle Stilarten mit Ausnahme der Besenform. Für alle Bonsai-Größen, wobei Miniaturformen vorzuziehen sind.

■ **Besondere Merkmale:** Schöne blaugrüne Nadeln, Rinde im jugendlichen Stadium rötlich orange gefärbt und kleine Zapfen. Intensiver Harzduft.

■ **Pflege:** Volle Sonne. Mäßig frisches bis mäßig trockenes Substrat. Im Winter Gießmenge reduzieren. Wurzeln vor Frost schützen. Kurz vor und während der Wachstumssaison maßvoll düngen. Umtopfen im Frühjahr alle zwei bis fünf Jahre in der Jugend, die zehnjährigen und älteren Exemplare je nach Wurzelentwicklung.

■ **Schnitt und Formgebung:** *Ende Sommer und Herbst* – Formschnitt und Drahten. Entfernen alter Nadeln und der überschüssigen Triebe zur Kronenauslichtung und -durchlüftung. Jedes zweite Jahr Rückschnitt der Astspitzen. *Anfang Sommer* – Entfernen der großen mittleren Kerzen (Terminaltriebe). Dort nachwachsende Ersatztriebe zur Hälfte entfernen.

■ **Bonsai-Vermehrung:** Durch Aussaat – Samen stratifizieren (über Nacht in Wasser einweichen) und im Winter dem Frost aussetzen (vor Vögeln schützen).

■ **Schädlinge und Krankheiten:** Diese Gartenform der Föhre ist sehr robust, bleibt aber unter Stressbedingungen nicht von Schädlingen und Krankheiten verschont wie beispielsweise: Kiefernrüsselkäfer, Blatthornkäfer, Prachtkäfer, Blattwespen- und Schmetterlingsraupen; Blattläuse und Wollläuse; Infektionen durch Pilze wie Kiefernschütte, Triebsterben, Wurzelfäule.

Pinus thunbergii syn. *Pinus thunbergiana* Japanische Schwarzkiefer Pinaceae

Mittelalter Bonsai in der Stilart drehwüchsiger Stamm (Nejikan).

Die in Japan und Korea beheimatete, zweinadelige Schwarzkiefer ist für den Garten (z. B. in japanischen Gärten) ebenso beliebt wie für die Bonsai-Kultur. Sie ist ein großer (bis 30 m Höhe), ausladender, malerischer Baum mit vitalen, gekrümmten, oft verdrehten Ästen und verzweigter Krone. Die schnell wachsenden silbrigen Kerzen (Jungtriebe) heben sich stark gegen die tief- bis schwarzgrüne Benadelung (Nadellänge 8 bis 13 cm) ab. Die alten Exemplare bilden eine raue Rinde. Diese Kiefer ist ebenfalls salz- und windtolerant und findet sich deshalb auch in küstennahen Gärten. Sie verträgt Trockenheit und wächst auf kargen, felsigen und sandigen Böden. Dieser Klassiker für die Bonsai-Gestaltung wird vor allem wegen seines pittoresken, bizarren Erscheinungsbildes, seiner Schnittverträglichkeit und seiner Widerstandsfähigkeit unter den unterschiedlichsten Kulturbedingungen geschätzt. Besonders geeignete Züchtungen sind ›Kotobuki‹ und ›Nishiki‹.

■ **Stilart und Größe:** Sämtliche Stilarten mit Ausnahme der Besenform. Eignet sich vor allem für die Literatenform und kleine Felspflanzungen. Für alle Bonsai-Größen tauglich.

■ **Pflege:** Volle Sonne. Durchlässiges, gut durchlüftetes, skelettreiches (Kies, Sand) Substrat. Sehr zurückhaltend gießen. Keine Vernässung! Im Winter noch trockener halten. Von Ende Frühjahr bis Anfang Winter monatlich zurückhaltend düngen.

■ **Schnitt und Formgebung:** *Ende Sommer und Herbst* – Formschnitt und Drahten. Entfernen der alten Nadeln und der überschüssigen Triebe. Jedes zweite Jahr Rückschnitt der Astspitzen. *Ende Frühjahr* – Pinzieren der überschüssigen Triebe, sobald die frischen Nadeln erscheinen. *Anfang Sommer* – Entfernen der großen mittleren Kerzen und einige Wochen später der nachwachsenden Kerzen.

■ **Bonsai-Vermehrung:** Durch Aussaat – Samen stratifizieren (über Nacht in Wasser einweichen) und im Winter dem Frost aussetzen.

■ **Schädlinge und Krankheiten:** Nadel-Chlorosen, Nadelfall. Nagende und bohrende Insekten. Vernässung führt zu Wurzelfäule.

Pistacia terebinthus

Terebinthe, Terpentinbaum oder Terpentinpistazie

Anacardiaceae (Sumachgewächse)

Junger Bonsai im frei aufrechten Stil (Moyogi).

Die Terebinthe ist ein geduckt wachsender, dicht belaubter, immergrüner Strauch. Sie ist von Kleinasien bis zu den Mittelmeerregionen beheimatet, d. h. ihre Heimat liegt in winterfeuchten, milden und sommertrockenen, warmen bis heißen Bereichen. Sie verträgt nur geringen Frost und zeichnet sich durch dichte Tuffe gefiederter, speckig glänzender und kräftig duftender Blätter von intensiv dunklem Grün aus; Sie hat kleine grüne, unscheinbare Blüten. Die süßen, ölhaltigen, umgekehrt eiförmigen, kleinen Früchte entstehen nur, wenn man dem weiblichen ein männliches Exemplar zugesellt. Im Herbst reifen rote Beerenrispen heran. Sie ist mit der Echten Pistazie nah verwandt und lässt sich auch als Zimmer-Bonsai in gemäßigten Klimazonen verwenden.

■ **Stilart und Größe:** Für alle Stilarten mit Ausnahme der streng aufrechten Form, der Kaskadenform und der Besenform. In allen Bonsai-Größen außer für extrem große Bonsais.

■ **Besondere Merkmale:** Dichtes, aromatisches und glänzendes tiefgrünes Laub. Häufig Ausbildung von Rispen mit kleinen roten Früchten.

■ **Pflege:** Sie eignet sich für ein helles Kalthaus und wie die meisten mediterranen Pflanzen weniger für die Zimmerhaltung. Das Substrat ist gut durchlässig und durchlüftet, verträgt hohe Basengehalte (kalkreich). Im Winter immer feucht halten (keinesfalls nass), im Sommer sonnig und trockener. In sommerlichen Schönwetterperioden eignet sie sich auch zur Freilandhaltung. Gedüngt wird alle zwei Wochen von Frühjahr bis Herbst und monatlich im Winter. Umtopfen alle zwei Jahre Ende Frühjahr bei jungen Exemplaren, dann alle zwei bis fünf Jahre je nach Wurzelentwicklung.

■ **Schnitt und Formgebung:** ***Ende Frühjahr*** **–** Formschnitt und Drahten. ***Frühjahr und Sommer*** **–** Rückschnitt junger Triebe auf ein oder zwei Blattpaare. Entfernen der jungen Triebe im unteren Stammteil, es sei denn, die Ausbildung eines neuen Astes ist beabsichtigt (zur Veränderung oder zur Verbesserung der Form).

■ **Bonsai-Vermehrung:** Durch krautige Stecklinge im Frühjahr und Anfang Sommer oder durch Abmoosen im Frühjahr.

■ **Schädlinge und Krankheiten:** Läuse, Wollläuse, Mottenschildläuse und andere saugende Schädlinge; Rote Spinne; Wurzelfäule in vernässtem Boden; Verbrennungsschäden, wenn zu nah am Südfenster.

Podocarpus chinensis

Chinesische Steineibe   Podocarpaceae

Junger Bonsai im frei aufrechten Stil (Moyogi).

Die Chinesische Steineibe gehört zu den Steineibengewächsen, einer recht urtümlichen Koniferengruppe mit einer entfernten Ähnlichkeit mit der Familie der Eiben. Sie taucht in manchen einschlägigen Listen u. a. unter dem Synonym *Podocarpus macrophyllus* var. *maki* auf. Auch über den Unterschied zu *P. macrophyllus* ist man sich nicht völlig einig, die meisten erwähnen, dass die Chinesische Steineibe kleinwüchsiger (3 bis 5 m) und kleinnadeliger (4 bis 9 cm) sein soll. Die langsamwüchsige Chinesische Steineibe stammt aus China und wird seit langer Zeit in Japan unter dem Namen ›Kusamaki‹ gezüchtet. Typisch für sie ist ein aufrechter Stamm mit einer rötlich braunen Rinde, die gut mit dem kräftig grünen Laub kontrastiert. An den waagerecht ausgebreiteten Ästen befinden sich weidenblattartige, ledrige Blattbüschel von intensivem, dunklem Grün. Die fleischigen, purpurfarbenen Samen locken Vögel an, sind aber auch für uns genießbar. Obwohl es sich hier um eine widerstandsfähige Pflanze handelt, kultiviert man sie als Bonsai in Innenräumen. Die Chinesische Steineibe ist klassisches Bonsai-Material.

■ **Stilart und Größe:** Für alle Stilarten sowie für mittlere und große Bonsai-Formate. Wegen der langen Blätter eignet sie sich nicht für kleine Ausführungen

■ **Pflege:** In gemäßigten Klimazonen toleriert sie im Sommer einen sonnigen Standort (verträgt aber auch halbschattige Plätze) im Freien sowie einen frischen und hellen Standort in Innenräumen im Winter, ohne direkte Sonneneinstrahlung bei einer Mindesttemperatur von 7 °C. Feucht halten. Täglich mit Wasser überstäuben. Von Ende Frühjahr bis Herbst alle zwei Wochen düngen, dann alle sechs Wochen im Winter. Alle drei bis fünf Jahre Ende Frühjahr umtopfen.

■ **Schnitt und Formgebung:** ***Ende Frühjahr*** – Formschnitt und Drahten. ***Frühjahr und Sommer*** – Rückschnitt der neuen etwa 10 cm langen Triebe auf etwa 2 bis 4 cm.

■ **Bonsai-Vermehrung:** Durch Aussaat – mit reifen Samen das ganze Jahr über. Durch krautige Stecklinge Ende des Sommers.

■ **Schädlinge und Krankheiten:** Läuse, Wollläuse und andere saugende Schädlinge; Rote Spinne.

Podocarpus macrophyllus

Großblättrige Steineibe, Buddhisteneibe Podocarpaceae

Junger Bonsai im frei aufrechten Stil (Moyogi).

Die Großblättrige Steineibe ist eine imposante, große, bis zu 20 m hohe Konifere aus den Bergen Japans und Chinas. Sie besitzt einen aufrechten Stamm mit brauner, medizinisch wertvoller Rinde, horizontal ausgebreitete Äste, lanzettliche, ledrige Blätter, die länger (ca. 15 cm) sind als die der Chinesischen Steineibe, in dunklem Grün sowie essbare fleischige, runde und dunkel purpurfarbene Samen. Obwohl es sich auch hier um einen sehr widerstandsfähigen Baum handelt, zieht man ihn vorzugsweise als Zimmer-Bonsai. Wie ihre Verwandte, die Chinesische Steineibe, ist sie sehr schnittverträglich, was sie natürlich zu einem Favoriten für Bonsai-Liebhaber macht.

■ **Stilart und Größe:** Für Stilarten wie Doppel- und Mehrfachstamm, geneigt, frei und streng aufrecht, Gruppenpflanzungen und für alle Bonsai-Größen mit Ausnahme der sehr kleinen Formen geeignet.

■ **Besondere Merkmale:** Langes, weidenblattähnliches, ledriges, dunkelgrünes Laub, braune, rissige Rinde, aufrechter Stamm und essbare purpurfarbene bis bläuliche Früchte.

■ **Pflege:** In gemäßigten Klimazonen toleriert sie im Sommer einen sonnigen Standort im Freien, im Winter einen kühlen und hellen Platz in Innenräumen, ohne direkte Sonneneinstrahlung, bei einer Mindesttemperatur von 7 °C. Feucht halten, vorsichtig gießen (geringer Wasserverbrauch). Täglich mit Wasser übersprühen. Von Ende Frühjahr bis zum Herbst alle zwei Wochen düngen, danach im Winter alle sechs Wochen. Alle drei bis fünf Jahre Ende Frühjahr umtopfen. Verwenden Sie einen Substratmix mit Rhododendronerde oder einem Gemisch aus Lehm, Torf und Sand zu gleichen Volumenanteilen. Leichter Wurzelschnitt.

■ **Schnitt und Formgebung:** *Ende Frühjahr* – Formschnitt und Drahten. *Frühjahr und Sommer* – Rückschnitt der frischen, etwa 1 cm langen Triebe zur Laubverdichtung. Entfernen der jungen überschüssigen Triebe an Stamm und Ästen.

■ **Bonsai-Vermehrung:** Durch Aussaat mit reifen Samen das ganze Jahr über oder durch krautige Stecklinge am Sommerende. Auch Absenker sind möglich.

■ **Schädlinge und Krankheiten:** Läuse, Wollläuse und andere saugende Schädlinge; Rote Spinne.

Quercus ilex

Steineiche Fagaceae

Mittelalter Bonsai im frei aufrechten Stil (Moyogi).

Dieser zur Untergruppe der Zerr-Eichen gehörende, bis zu 20 m hohe Baum mit breit gewölbter, runder Krone ist im ganzen Mittelmeerraum beheimatet und gilt dort als die Charakterpflanze für den feuchteren Hartlaubwald. Er hat ledrige, dunkelgrüne, an der Unterseite flaumig behaarte Blätter mit bedorntem Blattrand, die Stechpalmenblättern ähneln, aber sehr variabel sein können. Ältere Exemplare bilden rundlichere, ungezähnte Blätter aus. Die jungen Triebe sind weiß und ebenfalls filzig behaart, die graubraune Rinde ist rissig. Diese immergrüne Eiche ist ein interessanter und ungewöhnlicher Baum für die Bonsai-Kultur, denn er toleriert rigorose Schnitte und kann sich im Lauf der Zeit sehr charakteristisch entwickeln.

■ **Stilart und Größe:** Frei aufrechte und geneigte Form, Besenform, Dreifachstamm, Mehrfachstamm, Floßform und als Waldpflanzung. Geeignet für mittlere bis extrem große Bonsai-Größen.

■ **Besondere Merkmale:** Ledrige, dunkelgrüne, an der Unterseite behaarte, häufig dornartig spitze Zähnung der Blätter, weiße, behaarte junge Triebe, rissige Rinde und kleine, von einem braunfilzigen Becher halb umhüllte Eicheln im Winter.

■ **Pflege:** Volle Sonne bis leicht schattig. Feucht halten. Reduzierte Wassermengen im Winter. Im Winter vor Frost und Wind schützen, am besten im Kalthaus halten. Von Ende Frühjahr bis Anfang Herbst alle zwei Wochen düngen. Junge Exemplare Ende Frühjahr alle zwei Jahre umtopfen, anschließend alle zwei bis fünf Jahre je nach Wurzelentwicklung.

■ **Schnitt und Formgebung:** *Ende Frühjahr* – Formschnitt und Drahten. Auslichten des Astwerks. Angepasster Blattschnitt (etwa eine halbe Blattreduktion) bei drastischen Ast- oder Wurzelschnittmaßnahmen. Wenn nötig, Ausformung durch Spannschnüre. *Sommer und Anfang Herbst* – Regelmäßiges Pinzieren und Rückschnitt der frischen Triebe, um die Form zu erhalten.

■ **Bonsai-Vermehrung:** Durch Aussaat von frischen Eicheln Ende Herbst, Abmoosen im Sommer, krautige Stecklinge im Sommer oder durch Auspflanzen der Naturverjüngung im Frühjahr.

■ **Schädlinge und Krankheiten:** Baumkrebs, Wurzelnekrosen.

Syzygium malaccensis syn. Syzygium malaccense

Apfeljambuse
Myrtaceae

Junger Bonsai im frei aufrechten Stil (Moyogi).

Dieser immergrüne, schnellwüchsige Baum ist in Malaysia und auf den pazifischen Inseln beheimatet. Er besitzt einen aufrechten Stamm, ledriges, dunkelgrünes Laub und treibt duftende, fedrige weiße oder rosafarbene Blüten direkt aus dem Holz im Frühsommer aus, denen dunkelrote bis hellrosa, manchmal weiße, birnenförmige Früchte folgen. In den Tropen als Schattenbaum und wegen seiner Früchte und deren medizinischen Eigenschaften gezogen, eignet sich die Apfeljambuse auch sehr gut als Zimmer-Bonsai. Als solche toleriert sie schlechtere Lichtverhältnisse, verlangt allerdings höhere Luft- und Bodenfeuchte. Sehr schnittverträglich.

■ **Stilart und Größe:** Für alle Stilarten und sämtliche Größen mit Ausnahme der Miniatur-Bonsai-Größen geeignet.

■ **Besondere Merkmale:** Ledriges, dunkelgrünes Laub, weiße oder purpurrote duftende Blüten, dunkelrote, birnenförmige essbare Früchte.

■ **Pflege:** Als Zimmer-Bonsai an einem lichten Ort ohne direkte Sonneneinstrahlung bei einer Mindesttemperatur von 12 °C, im Sommer wärmer. Ständig feucht halten, auch im Winter. Um sein Bedürfnis nach hoher Luftfeuchtigkeit zu befriedigen, Blätter bei Zentralheizungsluft oder Hitze täglich übersprühen. Alle zwei Wochen von Ende Frühjahr bis Herbst düngen, im Winter jeden Monat. Umtopfen Ende Frühjahr – bei jungen Exemplaren jährlich, später alle zwei Jahre.

■ **Schnitt und Formgebung:** *Ende Frühjahr* – Formschnitt und Drahten. *Sommer und Herbst* – Rückschnitt der frischen Triebe auf ein oder zwei Blattpaare.

■ **Bonsai-Vermehrung:** Die Aussaat im Frühjahr und im Sommer ist einfach, besondere Sorten können auch durch Stecklinge im Frühjahr und im Sommer vegetativ vermehrt werden.

■ **Schädlinge und Krankheiten:** Kaum bekannt. Vor allem jüngere Exemplare sind kälteempfindlich. Chlorose bei schlechter Wasserqualität, zu wenig oder falscher Düngung.

Taxodium distichum

Sumpfzypresse, Sumpfeibe   Cupressaceae

Mittelalter Bonsai im frei aufrechten Stil (Moyogi).

Die Heimat dieser außergewöhnlichen, laubabwerfenden, bis zu 50 m hohen Konifere liegt in den Sumpfgebieten des Südens der Vereinigten Staaten. Sie zeichnet sich durch ihre konische, aufrechte Wuchsform und ihren oft ausgeprägt flaschenförmigen Stamm aus. Ihre Rinde ist rötlich braun, ihr Laub zart fiedrig und geht von einem leuchtenden Hellgrün stufenweise in ein herbstliches Fuchsrot über. Die waagerechten Äste können im unteren Stammbereich sehr ausladend wachsen. In den sumpfigen Wasserflächen bildet sie aus dem Wasser herausragende knieförmige Wurzelhöcker, ein sogenanntes Atemknie, und zuweilen bei älteren Exemplaren Brettwurzeln aus. Diese urzeitliche, sehr ausschlagfähige Konifere, die nur selten als Bonsai gezogen wird, eignet sich auch für Anfänger.

■ **Stilart und Größe:** Für die geneigte Form, die streng aufrechte und frei aufrechte Form, als Doppelstamm und als Wald. Sie eignet sich für mittlere bis extrem große Bonsai-Größen.

■ **Pflege:** Sonnig bis halbschattig. Frosthart bis -10 °C. Im Sommer stets feucht halten. Verträgt auch völlige Vernässung. Ob sie dann auch unter Bonsai-Bedingungen Atemwurzeln ausbildet, ist nicht bekannt. Sie muss aber keineswegs immer im Wasser stehen. Die Schale kann im Sommer in eine flache Wasserschale gestellt werden. Im Winter auf gute Durchfeuchtung des Substrats achten. Substrat: Lehm-/Sand-/Torfgemisch mit Nadelerde. Im Winter möglichst frostfrei, unbedingt aber vor Bodenfrost schützen. Alle zwei Wochen von Frühjahr bis Sommerende düngen. Umtopfen Ende April, bei jungen Exemplaren alle zwei Jahre, dann alle drei bis fünf Jahre.

■ **Schnitt und Formgebung:** *Frühjahr* - Formschnitt vor dem Austrieb und Drahten (Rinde sehr empfindlich). *Ende Frühjahr und Sommer* - Rückschnitt der jungen Zweige auf zwei bis drei Kurztriebe. *Sommer* - Pinzieren der Neuaustriebe.

■ **Bonsai-Vermehrung:** Durch krautige Stecklinge im Sommer oder durch Abmoosen im Frühjahr.

■ **Schädlinge und Krankheiten:** Wie der andere urweltliche Baum, der Ginkgo, weitgehend von tierischen und pflanzlichen Schäden verschont. Gedeiht unter Umweltbedingungen, wie sie von fast keiner anderen Pflanzenart ertragen werden.

Taxus baccata

Gemeine Eibe Taxaceae

Eine halb erwachsene Eibe, umgestaltet zu einem frei aufrechten Bonsai (Moyogi).

Die Heimat der langsamwüchsigen, in Ausnahmen 20 m hohen, meist strauchwüchsigen Gemeinen Eibe liegt in ozeanisch getönten Regionen Europas und Asiens. Sie war früher wesentlich weiter verbreitet, ist jedoch wegen ihres begehrten, harten, sehr zähen Holzes bis auf wenige Restgebiete in freier Natur fast ausgestorben. Ihre graubraune Borke löst sich in Streifen über weinroter Rinde ab. Sie hat horizontal ausgebreitete, sehr flexible Äste, dunkelgrünes, nadelartiges, ledriges, biegsames Laub und fleischige, runde, rote Scheinbeeren, die nur die weiblichen Eiben ausbilden. Zur Fruchtbildung kommt es nur, wenn eine männliche Eibe in der Nähe ist. Laub, Triebe und die Kerne der Früchte sind tödlich giftig! Das Holz ist harzlos. Als ausschlagfähige Konifere ist die Eibe sehr gut für die Bonsai-Kultur geeignet und toleriert selbst starke Schnittmaßnahmen. Der Zuschnitt ihrer Blätter ruft die Vorstellung einer weiten Landschaft hervor.

■ **Stilart und Größe:** Für alle Stilarten mit Ausnahme der Besenform und für alle Bonsai-Größen.

■ **Pflege:** Halbschatten, tiefer Schatten dünnt Belaubung aus, besonders die Zuchtformen und ältere Eiben vertragen auch sonnige Plätze. Die Eibe liebt eine gewisse Luftfeuchte (Besprühen) und eine ausreichende, nachhaltige Bodenfrische. Im Winter Gießmenge reduzieren. Substrat gut durchlüftet und basenreich (z. B. kalkhaltiger Kies). Im Winter vor Frösten und austrocknenden Winden schützen. Alle zwei Wochen von Frühjahrsende bis Anfang Herbst düngen. Umtopfen alle drei bis fünf Jahre im Frühjahr.

■ **Schnitt und Formgebung:** *Ende Frühjahr* – Formschnitt. *Ende Frühjahr und Sommer* – Pinzieren der jungen Triebe während der Wachstumsperiode und Förderung der Verzweigung. Entfernen der überschüssigen jungen Triebe am Stamm und an den Ästen. *Herbst* – Drahten der bis zu dreijährigen Äste; ältere Äste eventuell verankern.

■ **Bonsai-Vermehrung:** Durch Aussaat mit reifen Samen (vertrocknetes Fruchtfleisch entfernen) im Frühjahr, durch Umpflanzen aus Naturverjüngung im Frühjahr, durch krautige Stecklinge am Ende des Sommers, durch Absenker oder Abmoosen im Sommer.

■ **Schädlinge und Krankheiten:** Gelegentlich Auftreten von Eiben-Napfschildlaus, Knospengallmücke.

Laubabwerfende Bäume

Acer buergerianum

Dreispitzahorn Aceraceae

Mittelalter Bonsai in der Doppelstamm- oder Zwillingsstammform (Sokan) *im Herbst.*

Der Dreispitz- oder Dreizahnahorn erreicht in seiner Heimat, den Wäldern Ostchinas, Taiwans, Japans und Koreas, zuweilen stattliche Dimensionen und wird in dieser Region schon sehr lange als Bonsai kultiviert. Nicht ganz zufällig ist er eines der ersten Bonsai-Gehölze, die Europa erreichten. *Acer buergerianum* ist bei uns als Park- und Gartengehölz ein kleiner, buschig wachsender Strauch. Er zeichnet sich durch einen aufrechten Wuchs, seine dekorative, abblätternde Rinde, seine 3 bis 8 cm langen, dreilappigen Blätter, die eine wunderschöne leuchtend hellgrüne Frühjahrs- und eine orange und rote Herbstfärbung annehmen, und durch sein reich verzweigtes, kräftiges Wurzelsystem aus. Der Dreispitzahorn ist schnittverträglich und leicht zu kultivieren – ein Bonsai-Klassiker.

■ **Stilart und Größe:** Für alle Stilarten mit Ausnahme der Besenform. Besonders geeignet für Wurzel-über-dem-Felsen-Stilart aufgrund seiner kräftigen und wüchsigen Wurzeln sowie für alle Bonsai-Größen.

■ **Besondere Merkmale:** Zartes, im Frühjahr hellgrünes Laub, dreilappige, spitze Blätter, die im Herbst eine rote, gelbe und orangerote Färbung annehmen, dekorative braune, abblätternde Rinde.

■ **Pflege:** Möglichst hell, aber nicht der prallen Mittagssonne aussetzen. Feucht halten, im Winter trockener aus Gründen des Frostschutzes. Winterlicher Wurzelschutz, da Wurzeln sehr wasserhaltig und deshalb frostempfindlich sind. Einen Monat nach Erscheinen der Blätter wöchentlich düngen, später alle zwei Wochen bis Ende Sommer. Bei jungen Exemplaren jährliches Umtopfen, bevor die Knospen aufbrechen, anschließend bei über zehn Jahre alten Bäumen nur noch alle zwei Jahre.

■ **Schnitt und Formgebung:** *Winter* – Formschnitt und Drahten. *Sommer* – Pinzieren der jungen Triebe auf ein oder zwei Blätter. Blattschnitt, gestaltender Astschnitt.

■ **Bonsai-Vermehrung:** Im Spätherbst durch Aussaat (vor Frost schützen), durch krautige Stecklinge oder Abmoosen im Sommer.

■ **Schädlinge und Krankheiten:** Läuse und andere saugende Schädlinge; Raupen; Blattverbrennungen durch zu starke Sonneneinstrahlung; Rotpustelkrankheit, Baumkrebs, Echter Mehltau.

Acer campestre

Feldahorn Aceraceae

Mittelalter Bonsai im frei aufrechten Stil (Moyogi).

Der Feldahorn ist ein kleiner bis mittelgroßer Baum mit einer rundlichen, buschigen Kronensilhouette. Seine Heimat sind die Ränder und lichten Partien strauchreicher Eichen- und Buchenwälder, Feldgehölze, ländliche Feld- und Schnitthecken Europas und des westlichen Asiens. Der Feldahorn ist ziemlich standorttolerant, wächst auf steinigen bis sandigen Lehm- und Mullböden, doch verlangt er, dass sie einigermaßen frisch und nährstoffreich sind. Ihn zeichnen ein weich geschwungener Stamm aus, eine dekorative, gräulich braune, engrissige (netzrissige) Rinde und drei- bis fünflappige Blätter. Das Laub ist im Frühling frisch grün und stumpft später ab, wandelt sich aber im Herbst in ein leuchtendes Gelb. Die gute Ausschlagskraft dieses Gehölzes wurde früher in niederwaldähnlichen Wirtschaftsformen genutzt. Für die Bonsai-Kultur gibt es einige interessante Züchtungen, wie beispielsweise *A. c.* ›Annae‹ mit dunkelrotem, später oliv- und intensiv grünem Austrieb und fünflappigen Blättern.

- **Stilart und Größe:** Für alle Stilarten geeignet. Dabei besonders für die Besenform und den frei aufrechten Stil. Vor allem für mittel- bis sehr große Bonsai-Formate.
- **Besondere Merkmale:** Drei(fünf)lappiges, kleines bis mittelgroßes Blatt. Netzrissige Rinde. Gute Ausschlagfähigkeit.
- **Pflege:** Hell bis halbschattig. Feucht halten, im Winter trockener. Nach Austrieb der Blätter bis zum Ende des Sommers alle zwei Wochen düngen. Umtopfen alle zwei Jahre Anfang Frühjahr.
- **Schnitt und Formgebung:** *Winter* – Formschnitt und Drahten. *Sommer* – Pinzieren der frischen Triebe auf ein oder zwei Blätter. Blattschnitt sowie Astschnitt zur Korrektur oder Erhaltung der Stilart.
- **Bonsai-Vermehrung:** Durch Aussaat im Winter (vor Frost schützen), durch krautige Stecklinge im Sommer oder durch Abmoosen im Frühjahr oder Sommer.
- **Schädlinge und Krankheiten:** Läuse und andere saugende Schädlinge; Rotpustelkrankheit, Baumkrebs, Welke und Nekrosen, Echter Mehltau.

Acer griseum

Zimt-Ahorn Aceraceae

Mittelalter Bonsai im frei aufrechten Stil (Moyogi).

Der Zimt-Ahorn, ein bis zu 7 m hoher, buschiger, langsam wachsender Großstrauch (Baum) mit ausladendem, oft recht dünnem Geäst, ist in Zentral- bis Nordchina und in Japan beheimatet. Er trägt dreilappige, grob gezähnte, ca. 4 bis 8 cm lange Blätter mit lebhafter purpurroter Herbstfärbung. Der frische Austrieb ist gelbgrün und schlägt im Sommer in ein kräftiges Grün, manchmal ins Rötliche um. Die seidige, zimtbraune Rinde schält sich in mehreren hauchdünnen Schichten vom Stamm ab. Die Blütenrispen sind hellgelb. Der Zimt-Ahorn toleriert Schnitt und trockenen Boden, passt sich leicht an und ist ideal für kleine Gärten sowie die Bonsai-Kultur. Er ist problemlos zu kultivieren und das ganze Jahr über ein reizvoller Anblick.

■ **Stilart und Größe:** Für alle Stilarten mit Ausnahme der Besenform. Besonders geeignet für den Wurzel-über-dem-Felsen-Stil und sämtliche Bonsai-Größen.

■ **Besondere Merkmale:** Dreilappiges, grob gezähntes Laub, das sich im Herbst leuchtend purpurrot verfärbt. Sich abrollende, seidige, zimtbraune Rinde, darunter liegende Rindenschichten kupferfarben und grün.

■ **Pflege:** Volle Sonne. Feucht halten, im Winter Gießmenge reduzieren. In harten Winterperioden schützen. Nach Austrieb der Blätter bis zum Ende des Sommers alle zwei Wochen düngen. Umtopfen alle zwei Jahre Anfang Frühjahr.

■ **Schnitt und Formgebung:** *Winter* – Formschnitt und Drahten. *Sommer* – Pinzieren der frischen Triebe auf ein oder zwei Blatt. Blattschnitt, Ast- bzw. Zweigschnitt zur Berichtigung oder Erhaltung der Stilart.

■ **Bonsai-Vermehrung:** Durch Aussaat im Winter (Frostschutz), durch krautige Stecklinge im Sommer oder durch Abmoosen im Frühjahr oder Sommer.

■ **Schädlinge und Krankheiten:** Läuse und andere Saft saugende Schädlinge; Rotpustelkrankheit, Baumkrebs, Welke und Nekrosen und Echter Mehltau.

Acer grosseri var. *hersii*

Grossers Schlangenhaut-Ahorn   Aceraceae

Mittelalter Bonsai im frei aufrechten Stil (Moyogi).

Der Schlangenhaut-Ahorn ist ein kleiner (ca. 15 m), aufrechter und langsam wachsender Baum oder Großstrauch aus Mittelchina mit hängenden, gelbgrünen Blütenständen, denen geflügelte Früchte folgen. Seine ahornuntypischen, fast ungelappten Blätter (nur bei genauerem Hinsehen bemerkt man die Dreilappigkeit) verfärben sich im Herbst lebhaft rot. Sehr auffällig ist seine im jungendlichen Stadium rote, später grün-weiß gestreifte, Rinde. Er toleriert den Schnitt und trockene Erde, passt sich schnell an und ist daher eine gute Wahl für kleine Gärten sowie die Bonsai-Kultur. Der Schlangenhaut-Ahorn ist pflegeleicht und das ganze Jahr über ein reizvoller Baum.

- **Stilart und Größe:** Alle Stilarten mit Ausnahme der Besenform. Besonders empfehlenswert für den Wurzel-über-dem-Felsen-Stil und geeignet für alle Bonsai-Größen.
- **Besondere Merkmale:** Leuchtend rotes Herbstlaub und schöne, grüne, später grün-weiß gestreifte Rinde.
- **Pflege:** Volle Sonne. Feucht, im Winter trockener halten. In kalten, frostigen Wintern schützen. Nach Blattaustrieb bis zum Ende des Sommers alle zwei Wochen düngen. Umtopfen alle zwei Jahre am Anfang des Frühjahrs.
- **Schnitt und Formgebung:** *Winter* - Formschnitt und Drahten. *Sommer* - Pinzieren der jungen Triebe auf ein oder zwei Blatt. Blattschnitt, Zweige einkürzen, um die Stilart zu erhalten oder zu perfektionieren.
- **Bonsai-Vermehrung:** Durch Aussaat im Winter (frostgeschützt), durch krautige Stecklinge im Sommer oder durch Abmoosen im Frühjahr oder Sommer.
- **Schädlinge und Krankheiten:** Läuse und andere Saft saugende Schädlinge, Rotpustelkrankheit, Baumkrebs, Welke und Nekrosen und Echter Mehltau.

Acer palmatum

Fächerahorn   Aceraceae

Mittelalter Bonsai im frei aufrechten Stil (Moyogi).

Diese recht kleinwüchsige, ca. 3 bis 5 (10) m hohe Ahornart von elegant belaubter, kompakter, häufig baumartiger Erscheinungsform ist in Japan, Mittelchina und Korea beheimatet. Hierzulande ist er der Inbegriff des »Japanischen Ahorns«. Er trägt zart aufgefächerte, fünf- bis sechslappige, leuchtend grüne Blätter, die eine dramatisch flammende Herbstfärbung in sämtlichen Gelb- bis Rot- und Rosttönen annehmen. Der Fächerahorn hat dazu eine anmutige Aststruktur und trägt rote Blüten mit gelben Staubfäden. Es gibt von dieser Ahornart eine schwer überblickbare Anzahl von Züchtungen (über 300), von denen viele wegen ihrer Kleinwüchsigkeit, der besonderen Belaubung, Gestalt, Rindenfarbe und -struktur hervorragend für Bonsai-Zwecke geeignet sind.

■ **Stilart und Größe:** Für sämtliche Stilarten, mit Ausnahme der Literatenform, und besonders für den Wurzel-über-dem-Felsen-Stil geeignet. Er kann in allen Bonsai-Größen gestaltet werden.

■ **Besondere Merkmale:** Leuchtend grünes Laub im Frühjahr, Blätter fünf- bis sechslappig, rote Blüten mit gelben Staubfäden. Flammend rote und rostrote bis gelbe und orangerote Laubfärbung im Herbst.

■ **Pflege:** Dieser Ahorn schätzt einen lichten Standort, sollte jedoch vor praller Sonne im Sommer geschützt werden. Feucht halten und im Winter die Gießmenge reduzieren und vor Frost schützen. Nach Austrieb der frischen Blätter einen Monat lang wöchentlich düngen, danach bis zum Sommerende alle zwei Wochen. Umtopfen alle zwei Jahre am Anfang des Frühjahrs.

■ **Schnitt und Formgebung:** ***Winter*** – Formschnitt. ***Frühjahr und Sommer*** – Pinzieren und Rückschnitt der jungen Triebe auf ein oder zwei Blatt. Blattschnitt und Schnitt der Zweige, um die Silhouette der Stilart zu erhalten oder zu perfektionieren. Nach der Drahtung ist Blattabwurf möglich.

■ **Bonsai-Vermehrung:** Durch Aussaat im Winter (Frostschutz), durch krautige Stecklinge im Sommer, durch Absenker oder Abmoosen im Frühjahr oder Sommer.

■ **Schädlinge und Krankheiten:** Läuse und andere Saft saugende Schädlinge; Raupen; Rotpustelkrankheit, Teerfleckenkrankheit, Baumkrebs, Welke und Nekrosen, Echter Mehltau im Sommer.

Acer palmatum ›Deshôjô‹

Roter Fächerahorn Aceraceae

Älterer Bonsai im frei aufrechten Stil (Moyogi).

Die Sorte ›Deshôjô‹ ist ein aufrecht wachsender, sehr langsamwüchsiger Strauch. Er trägt fein geschnittene Blätter, deren Farben von glänzendem, brillant funkelndem Rot im Frühjahr zu Grün im Sommer und schließlich zu Rot- und Orangetönen im Herbst übergehen. Wie seine Stammart *Acer palmatum* ist ›Deshôjô‹ eine Pflanze, die am liebsten im halbschattigen, lichten, windgeschützten Unterholz gedeiht und einen feuchten, gut durchlässigen, leicht sauren Boden vorzieht. Sie ist einfach zu kultivieren, recht winterhart und das ganze Jahr über ein attraktiver Anblick – ein Favorit der Bonsai-Liebhaber!

■ **Stilart und Größe:** Der Rote Fächerahorn eignet sich für alle Stilarten mit Ausnahme der Besenform und kann in sämtlichen Bonsai-Größen gestaltet werden.

■ **Besondere Merkmale:** Leuchtend rote Blätter im Frühjahr, rote und orangerote Herbstfärbung. Eine schön gemusterte Rinde.

■ **Pflege:** Der Rote Fächerahorn liebt durchaus auch einen lichten Standort, braucht jedoch Schutz vor direkter Sonneneinstrahlung. Feucht halten, im Winter die Gießmenge reduzieren und vor Frost schützen. Nach dem Austrieb der Blätter über einen Monat lang wöchentlich, dann alle zwei Wochen bis zum Sommerende düngen. Umtopfen alle zwei Jahre Anfang Frühling.

■ **Schnitt und Formgebung:** *Winter* – Formschnitt. *Frühling und Sommer* – Pinzieren und Rückschnitt neuer Triebe auf ein oder zwei Blatt. Blattschnitt, Korrektur- und Erhaltungsschnitt. Blattabwurf als Folge der Drahtung möglich.

■ **Bonsai-Vermehrung:** Durch Aussaat im Winter (vor Frost schützen), durch krautige Stecklinge im Sommer, durch Absenker oder Abmoosen im Frühjahr oder Sommer.

■ **Schädlinge und Krankheiten:** Läuse und andere saugende Schädlinge; Rotpustelkrankheit, Baumkrebs, Welke und Nekrosen, Echter Mehltau im Sommer.

Acer palmatum ›Dissectum‹

Geschlitzter Fächerahorn   Aceraceae

Älterer Bonsai im frei aufrechten Stil (Moyogi).

Dieser strauchgroße, ein- und mehrstämmige Ahorn mit pilzförmiger Wuchsform und elegant schirmförmig ausgebreiteten, hängenden Ästen wird auch nach ein paar Jahrzehnten kaum höher als 2 bis 3 m. Seine fein geschlitzten, grazil wirkenden, ca. 5 bis 10 cm langen und breiten Blätter sind fünf- bis neunlappig, fast bis zur Basis eingeschnitten, und die Ränder sind gesägt. Die Belaubung kann bei optimalen Verhältnissen (lichter Halbschatten z. B. im Unterstand von Bäumen mit lichterer Krone, auf humusreichem, gut durchlüftetem, frischem, schwach saurem Boden) kompakt ausfallen. Andererseits neigen manche Exemplare dazu, sehr lange Triebe auszubilden, was einige Erfahrung und Gefühl bei Schnittmaßnahmen, aber auch bei der sonstigen Pflege erfordert. Auch diese Züchtung ist erstaunlich frosthart, verträgt aber steife, kalte Brisen schlecht. ›Dissectum‹ ist pflegeleicht und nur für das Freiland geeignet.

■ **Stilart und Größe:** Eignet sich für den frei aufrechten, den geneigten und windgepeitschten Stil, die Halbkaskadenform, Kaskadenform, die Zwillingsstammform, die Mehrfachstammform und für Waldpflanzungen jeden Umfangs sowie für alle Bonsai-Größen.

■ **Pflege:** Die Varietät ›Dissectum‹ bevorzugt lichte bis halbschattige, windgeschützte Standorte. Verträgt keine direkte Sonneneinstrahlung. Stets feucht halten, die Wassermenge im Winter reduzieren.
Vor Frost, vor allem den Wurzelbereich, schützen. Während eines Monats nach Blattaustrieb wöchentlich düngen, danach bis zum Ende des Sommers vierzehntäglich. Umtopfen alle zwei Jahre am Anfang des Frühlings.

■ **Schnitt und Formgebung:** ***Winter*** **–** Formschnitt. ***Frühjahr und Sommer*** **–** Pinzieren und Rückschnitt der jungen Triebe auf ein oder zwei Blatt. Strukturierung und Verfeinerung durch entsprechenden Astschnitt.

■ **Bonsai-Vermehrung:** Durch krautige Stecklinge im Sommer, durch Absenker oder Abmoosen im Frühling oder Sommer.

■ **Schädlinge und Krankheiten:** Läuse und andere saugende Schädlinge; Rotpustelkrankheit, Baumkrebs, Welke und Nekrosen, Echter Mehltau im Sommer.

Acer palmatum ›Kashima‹

Grüner Fächerahorn ›Kashima‹ Aceraceae

Mittelalter Bonsai in Besenform (Hokidachi) *Ende Herbst.*

›Kashima‹ ist eine japanische, zwergwüchsige (kaum 2 m hohe) Varietät des Fächerahorns. In Japan wird sie als ›Momiji Kashima‹ bezeichnet. Sie trägt fächerförmige, grüne (jung mit rötlichem Einschlag) Blätter mit gesägtem Rand. Die Einzelfächer sind breiter als die der Sorte ›Dissectum‹. ›Kashima‹ besitzt eine gute Schnittverträglichkeit. Wie die meisten Fächerahorn-Sorten gedeiht ›Kashima‹ vorzugsweise im lichten Unterstand alter Bäume, bevorzugt frische, gut dränierte Böden und einen Schutz vor kalten Winden – ausschließlich im Freien kultivieren! Ein weiterer Bonsai-Klassiker, der sich einfach gestalten lässt.

■ **Stilart und Größe:** Für die Stilarten frei aufrecht, geneigt, windgepeitscht, Halbkaskade, Kaskade, Zwillingsform, Mehrstammform und Waldform in allen Bonsai-Größen.

■ **Besondere Merkmale:** Im Frühjahr sind seine Blätter von hellem Gelbgrün mit rötlichem Rand, im Sommer grün und im Herbst gelb. Seine Rinde ist fein gemasert.

■ **Pflege:** Dieser Ahorn bevorzugt einen lichten halbschattigen Standort. Keine pralle Sonne! Boden gleichmäßig frisch halten, im Winter die Gießmenge reduzieren und vor Frost schützen. Nach Austrieb der Blätter während eines Monats wöchentlich und anschließend bis Ende Sommer vierzehntäglich gießen. Umtopfen alle zwei Jahre am Frühlingsanfang.

■ **Schnitt und Formgebung:** *Winter* – Formschnitt. *Frühjahr und Sommer* – Pinzieren und Rückschnitt der jungen Triebe auf ein oder zwei Blatt. Blattschnitt und Schnitt der Zweige, um die Stilform zu erhalten oder zu perfektionieren. Achtung: vorzeitiger Laubfall nach der Drahtung möglich!

■ **Bonsai-Vermehrung:** Durch krautige Stecklinge im Sommer, durch Absenker oder Abmoosen im Frühling oder Sommer.

■ **Schädlinge und Krankheiten:** Läuse und andere saugende Schädlinge; Rotpustelkrankheit, Teerfleckenkrankheit, Baumkrebs, Welke und Nekrosen, Echter Mehltau im Sommer.

Acer palmatum ›Katsura‹

Fächerahorn ›Katsura‹ Aceraceae

Junger Bonsai im frei aufrechten Stil (Moyogi).

Die Varietät ›Katsura‹ ist eine kaum 2 m hohe Zwergform (*yatsubusa*) des Fächerahorns. Diese Sorte treibt vergleichsweise früh aus und besticht dann durch ihren leuchtend gelben bis orangeroten Austrieb, der im Laufe des Sommers in ein schönes Gelbgrün übergeht. Für gelblaubige Sorten ist ›Katsura‹ erstaunlich sonnenbeständig, gedeiht aber am besten auf absonnigen und halbschattigen Partien, z. B. im Unterstand von Bäumen mit lichter Krone, in lichten Innenhöfen und auf geschützten Gartenflächen. Das herbstliche Farbspiel von Gelb über leuchtend Orange bis zu intensivem Rot ist eine Augenweide. Dieser Fächerahorn hat kleine, fünflappige Blätter, wächst bevorzugt in frischem bis feuchtem, gut dräniertem, humosem Substrat und verlangt Schutz vor kalten Winden. Er ist gut schnittverträglich, für Anfänger geeignet und nur im Freien zu kultivieren.

■ **Stilart und Größe:** Eignet sich für die Stilarten frei aufrecht, geneigt, windgepeitscht, Halbkaskade, Kaskade, die Zwillingsform, Mehrstammform und Waldpflanzungen jeden Umfangs und für sämtliche Bonsai-Größen.

■ **Besondere Merkmale:** Sein Laub ist lebhaft apricot- und gelborangefarben im Frühjahr, gelbgrün bis grün im Sommer und verfärbt sich orangerot und gelb im Herbst. Er hat eine fein gemaserte Rinde.

■ **Pflege:** Ist vergleichsweise lichthungrig, meidet jedoch wie alle Fächerahorne die pralle Sonne. Man hält ihn frisch bis feucht, reduziert im Winter die Gießmenge und schützt ihn vor Frost. Vernässung unbedingt vermeiden. Nach Austrieb der Blätter während eines Monats wöchentlich und anschließend bis Ende des Sommers vierzehntäglich gießen. Umtopfen alle zwei Jahre am Frühlingsanfang.

■ **Schnitt und Formgebung:** *Winter* – Formschnitt. *Frühjahr und Sommer* – Pinzieren und Rückschnitt der jungen Triebe auf ein oder zwei Blatt. Blattschnitt, Astschnitt zur Erhaltung oder Korrektur der Stilform.

■ **Bonsai-Vermehrung:** Durch krautige Stecklinge im Sommer, durch Absenker oder Abmoosen im Frühling oder Sommer.

■ **Schädlinge und Krankheiten:** Läuse und andere saugende Schädlinge; Rotpustelkrankheit, Baumkrebs, Welke und Nekrosen, Echter Mehltau im Sommer.

Acer palmatum ›Kiyohime‹

Fächerahorn ›Kiyohime‹ Aceraceae

Junger Bonsai in Besenform (Hokidachi).

Diese sehr schwachwüchsige (etwa 1 m hohe) Zwergzüchtung (*yatsubusa*) des Fächerahorns treibt sehr zeitig mit hellgrünen und purpurroten, mehrlappigen (>5), gezähnten kleinen Blättern aus. Die rötliche Verfärbung verblasst schließlich und geht in ein frisches Hellgrün im Sommer über. Der Neuaustrieb zeigt wieder einen rötlichen, allerdings weniger kräftigen Farbstich wie der Frühjahrsaustrieb. Das Laub verfärbt sich im Herbst in ein sattes, orangegetöntes Goldgelb. Die Äste breiten sich waagerecht und strahlenförmig vom Mittelstamm aus. ›Kiyohime‹ hat trotz der sehr kompakt wirkenden, dicht belaubten Kronensilhouette einen filigranen Charakter. Dieser Ahorn braucht einen frischen, feuchten, aber keineswegs nassen, gut durchlässigen Boden – nur Freilandkultur. Seine Schnittverträglichkeit ist gut. Ein pflegeleichter Klassiker.

■ **Stilart und Größe:** Eignet sich für alle Stilarten außer der Literatenform, dabei jedoch besonders für die Besenform. Er lässt sich in allen Bonsai-Größen gestalten, ist jedoch hervorragend für Zwergformen.

■ **Besondere Merkmale:** Sein Laub ist im Frühling zartgrün, rötlich und verfärbt sich im Herbst gelb und orangefarben. Seine Rinde ist fein gemasert.

■ **Pflege:** Dieser Ahorn ist lichthungriger als viele andere vergleichbare Sorten, muss jedoch wie jene vor direkter Sonneneinstrahlung geschützt werden. Stets frisch bis feucht halten. Im Winter die Gießmenge reduzieren und vor Frost schützen. Nach Austrieb der Blätter während eines Monats wöchentlich und anschließend bis Ende des Sommers vierzehntäglich gießen.

■ **Schnitt und Formgebung:** *Winter* – Formschnitt. *Frühjahr und Sommer* – Pinzieren und Rückschnitt der jungen Triebe auf ein oder zwei Blatt. Blattschnitt, Schnitt der Zweige, um die Stilform zu erhalten oder zu perfektionieren. Ein Blattabwurf unmittelbar nach der Drahtung im Sommer ist möglich.

■ **Bonsai-Vermehrung:** Durch krautige Stecklinge im Sommer, durch Absenker oder Abmoosen im Frühling oder Sommer.

■ **Schädlinge und Krankheiten:** Läuse und andere saugende Schädlinge; Rotpustelkrankheit, Baumkrebs, Welke und Nekrosen, Echter Mehltau im Sommer.

Acer palmatum ›Seigen‹

Japanischer Fächerahorn ›Seigen‹   Aceraceae

Mittelalter Bonsai in frei aufrechter Form (Moyogi).

Diese japanische Züchtung des Fächerahorns ist ein kleiner (ca. 1,5 bis 2 m), sehr langsamwüchsiger, ein- oder mehrstämmiger Strauch mit aufrechtem Wuchs. Er zeigt ein leuchtend purpurrotes, manchmal rosa oder rötlich gelbgrün getöntes Frühjahrslaub, das in kräftiges Grün übergeht und sich im Herbst in leuchtendes Gelb, Orange bis Rot verwandelt. Die Blätter sind stark geschlitzt und an den Rändern gezähnt. Er gilt als ziemlich frosthart, ist schnittverträglich, pflegeleicht und ein Bonsai-Klassiker, der seine Anmut und Schönheit das ganze Jahr über zeigt.

■ **Stilart und Größe:** Eignet sich für alle Stilarten mit Ausnahme der Literatenform und kann in allen Bonsai-Größen gestaltet werden.

■ **Besondere Merkmale:** Herrliche Farbspiele von leuchtend purpurrotem oder rosafarbenem Frühjahrslaub, das sich im Herbst rot und orangerot verfärbt. Seine Rinde ist sehr fein gemasert.

■ **Pflege:** Auch diese Züchtung ist wiederum vergleichsweise lichthungrig, muss jedoch vor direkter Sonneneinstrahlung geschützt werden. Feucht halten. Im Winter die Gießmenge reduzieren und vor Frost schützen. Nach Austrieb der Blätter während eines Monats wöchentlich und anschließend bis Ende Sommer vierzehntäglich gießen. Umtopfen alle zwei Jahre am Frühlingsanfang.

■ **Schnitt und Formgebung:** *Winter* – Formschnitt. *Frühjahr und Sommer* – Pinzieren und Rückschnitt der jungen Triebe auf ein oder zwei Blatt. Eventuell Blattschnitt, Ast- und Zweigschnitt zur Strukturierung und Verfeinerung der Krone. Blattabwurf nach Drahtung im Sommer möglich.

■ **Bonsai-Vermehrung:** Durch krautige Stecklinge im Sommer, durch Absenker oder Abmoosen im Frühling oder Sommer.

■ **Schädlinge und Krankheiten:** Läuse und andere saugende Schädlinge; Rotpustelkrankheit, Teerfleckenkrankheit, Baumkrebs, Welke und Nekrosen, Echter Mehltau im Sommer, Wurzelfäule.

Acer palmatum ›Ukon‹

Ukon-Fächerahorn Aceraceae

Älterer Bonsai im frei aufrechten Stil (Moyogi).

Der Ukon-Fächerahorn ist eine kleine (ca. 1 bis 3 m hohe) Züchtung aus Japan, die sich vor allem durch ihr frisches, gelbgrünes bis limonengrünes Sommerlaub auszeichnet. Die Blätter sind ausgeprägt fünflappig und gezähnt. Die jüngere Rinde der Zweige schimmert bläulich grün. ›Ukon‹ ist eine relativ lichthungrige Varietät, die aber auch im lichten Halbschatten des Unterstandes gedeiht. Direkte Mittagssonne wird allerdings nicht vertragen. Sie fühlt sich in einem gleichmäßig frischen, gut durchlüfteten, leicht sauren bis neutralen Boden wohl. Windexponierte Stellen werden schlecht vertragen. Dieser Fächerahorn ist schnittverträglich, pflegeleicht und ein Bonsai-Klassiker, der das ganze Jahr über einen reizvollen Anblick bietet.

- **Stilart und Größe:** Eignet sich für alle Stilarten mit Ausnahme der Literatenform und kann in allen Bonsai-Größen gestaltet werden.
- **Besondere Merkmale:** Dieser Fächerahorn hat ein charakteristisches limonengrünes Sommerlaub, das sich im Herbst rot und orangerot verfärbt. Auch die Äste und Zweige zeigen sich in einem dekorativen Grün.
- **Pflege:** Lichthungrig, muss jedoch vor direkter Sonneneinstrahlung geschützt werden. Das Substrat stets frisch halten, nie vernässen lassen. Im Winter die Gießmenge reduzieren. Vor Frost schützen. Nach Austrieb der Blätter während eines Monats wöchentlich und anschließend bis Ende des Sommers vierzehntäglich gießen. Umtopfen alle zwei Jahre am Frühlingsanfang.
- **Schnitt und Formgebung:** *Winter* – Formschnitt. *Frühjahr und Sommer* – Pinzieren und Rückschnitt der jungen Triebe auf ein oder zwei Blatt. Blattschnitt, Ast- und Zweigschnitt, um die Stilform zu erhalten oder zu perfektionieren. Ein Blattabwurf unmittelbar nach der Drahtung im Sommer ist möglich.
- **Bonsai-Vermehrung:** Durch krautige Stecklinge im Sommer, durch Absenker oder Abmoosen im Frühling oder Sommer. Aussaat problematisch.
- **Schädlinge und Krankheiten:** Läuse und andere saugende Schädlinge; Rotpustelkrankheit, Teerfleckenkrankheit, Wurzelfäule, Baumkrebs, Welke und Nekrosen, Echter Mehltau im Sommer.

Acer platanoides

Spitzahorn Aceraceae

Mittelalter Bonsai im frei aufrechten Stil (Moyogi).

Der nach der Eiszeit nach Mittel- und Osteuropa eingewanderte Spitzahorn ist eine große (bis 30 m hohe) Ahornart mit elegantem Erscheinungsbild. Auffallend sind seine gewölbte Krone, sein rissiger Stamm, seine kleinen lebhaft gelbgrünen Blütendolden im Frühjahr und seine nach außen zugespitzten, nach innen gebuchteten fünflappigen, kräftig grünen, pergamentartigen Blätter mit einer schönen gelben, orangefarbenen bis dunkelroten Herbstfärbung. Die Blattgrößen können sehr stark variieren, und die Rinde ist längsrissig, braun bis graubraun. Dieser vitale, schnellwüchsige Baum ist sehr standorttolerant, verträgt Sonne wie Schatten, auch Luftverschmutzung (deshalb auch beliebter Stadtbaum), und stellt keine besonderen Ansprüche an Boden und Wasserversorgung. Darüber hinaus ist er besonders widerstandsfähig gegen Frost. Als Bonsai toleriert er selbst einen rigorosen Schnitt und verträgt auch basische Böden. Allerdings nötigen die enorme Vitalität, das schnelle Wachstum und die Großblättrigkeit dem Bonsai-Gestalter eine besondere Einstellung, aber auch Erfahrung im Umgang mit diesem Material ab. Nur für Freilandkultur geeignet.

■ **Stilart und Größe:** Der Spitzahorn eignet sich für alle Stilarten, besonders für die Besenform und die frei aufrechte Form. Man kann ihn mittel bis sehr groß gestalten.

■ **Pflege:** Sonnig, zieht jedoch im Sommer lichten Schatten vor. Stets frisch bis feucht halten und großzügiger wässern. Die Pflanze sollte dem Wind ausgesetzt sein. Die Wurzeln im Winter vor Frost schützen. Gedüngt wird alle zwei Wochen bis zum Sommerende.

■ **Schnitt und Formgebung:** *Winter* – Formschnitt. *Frühling und Sommer* – Pinzieren und Rückschnitt der jungen Triebe auf ein oder zwei Blatt. Blattschnitt, Schnitt der Zweige zur Strukturierung und Verfeinerung der Stilart.

■ **Bonsai-Vermehrung:** Durch Aussaat, krautige Stecklinge im Sommer, Auspflanzen der Naturverjüngung.

■ **Schädlinge und Krankheiten:** Saugende Schädlinge; Rotpustelkrankheit, Welke und Nekrosen, Mehltau.

Acer tataricum ssp. *ginnala*

Amur-Ahorn oder Feuer-Ahorn Aceraceae

Junger Bonsai im frei aufrechten Stil (Moyogi).

Dieser Strauch oder Baum mit aufrechtem Wuchs ist in Ostchina, der Mandschurei und Japan beheimatet. Er zeichnet sich durch eine dekorative braune, glatte Rinde und durch die dreilappigen, gezähnten, kräftig grünen, etwa 4 bis 8 cm langen Laubblätter aus. Sonneneinstrahlung verfärbt den Neuaustrieb rötlich. Im Herbst nimmt diese Subspezies des Tartarischen Ahorns eine flammende orangerote bis rote Färbung an – daher auch Feuer-Ahorn genannt. Darüber hinaus ist er äußerst schnittverträglich, toleriert trockenen Boden und Luftverschmutzung besser als die meisten Ahorne. Gleichermaßen hält er sehr niedrige Temperaturen aus, und seine Wurzeln sind äußerst frostresistent. Der Amur-Ahorn gilt als eine der frosthärtesten Ahornarten – ein Freiland-Bonsai, der auch für Anfänger geeignet ist.

- **Stilart und Größe:** Der Amur-Ahorn eignet sich für alle Stilarten mit Ausnahme der Besenform, und ganz besonders für den Wurzel-über-dem-Felsen-Stil. Er kann in allen Größen gestaltet werden.
- **Besondere Merkmale:** Dieser Ahorn hat dreilappige, an der Oberseite dunkelgrüne, an der Unterseite hellgrüne Blätter mit grob gesägtem Rand. Seine Herbstfärbung kann bis ins Karmin- und Orangerot gehen. Seine braune Rinde ist beinahe glatt.
- **Pflege:** Sonnig. Das Substrat sollte stets eine mittlere Frische aufweisen. Im Winter die Gießmenge so reduzieren, dass der Boden nicht austrocknet. Während eines Monats nach Blattaustrieb wöchentlich, später vierzehntäglich bis Ende Sommer düngen. Junge Exemplare werden jährlich, über zehnjährige Bäume alle zwei Jahre umgetopft.
- **Schnitt und Formgebung:** *Winter* – Formschnitt. *Frühling und Sommer* – Pinzieren und Rückschnitt der frischen Triebe auf ein oder zwei Blatt. Blattschnitt, Schnitt der Zweige und Reiser zur Erhaltung oder Perfektionierung der Stilart im Hochsommer.
- **Bonsai-Vermehrung:** Durch krautige Stecklinge im Sommer oder durch Abmoosen im Frühjahr oder Sommer.
- **Schädlinge und Krankheiten:** Läuse und andere saugende Schädlinge; Rotpustelkrankheit, Baumkrebs, Welke und Nekrosen, Wurzelfäule, Echter Mehltau im Sommer und Teerfleckenkrankheit.

Aesculus hippocastanum

Gemeine Rosskastanie Hippocastanaceae

Junger Bonsai mit drehwüchsigem Stamm (Nejikan).

Die Gemeine Rosskastanie ist ein bis zu 35 m hoher Baum mit unverwechselbarer, markanter Wuchsform und majestätischer Krone. Ehemals über ganz Mitteleuropa verbreitet, zog sich die Rosskastanie während der letzten Eiszeit auf die Balkanhalbinsel zurück. Erst seit dem 16. Jahrhundert wird sie wieder in unseren Breiten kultiviert. Charakteristisch sind ihre dekorative, grobplattige, später abplatzende Rinde, ihre unverwechselbaren, derben, meist sehr großen fünf- bis siebenfingrigen geäderten Blätter, ihre großen, aufrecht wachsenden, weißen oder rosafarbenen Blütenrispen und ihre stacheligen Früchte mit den schweren, glänzenden, kastanienbraunen Samen. Sie galt seit ihrer Einführung durch die Osmanen als ein sehr widerstandsfähiger und zuverlässiger Nutz- und Kultbaum, der sich an viele Situationen anpassen konnte, leidet aber zunehmend unter dem aggressiven Massenbefall der Kastanien-Miniermotte. Als Bonsai wird die Rosskastanie eher selten gestaltet. Grund hierfür ist die Größe ihrer Blätter, die eine Bonsai-Kultur erschweren.

■ **Stilart und Größe:** Geeignet für die Stilarten frei aufrecht, geneigt, windgepeitscht, entrindeter Stamm, für die Zwillings- oder Mehrstammform. Kann in mittleren bis zu großen Bonsai-Größen gestaltet werden.

■ **Pflege:** Heller, sonniger Standort und in den Sommermonaten leichter Schatten. Feucht halten. Großzügig gießen, wenn der Baum dem Wind ausgesetzt ist. Schutz der Wurzeln gegen Frost im Winter. Frühjahr bis Ende Sommer vierzehntäglich düngen. Umtopfen alle zwei Jahre Anfang Frühling.

■ **Schnitt und Formgebung:** *Ende Winter und Anfang Frühling* – Formschnitt und Drahten. *Sommer* – Pinzieren der jungen Triebe auf ein oder zwei Blatt. Blattschnitt, Schnitt der Zweige.

■ **Bonsai-Vermehrung:** Durch Aussaat im Spätherbst, krautige Stecklinge.

■ **Schädlinge und Krankheiten:** Kastanien-Miniermotte, Engerlinge und Imago des Maikäfers; Läuse und andere saugende Schädlinge; Rotpustelkrankheit, Welke und Nekrosen, Wurzelfäule, Echter Mehltau.

Betula nana

Zwergbirke oder Arktische Birke Betulaceae

Mittelalter Bonsai im frei aufrechten Stil (Moyogi).

Dieser echte Zwergstrauch hat nur eine Wuchshöhe von 20 bis 50 cm und erreicht selten über 1 m. Hoch angepasst an die unwirtlichen, extrem kalten, meist nur drei Monate schnee- und eisfreien Bereiche, überdeckt er weite Flächen der arktischen Tundra Asiens, Europas und Amerikas und bestimmt damit den heideartigen, weitläufigen, farbigen Landschaftscharakter vieler dieser Regionen. Sehr selten ist er auch – sozusagen als aussterbendes Eiszeitrelikt – in unseren offenen Hochmoorflächen, an den Rändern von Erlenbrüchen und Hochgebirgen zu finden. Die Zwergbirke hat einen glänzenden kupferfarbenen Stamm, manchmal niederliegende, feine Beastung und sehr kleine (bis 2 cm) rundliche bis nierenförmige, gekerbte Blätter. In Gärten unserer Breiten bietet sie durch ihren wuchernden, unharmonischen Wuchs meist kein schönes Bild. Dagegen bekommen ihr beherzte Rück- und Erhaltungsschnitte sehr gut – und genau dies macht sie für die Bonsai-Gestaltung so wertvoll. Die Zwergbirke ist in ihrer Heimat eine der frosthärtesten Pflanzen der Erde, wo sie nur eine kurze Vegetationsperiode und kaum Spätfröste gewohnt ist. In unseren Breiten jedoch treibt die Zwergbirke verfrüht aus und ist dann gegen Schäden durch Spätfröste kaum gewappnet.

- **Stilart und Größe:** Die Zwergbirke ist für fast alle Stilarten mit Ausnahme des streng aufrechten Stils und der Kaskadenform geeignet.
- **Pflege:** Diese Birke braucht stets einen sonnigen, luftfeuchten Standort. Man hält sie im feuchten, sauren, basenarmen Substrat (Torf, Rohhumus, Lehm). Vor Spätfrost schützen. Gedüngt wird sparsam monatlich und nur nach Bedarf während der Wachstumsperiode.
- **Schnitt und Formgebung:** *Winterende* – Formschnitt. *Sommer* – Pinzieren der frischen Triebe auf ein oder zwei Blattpaare. Blattschnitt und Schnitt der Reiser.
- **Bonsai-Vermehrung:** Durch krautige Stecklinge. Aussaat in kühlem Milieu möglich.
- **Schädlinge und Krankheiten:** Gemeine Birkenlaus; Springrüssler, Birken-Blattwespe; Rotpustelkrankheit, Baumkrebs, Welke und Nekrosen und Echter Mehltau.

Betula pendula

Hänge- oder Sandbirke Betulaceae

Junger Bonsai mit Verdrahtung im frei aufrechten Stil (Moyogi).

Dieser nicht sehr langlebige (ca. 60 bis 120 Jahre werdende) Baum mittlerer Größe (bis 20 [30] m Höhe) ist in Europa und Nordasien beheimatet und aufgrund seines ökologischen Verhaltens ein ausgesprochenes Pioniergehölz. Die Sandbirke hat im erwachsenen Stadium den charakteristischen, attraktiven silberweißen Stamm mit der rissigen, abblätternden, oft wie Papier wirkenden Rinde und im Alter überhängende Äste mit lang gestielten, rautenförmigen Blättern. Die jungen, biegsamen Triebe besitzen kleine, sich sandig anfühlende Korkwarzen, daher der Name Sandbirke. Die das ganze Jahr über elegante und dekorative Birke bietet sich für die Bonsai-Gestaltung geradezu an. Im Handel sind einige Varietäten erhältlich.

■ **Stilart und Größe:** Für den frei aufrechten, den geneigten und den windgepeitschten Stil sowie für die Zwillings- und Dreistammform und Waldpflanzungen geeignet. Sie kann in allen Bonsai-Größen gestaltet werden.

■ **Besondere Merkmale:** Typisch für diesen Baum sind sein leuchtend gelbgrünes Frühlingslaub und die goldgelbe Herbstfärbung, seine elegant überhängenden Zweige und die dekorative silberweiße, rissige, blättrige Rinde.

■ **Pflege:** Diese Birke braucht einen hellen, sonnigen Platz. Man hält das durchlässige Substrat mäßig frisch und reduziert im Winter die Gießmenge. Ein Frostschutz ist ratsam, möchte man ein Absterben der Äste vermeiden. Gedüngt wird im zweiwöchentlichen Rhythmus, angefangen einen Monat nach Blattaustrieb bis Ende Sommer. Umtopfen alle zwei Jahre Anfang Frühjahr. Die attraktive weiße Rinde bildet sich erst nach vielen Jahren.

■ **Schnitt und Formgebung:** *Winter und Spätwinter* – Formschnitt. *Sommer* – Pinzieren der frischen Triebe auf ein oder zwei Blatt. Entfernen der großen Blätter. Zweigschnitt zur Erhaltung oder Verbesserung der Stilart. Diese Baumart blutet stark aus, ist daher beim Schnitt anfällig gegen Infektionen. Wundverschlussmittel empfehlenswert.

■ **Bonsai-Vermehrung:** Problemlos durch Aussaat im Winter und Anfang Frühjahr. Durch Auspflanzen der Naturverjüngung im Spätwinter und am Anfang des Frühjahrs oder durch krautige Stecklinge im Sommer bei besonderen Varietäten.

■ **Schädlinge und Krankheiten:** Gemeine Birkenlaus; Springrüssler, Birken-Blattwespe; Rotpustelkrankheit, Baumkrebs, Welke und Nekrosen, Echter Mehltau.

Betula pubescens

Moorbirke Betulaceae

Mittelalter Bonsai im windgepeitschten Stil (Fukinagashi) *im Winter.*

Die Moorbirke ist mit ca. 20 m Höhe ein Baum mittlerer Größe. Ihr natürliches Verbreitungsgebiet ist Europa und Nordasien. Sie gilt ebenso wie die nah verwandte Hängebirke als Pioniergehölz, ist jedoch im Unterschied zu dieser deutlich standortgebundener. Man trifft sie in Mooren, Bruchwäldern und im Gebirge an. Dort gedeiht sie auf sauren, torfigen, anmoorigen, modrigen, aber auch auf staunassen Substraten. Ihre herzförmigen Blätter sind im jungen Stadium wie die einjährigen Zweige samtig behaart. Ihre Zweige wachsen - anders als die der Hängebirke - streng aufrecht. Diese Birke eignet sich sehr gut zur Bonsai-Gestaltung.

■ **Stilart und Größe:** Für den frei aufrechten, den geneigten und den windgepeitschten Stil sowie für die Zwillings- und Dreistammform und Waldpflanzungen. Sie kann in jeder Bonsai-Größe gestaltet werden.

■ **Besondere Merkmale:** Die Moorbirke zeigt das gleiche leuchtende Grün im Frühjahr und das satte Gelb im Herbst wie die Hängebirke, unterscheidet sich jedoch durch streng aufrecht wachsende, schmale Zweige. Ihre jungen Blätter und einjährigen Zweige sind flaumartig behaart.

■ **Pflege:** Sonniger Standort. Die Moorbirke benötigt viel Wasser, sollte jedoch im Winter etwas trockener gehalten werden. Ein Frostschutz besonders für die Wurzeln ist angebracht. Vierzehntägliches Düngen von einem Monat nach Austrieb der Blätter bis zum Ende des Sommers. Umtopfen alle zwei Jahre zu Beginn des Frühlings.

■ **Schnitt und Formgebung:** *Ende Winter* – Formschnitt. *Sommer* – Pinzieren der jungen Triebe auf ein oder zwei Blatt. Entfernen sämtlicher großer Blätter. Zweigschnitt zur Strukturierung und Verfeinerung der Stilart. Diese Birke »blutet« stark. Bei Schnittmaßnahmen empfiehlt es sich, Wundverschlussmittel einzusetzen.

■ **Bonsai-Vermehrung:** Durch Aussaat im Winter oder Anfang Frühjahr, durch Auspflanzen der Naturverjüngung Ende des Winters und Anfang Frühjahr oder durch krautige Stecklinge im Sommer.

■ **Schädlinge und Krankheiten:** Gemeine Birkenlaus; Birken-Blattwespe, Springrüssler; Rotpustelkrankheit, Baumkrebs, Welke und Blattnekrosen, Birkenporling, Echter Mehltau; Hexenbesen.

Capsicum frutescens

Cayennepfeffer, Chili   Solanaceae

Mittelalter Bonsai im frei aufrechten Stil (Moyogi).

Dieses mehrjährige, meist recht kleinwüchsige (20 bis 30 cm hohe) Nachtschattengewächs ist mit dem Paprika nah verwandt, stammt ursprünglich - obwohl es dafür noch keine Belege gibt - wohl aus dem tropischen Mittelamerika und ist dort ausschließlich als Kulturpflanze bekannt. Für uns Europäer mag die Vielfalt der Züchtungen überraschend sein: krautige kurzlebige sowie verholzende, längerlebige Sorten; Sorten mit aufrecht wachsenden ledrigen, kegelförmigen Schoten in länglicher roter, gelber, grüner Ausführung; Schoten in kurzer, rundlicher purpurfarbener, violetter, gelber, weißer und roter Ausführung; Sorten mit vergleichsweise mildem Geschmack, dann aber auch Sorten, deren Schärfe Respekt einflößend ist.

■ **Stilart und Größe:** Für den frei aufrechten, geneigten und windgepeitschten Stil sowie als Wurzel-über-dem-Felsen-Form, felsenumfassende Form und als Waldpflanzung; kann in kleinen bis mittleren Bonsai-Größen gestaltet werden.

■ **Besondere Merkmale:** Dunkelgrüne, glatte, ovale, spitz zulaufende Blätter, kleine aufrechte und konisch geformte Früchte in allen Farben, meist jedoch rot oder grün.

■ **Pflege:** In Innenräumen an sonnigen Standorten bei einer Mindesttemperatur von 15 °C. Unbedingt vor Zugluft schützen. Diese Pflanze braucht viel Feuchtigkeit. Sie sollte daher täglich übersprüht - mit Ausnahme während der Blüte - und stets feucht gehalten werden. Gedüngt wird von Frühjahr bis Herbst vierzehntäglich und wöchentlich im Winter. Die Pflanze stellt darüber hinaus keine speziellen Ansprüche an das Substrat, es muss nur immer gut durchlüftet sein. Alle zwei Jahre im Frühjahr umtopfen.

■ **Schnitt und Formgebung:** *Ende Frühjahr* - Formschnitt. *Sommer und Herbst* - Pinzieren, um den Austrieb neuer Triebe anzuregen. Blattschnitt, Schnitt der Zweige und gelegentlich der Äste, um die gewünschte Form zu erhalten.

■ **Bonsai-Vermehrung:** Durch Stecklinge im späten Frühjahr und Ende des Sommers oder durch Absenker im späten Frühjahr bzw. im Sommer. Auch Aussaat im Spätwinter im Warmhaus ist möglich.

■ **Schädlinge und Krankheiten:** Der alkaloidhaltige Saft der Pflanze wirkt auf die meisten Schädlinge abweisend. Selten von saugenden Schädlingen befallen.

Caragana arborescens

Gemeiner Erbsenbaum Leguminosaceae

Junger Bonsai im frei aufrechten Stil (Moyogi).

Dieses kleine, 3 bis 6 m hohe, buschig wachsende, meist mehrstämmige Steppengehölz ist in Sibirien, der Mongolei und der Mandschurei beheimatet. Der Erbsenbaum ist vital, anpassungsfähig, überlebt auch auf kargen Böden, in windigen, frostigen und sommerheißen Regionen, in denen sonst nur wenige Pflanzen eine Chance haben. Außerdem ist er salztolerant. Erstaunlicherweise kann man diesen Baum auch als Zimmer-Bonsai in sehr warmen Innenräumen ziehen. Er hat zarte wechselständig gefiederte Blätter und gelbe Schmetterlingsblüten. Die junge, seidig glänzende Rinde ist olivgrün getönt. Bonsai-Liebhaber schätzen ihn aufgrund seiner zierlichen, eleganten, oft säuligen, seltener rundlichen Silhouette und seiner außerordentlichen Widerstandsfähigkeit. Es gibt zahlreiche auch für die Bonsai-Kultur interessante Sorten, wie ›Pendula‹ mit hängenden Zweigen oder ›Walker‹ – zwergwüchsig und in die Breite wachsend.

■ **Stilart und Größe:** Für alle Stilarten mit Ausnahme des streng aufrechten Stils geeignet. Diese Art wirkt in sämtlichen Bonsai-Größen attraktiv.

■ **Besondere Merkmale:** Zartes Laub in frischem Grün, das sich im Herbst gelblich verfärbt, und gelbe Schmetterlingsblüten (ähnlich denen der Erbse) im Frühjahr. Mehr oder weniger hängende Zweige.

■ **Pflege:** Drinnen wie draußen volle Sonne. Mäßig frisch halten. Im Winter die Wassermenge reduzieren. Im Freiland Frostschutz. Gedüngt wird vierzehntäglich von Frühling bis Sommerende. Umtopfen alle zwei Jahre im Spätwinter oder zu Frühjahrsbeginn. Benutzen Sie eine wasserdurchlässige Erdmischung.

■ **Schnitt und Formgebung:** ***Winter*** – Formschnitt und Drahten. ***Sommer*** – Pinzieren der neuen Triebe auf ein oder zwei Blattfiedern. Astschnitt zur Erhaltung und Entwicklung der Stilart. Vorsicht vor den Dornen beim Schnitt!

■ **Bonsai-Vermehrung:** Durch Aussaat im Frühjahr oder durch krautige Stecklinge im Sommer.

■ **Schädlinge und Krankheiten:** Läuse und andere saugende Schädlinge; Rote Spinne; Echter Mehltau.

Carpinus betulus

Gemeine Hainbuche oder Weißbuche Betulaceae

Junger Bonsai im frei aufrechten Stil (Moyogi).

Die Gemeine Hainbuche ist ein etwa 25 bis 30 m hoher Baum mit ausladender, rundlicher oder eiförmiger Krone aus den Mischwäldern – wo sie meist im Unter- und Zwischenstand wächst – der gemäßigten Zonen Europas und Asiens. Aufgrund ihrer Stockausschlagsfähigkeit war sie im Mittelalter bis in die jüngere Zeit Bestandteil des Nieder- und Mittelwaldes, eine für die Bonsai-Kultur sehr interessante Eigenschaft. Kennzeichnend ist ihre silbergraue, unregelmäßig wulstige, an ineinander verdrehte, unterschiedlich starke Seilzöpfe oder Muskelstränge erinnernde Rinde – im Fachjargon als »Spannrückigkeit« bezeichnet. Charakteristisch sind auch ihre 5 bis 10 cm langen, ovalen, streng parallel gerippten, eiförmigen Blätter mit doppelt gesägten Rändern. Ihre in Trauben wachsenden, kleinen, etwa 1 cm langen Nüsschen besitzen die typisch dreilappigen Flugorgane. Als Heckenpflanze oder Solitärbaum behält die Gemeine Hainbuche häufig ihre Blätter im Winter und toleriert auch sehr schweren Lehmboden. Sie ist zur Bonsai-Gestaltung ideal.

■ **Stilart und Größe:** Eignet sich für alle Stilarten mit Ausnahme der streng aufrechten Form. Sie kann in allen Bonsai-Größen gestaltet werden.

■ **Pflege:** Die Gemeine Hainbuche bevorzugt lichten Schatten. Man hält sie feucht und trockener im Winter, wo sie durchaus einen Frostschutz verträgt. Gedüngt wird alle zwei Wochen von Frühjahr bis Sommerende. Umtopfen alle zwei Jahre Anfang Frühling.

■ **Schnitt und Formgebung:** ***Winterende und Frühjahrsanfang*** – Formschnitt. ***Sommer*** – Pinzieren der frischen Triebe auf ein oder zwei Blätter. Blattschnitt, Zweigschnitt zur Erhaltung und Perfektionierung der Form. Entfernen der großen Blätter von Frühjahr bis Herbst, da sie die Harmonie des Bildes stören.

■ **Bonsai-Vermehrung:** Durch Aussaat reifer Samen im Herbst (keimen aber häufig erst im zweiten Jahr), krautige Stecklinge im Sommer oder Auspflanzen der Naturverjüngung Ende Winter und Anfang Frühjahr.

■ **Schädlinge und Krankheiten:** Läuse und andere saugende Schädlinge; Birkenblattroller (ein Rüsselkäfer), Rote Spinne; Rindennekrose, Wurzelfäule, Blattwelke und Echter Mehltau.

Carpinus betulus ›Variegata‹

Buntblättrige Hainbuche   Betulaceae

Mittelalter Bonsai im frei aufrechten Stil (Moyogi).

Eine recht seltene Züchtung der Hainbuche mit auffällig weißlichen, grün gefleckten, gestreiften, linierten, gefelderten Blättern, deren Ränder schwächer als die Ausgangsform gesägt sind. Im Allgemeinen wird sie als Solitärbaum gezogen, um ihr panaschiertes und dekoratives Laub zur Geltung zu bringen. Diese Züchtung stellt ähnliche Ansprüche an den Boden und an die übrigen Standortmerkmale wie die Ausgangsform der Hainbuche und ist dementsprechend ähnlich gut geeignet als Bonsai, da sie sich dem Leben in der Schale entsprechend gut anpassen kann.

- **Stilart und Größe:** Für alle Stilarten außer der streng aufrechten Form geeignet. Sie kann in allen Größen gezogen werden.
- **Besondere Merkmale:** Typisch sind ihre dekorative, spannrückige, silbergraue Rinde, ihre cremefarben panaschierten Blätter, die sich im Herbst gelb und golden verfärben.
- **Pflege:** Unbedingt vor direkter Sonneneinstrahlung schützen! Substrat mäßig frisch bis frisch halten, die Gießmenge im Winter reduzieren. Frostschutz vor allem für die Wurzeln empfehlenswert. Gedüngt wird vierzehntäglich von Frühjahr bis Ende Sommer. Umtopfen alle zwei Jahre zu Beginn des Frühlings.
- **Schnitt und Formgebung:** *Winterende und Frühjahrsanfang* – Formschnitt. *Sommer* – Pinzieren der neuen Triebe auf ein oder zwei Blätter. Blattschnitt, Schnitt der Zweige zur Erhaltung und Vervollkommnung der Form. Entfernen der großen Blätter von Frühling bis Herbst aus ästhetischen Gründen.
- **Bonsai-Vermehrung:** Durch Stecklinge aus nicht verholzten Trieben im Sommer.
- **Schädlinge und Krankheiten:** Wenn auch darüber kaum Angaben vorliegen, dürfte ›Variegata‹ ähnlich robust sein wie die Ausgangsform, sie kann jedoch in besonderen Stresssituationen von Läusen und anderen saugenden Schädlingen oder Roten Spinnen heimgesucht werden. Auch Rindennekrose, Wurzelfäule, Blattwelke und Echter Mehltau sind eine Gefahr.

Carpinus orientalis

Orientalische Hainbuche   Betulaceae

Junger Bonsai im frei aufrechten Stil (Moyogi).

Hierbei handelt es sich um einen kleinen, 4 bis 8 m hohen, buschig wachsenden Baum mit kugeliger Krone aus Südosteuropa, Südostasien und dem Kaukasus. Er bildet in diesen Regionen mit weniger ausgeprägter Sommerdürre und kalten Winterperioden zusammen mit anderen sommergrünen Bäumen wie Mannaesche (*Fraxinus ornus*), Zerr-Eiche (*Quercus cerris*), Judasbaum (*Cercis siliquastrum*) etc. charakteristische, oft sehr schöne, ursprünglich wirkende Wald- und Landschaftsbilder. Die Orientalische Hainbuche hat eine silbergraue Rinde, kleine, 2 bis 5 cm lange, ovale, glänzend grüne Blätter mit doppelt gesägtem Rand und in Trauben wachsende Flügelnüsschen. Sie ist eine Baumart, die im Allgemeinen als Solitärbaum gepflanzt wird, und eignet sich aufgrund ihrer Schnittverträglichkeit gut zur Bonsai-Gestaltung.

■ **Stilart und Größe:** Für alle Stilarten mit Ausnahme der streng aufrechten Form geeignet und kann in allen Bonsai-Größen gezogen werden.

■ **Besondere Merkmale:** Charakteristisch sind die silbergraue, attraktive Rinde, das gelb und golden verfärbte Laub im Herbst und die typischen Nüsschen mit eiförmig, grob gesägtem Hochblatt (Flügelnüsschen) der Hainbuchen.

■ **Pflege:** Zieht einen lichten Schatten vor. Braucht Feuchtigkeit, sollte jedoch im Winter trockener gehalten und vor Frost geschützt werden. Vierzehntäglich von Frühjahr bis Sommerende düngen. Alle zwei Jahre Anfang Frühling umtopfen.

■ **Schnitt und Formgebung:** *Winterende/Frühjahrsanfang* – Formschnitt. *Sommer* – Pinzieren der jungen Triebe auf ein oder zwei Blätter. Blattschnitt, Schnitt der Zweige zur Erhaltung und Perfektionierung der Form. Entfernen zu großer Blätter von Frühling bis Herbst aus ästhetischen Gründen.

■ **Bonsai-Vermehrung:** Durch Aussaat von reifen Samen im Herbst oder durch krautige Stecklinge im Sommer.

■ **Schädlinge und Krankheiten:** Läuse und andere saugende Schädlinge; Rote Spinne; Wurzelfäule und Echter Mehltau.

Carpinus turczaninowii

Koreanische Hainbuche Betulaceae

Älterer Bonsai im frei aufrechten Stil (Moyogi).

Die Koreanische Hainbuche ist ein kleiner, 8 bis 15 m hoher, buschig wachsender Baum von großer Anmut. Ihre Heimat sind die gemäßigten Mischwälder im Norden Chinas, Koreas und Japans. Sie besitzt eine besonders feine und elegante Verästelung und sehr kleine, 2 bis 5 cm lange, leuchtend grüne, gerippte und gesägte Blätter. Als Bonsai wird sie unter anderem aufgrund ihrer winzigen Blätter und ihres feinen Verzweigungssystems geschätzt – Eigenschaften, die sich sehr vorteilhaft zur Gestaltung einer Landschaft einsetzen lassen.

■ **Stilart und Größe:** Für alle Stilarten mit Ausnahme des streng aufrechten Stils geeignet, kann in allen Größen gezogen werden.

■ **Besondere Merkmale:** Charakteristisch sind ihre elegante, feine Verästelung, die ihr eine schöne Silhouette verleiht, ihr junges lebhaft rotes Laub und die herrlich rote und orangerote Herbstfärbung.

■ **Pflege:** Liebt lichten Schatten, mag es frisch bis feucht, sollte im Winter trockener gehalten und vor Frost geschützt werden. Man düngt sie alle zwei Wochen von Frühjahr bis Ende Sommer. Umtopfen alle zwei Jahre am Frühlingsanfang.

■ **Schnitt und Formgebung:** *Winterende und Frühjahrsanfang* – Formschnitt. *Sommer* – Pinzieren der frischen Triebe auf ein oder zwei Blätter. Blattschnitt und Zweigschnitt zur Strukturierung und Verfeinerung der Form. Entfernen der großen Blätter von Frühjahr bis Herbst aus Gründen der Harmonie und Ästhetik.

■ **Bonsai-Vermehrung:** Durch Aussaat frischer Samen im Herbst oder durch krautige Stecklinge im Sommer.

■ **Schädlinge und Krankheiten:** Läuse und andere saugende Insekten; Rote Spinne; Wurzelfäule und Echter Mehltau.

Castanea sativa

Esskastanie oder Edelkastanie   Fagaceae

Junger Bonsai im frei aufrechten Stil (Moyogi).

Die Esskastanie ist ein mächtiger, bis zu 35 m hoher Baum mit ausladender, rundlicher Krone, der sehr alt werden kann. Ihre natürlichen Verbreitungsgebiete sind Südeuropa und Kleinasien, wo man sie vor allem wegen ihrer essbaren Früchte kultiviert. Auch bei uns ist sie in den milderen Regionen meist als sehr dekorativer Parkbaum zu finden, und diese Baumart steht aufgrund ihrer kulturhistorischen Bedeutung unter Naturschutz. Sie trägt lanzettförmige, spitz gezähnte, glänzend grüne Blätter und männliche, blassgelblich weiße, bis zu 25 cm lange Kätzchen. Die weiblichen Blüten reifen zu den typischen, stacheligen, kugeligen Früchten mit den dunkelbraunen Samen heran, den so begehrten Maronen. Aufgrund ihrer großen, bis zu 30 cm langen Blätter wird sie nur selten als Bonsai gezogen, da diese so gar nicht zu den Proportionen eines Bonsai passen wollen. Dennoch ist mit ihrer interessanten, olivbraunen, ornamental langrissigen Rinde die Gestaltung eines Bonsai möglich.

■ **Stilart und Größe:** Für den frei aufrechten, den geneigten und den windgepeitschten Stil sowie für die Besenform, die Zwillings- und Dreifachstammform.

■ **Pflege:** Ein für die Freilandhaltung vergleichsweise anspruchsvoller Baum, verlangt mildes Klima und einen frischen bis feuchten, nährstoffhaltigen Boden. Gedeiht sehr gut auf kalkfreien, silikatreichen Verwitterungsprodukten des Urgesteins, verträgt volle Sonne, bevorzugt jedoch im Sommer den Halbschatten. Bei stärkerer Trockenheit und Winden großzügig gießen. Im Winter unbedingt vor Frost schützen.

■ **Schnitt und Formgebung:** *Winterende und Frühjahrsanfang* – Formschnitt und Drahten. *Frühjahrsende und Sommer* – Pinzieren der frischen Triebe auf ein oder zwei Blätter. Blattschnitt und Schnitt der Zweige.

■ **Bonsai-Vermehrung:** Durch Aussaat im Herbst, krautige Stecklinge im Sommer.

■ **Schädlinge und Krankheiten:** Läuse und andere saugende Schädlinge wie die Rote Spinne; Rotpustelkrankheit, Baumkrebs, Welke, Echter Mehltau.

Cornus mas

Kornelkirsche Cornaceae

Mittelalter Bonsai in der Besenform (Hokidachi).

Die Kornelkirsche ist vorwiegend ein stark verzweigter Strauch (selten ein bis zu 6 [9] m hoher Baum), der auf basen- und nährstoffreichen, kalkhaltigen Standorten Mitteleuropas und Südeuropas gedeiht; ist dort Begleiterin lichter Eichenwälder und Auen, gedeiht auf sickerfrischem (d. h. gut durchlüftetem) bis mäßig trockenem, lockerem bis lehmigem Boden. Als Baum entwickelt sie meistens einen kurzen Stamm. Die Borke älterer Exemplare ist braun und schuppig, ihre ovalen, ganzrandigen Blätter sind gekennzeichnet durch eine ornamental wirkende, bogige Seitennervatur. Diese Hartriegelart blüht schon ab dem späten Winter, sonst im zeitigen Frühjahr mit hübschen, gelben, büscheligen Blütendolden noch vor dem Laubaustrieb und bildet im Herbst vitaminreiche, säuerlich-mehlig schmeckende, rote, ovale Beeren aus. Für die Bonsai-Gestaltung ist die Kornelkirsche eher eine seltene Wahl. Allerdings ist sie pflegeleicht, schnittverträglich und wirkt das ganze Jahr über reizvoll. An dieser Stelle sei an die buntblättrigen Züchtungen wie *C. m.* ›Aurea‹ und ›Variegata‹ erinnert. Es gibt sehr schöne exotische Hartriegelgewächse, die sich auch gut für die Bonsai-Kultur eignen wie *Cornus kousa*, *Cornus officinalis* etc.

■ **Stilart und Größe:** Eignet sich für alle Stilarten mit Ausnahme der streng aufrechten Form und für sämtliche Bonsai-Größen.

■ **Pflege:** Liebt volle Sonne, zieht jedoch im Sommer Halbschatten vor. Man hält das gut durchlüftete Substrat stets frisch, reduziert allerdings im Winter die Gießmenge und schützt vor allem die Wurzeln vor Frost. Vierzehntäglich von Ende Frühjahr bis Anfang Herbst düngen. Das Umtopfen findet alle zwei Jahre Anfang Frühling statt.

■ **Schnitt und Formgebung:** *Winter* – Formschnitt und Drahten. *Sommer* – Pinzieren der frischen Triebe auf ein oder zwei Blätter. Schnitt der Äste oder Astpartien. Entfernen der großen Blätter.

■ **Bonsai-Vermehrung:** Durch Absenker, Stecklinge von nicht verholzten Trieben oder Abmoosen im Sommer.

■ **Schädlinge und Krankheiten:** Blattlausbefall und Spinnmilben, Hartriegelkrebs, Wurzelfäule, Mehltau.

Corylus avellana

Gewöhnliche Hasel Betulaceae

Junger Bonsai in der Dreifachstammform (Sankan).

Die Gewöhnliche Hasel ist ein wüchsiger, bis 10 m hoher Strauch aus den Wäldern und Feldhecken Europas und Westasiens. Dort gedeiht sie an Waldrändern, Hecken und an Wegen sowie in Gärten und Parkanlagen. Genutzt wurde dieses Gehölz schon seit sehr langer Zeit als Nahrungsquelle und Holzlieferant, z. B. im Niederwaldbetrieb. Sie hat eine graubraune, glatte Rinde, zarte, flaumig behaarte junge Triebe und rundliche, weiche Blätter. Auffällige gelbe Kätzchen kündigen das Frühjahr an. Die Hasel trägt oft sehr reichlich die bekannten essbaren Nüsse im Herbst. Von *Corylus avellana* stehen eine Reihe von Züchtungen zur Auswahl, die ebenfalls von Interesse sein könnten: ›Rubra‹ ist rotblättrig, ›Pendula‹ hat herabhängende Triebe, ›Aurea‹ ist buntblättrig.

■ **Stilart und Größe:** Für sämtliche Stilarten mit Ausnahme der Besenform. Besonders empfehlenswert für Waldformen und Mehrfachstammformen. Wird in allen Bonsai-Größen gezogen.

■ **Besondere Merkmale:** Lange gelbe und auffallende Kätzchen im Frühjahr. Weiche, rundliche Blätter im Frühjahr und eine glatte, graubraune Rinde sowie essbare Nüsse in Hüllblättern.

■ **Pflege:** Gedeiht in der prallen Sonne und im Halbschatten. Man sollte sie allerdings das ganze Jahr über vor Wind schützen. Stets frisch bis feucht halten und die Gießmenge im Winter reduzieren. Sie benötigt gut durchlüftete, nährstoffreiche Substrate und einen Frostschutz. Von Frühjahrs- bis Sommerende alle zwei Wochen düngen. Umtopfen alle zwei Jahre Anfang Frühjahr.

■ **Schnitt und Formgebung:** *Winter* – Formschnitt und Drahten. *Frühjahrsende und Sommer* – Rückschnitt der jungen Triebe zur Erhaltung der Form, anschließend Rückschnitt der nachwachsenden Triebe. Kompletter Blattschnitt vor dem Hochsommer, falls gewünscht.

■ **Bonsai-Vermehrung:** Durch Aussaat im Winter, Auspflanzen der Naturverjüngung im Winter oder Frühjahr und krautige Stecklinge im Sommer.

■ **Schädlinge und Krankheiten:** Läuse und andere saugende Insekten; Rote Spinne, Gallmilben; Echter Mehltau.

Crataegus monogyna

Eingriffeliger Weißdorn Rosaceae

Mittelalter Bonsai im Wurzel-über-dem-Felsen-Stil (Sekijoju).

Der Weißdorn ist ein mittelgroßer Laubbaum mit dichtem Wuchs und dornigen Ästen – sein natürliches Verbreitungsgebiet liegt in Europa und dem westlichen Asien. Seine weißen, in Doldenrispen wachsenden Blüten strömen einen herben, nicht für jedermann angenehmen Duft aus. Seine kleinen Blätter sind wechselständig und gelappt, und im Herbst bildet er Massen von roten und orangeroten Beeren, die sogenannten Mehlbeeren, aus. Der Weißdorn ist auf mäßig trockenen bis frischen, kalkhaltigen, eher kargen Böden zu finden. Er ist außerordentlich schnittverträglich, was ihn zur idealen Heckenpflanze macht.

■ **Stilart und Größe:** Für alle Stilarten mit Ausnahme der streng aufrechten und der Besenform; kann in sämtlichen Bonsai-Größen gezogen werden.

■ **Besondere Merkmale:** Typisch sind die weißen, duftenden Blüten in Doldenrispen am Ende des Frühjahrs und Anfang Sommer, kleine gelappte Blätter, rötlich gelbes Herbstlaub und hellrote bis orangerote Mehlbeeren als Früchte.

■ **Pflege:** Liebt volle Sonne, gedeiht jedoch auch im lichten Schatten. Er hat einen unter den Bonsai-Bedingungen eher höheren Wasserbedarf als in freier Natur, sollte im Winter trockener gehalten werden, darf allerdings nicht austrocknen. Seine Wurzeln brauchen einen Frostschutz. Gedüngt wird vierzehntäglich von Ende Frühjahr bis Ende Sommer. Ein Teil der Beeren sollte im Herbst entfernt werden, um dem Baum nicht zu viel Energie zu entziehen. Umtopfen alle zwei Jahre Anfang Frühjahr.

■ **Schnitt und Formgebung:** *Winter* – Formschnitt und Drahten. *Frühjahr* – Pinzieren und Rückschnitt der frischen Triebe auf ein oder zwei Blätter. *Sommer* – Blattschnitt, Astschnitt zur Erhaltung und Entwicklung der Form.

■ **Bonsai-Vermehrung:** Durch Aussaat im Winter, krautige Stecklinge im Sommer oder Auspflanzen der Naturverjüngung im Winter oder Frühjahr.

■ **Schädlinge und Krankheiten:** Viele Weißdornarten werden derzeit durch eine hoch ansteckende, schwer bekämpfbare Bakterieninfektion, den Feuerbrand, stark in Mitleidenschaft gezogen. Läuse und andere saugende Insekten; Rote Spinne, Kohlweißling; Echter Mehltau.

Fagus sylvatica f. *heterophylla*

Farnblättrige Rotbuche, Schlitzbuche Fagaceae

Mittelalter Bonsai im frei aufrechten Stil (Moyogi) *mit einigen Stelzenwurzeln*.

Die Farnblättrige Rotbuche ist ein majestätischer, in Europa kultivierter Baum mit elegant ausgebreiteten Ästen. Er zeichnet sich aus durch seine glatte, silbrig graue Rinde, seine langen, spitzen Blattknospen und seine sehr ungewöhnlich wirkenden, grazil gelappten Blätter. Die büschelig wachsenden Fruchtstände liefern die bekannten essbaren Bucheckern. Vorwiegend als einzeln stehender hoher Parkbaum gepflanzt, ist er auch wegen seines schönen Wuchsbildes und seiner dekorativen Belaubung durchaus als Bonsai von Interesse.

■ **Stilart und Größe:** Gute Stilarten sind streng und frei aufrecht, geneigt, windgepeitscht, entrindeter Stamm, Zwillings- und Dreifachstammform sowie die Waldpflanzung. Dennoch ist dieser Bonsai in Einzelpflanzung am reizvollsten. Man kann ihn von mittleren bis großen Bonsai-Größen gestalten.

■ **Besondere Merkmale:** Charakteristisch sind die dekorative silbergraue und glatte Rinde, die leuchtend grünen, seidigen, farnartigen Blätter und die herrliche Herbstfärbung in gelben, orangeroten und kupferroten Tönen. Außerdem behält der Baum im Winter seine rotbraunen Blätter.

■ **Pflege:** Sehr schattentolerant, verträgt aber auch sonnige Plätze. Im Sommer und in der Jugend benötigt die Rotbuche eine Schattierung. Frisch halten, im Winter sparsamer gießen und die Wurzeln vor Frost schützen. Keine Düngergaben während eines Monats nach dem Blattaustrieb, anschließend bis zum Sommerende vierzehntäglich düngen. Umtopfen alle zwei Jahre am Anfang des Frühjahrs.

■ **Schnitt und Formgebung:** *Winterende und Frühjahrsanfang* – Formschnitt und Drahten. *Frühling und Sommer* – Pinzieren und Rückschnitt der jungen Triebe auf ein oder zwei Blätter. Schnitt der Zweige zur Pflege und Verbesserung der Form. Entfernen zu großer Blätter. Zurückhaltender Blattschnitt.

■ **Bonsai-Vermehrung:** Durch Aussaat im Winter, krautige Stecklinge im Sommer oder Auspflanzen der Naturverjüngung im Winter und im Frühjahr.

■ **Schädlinge und Krankheiten:** Blutläuse, andere Läuse und saugende Insekten; Rindennekrose, Buchensterben, Echter Mehltau; Immissionsschäden.

Fagus sylvatica ›Purpurea Riversii‹ Purpur- oder Blutbuche Fagaceae

Mittelalter Bonsai im frei aufrechten Stil (Moyogi).

Die Blutbuche ist eine Mutation der Rotbuche und trägt ihren Namen wegen ihrer rötlichen Belaubung. Auch sie hat eine silbergraue Rinde, ovale, ganzrandige, spitz zulaufende purpurrote Belaubung, die ihre Färbung durch Anthocyane (bläuliche Pflanzenfarbstoffe) erhält, die im Blatt nicht abgebaut werden konnten. Die Blutbuche wächst häufig solitär oder in gemischten Gruppen in Park- und großen Gartenanlagen. Seltener wird sie als Heckenbaum genutzt. Ihre elegante Wuchssilhouette und Blattfarbe machen aus der Purpur- oder Blutbuche ein schönes Objekt für die Bonsai-Kultur. Andere Züchtungen sind die zwergwüchsige ›Purpurea Nana‹ oder die ebenfalls kaum bekannte, aber umso reizvollere Rosarandige Blutbuche *F. s.* ›Purpurea Tricolor‹.

■ **Stilart und Größe:** Für die streng und frei aufrechte, die geneigte und die windgepeitschte Form, für den entrindeten Stamm, die Zwillings- oder Dreifachstammform und die Waldform, wirkt jedoch am schönsten als Solitärstamm. Sie kann in mittleren bis großen Bonsai-Größen gezogen werden.

■ **Besondere Merkmale:** Typisch sind ihre glatte, silbergraue Rinde, das rötliche junge Laub und die leuchtend rote, orangerote und kupferfarbene Herbstfärbung. Außerdem behält der Baum sein Laub auch im Winter.

■ **Pflege:** Lichter Schatten im Sommer. Frisch halten, im Winter sparsamer gießen und die Wurzeln vor Frost schützen. Gut durchlüftetes Substrat. Keine Düngergaben bis einen Monat nach dem Blattaustrieb, dann vierzehntäglich bis zum Sommerende.

■ **Schnitt und Formgebung:** ***Winterende und Frühjahrsanfang*** – Formschnitt und Drahten. ***Frühjahr und Sommer*** – Pinzieren und Rückschnitt der jungen Triebe auf ein oder zwei Blätter. Blattschnitt und Astschnitt zur Erhaltung und Entwicklung der Form. Entfernen zu großer Blätter. Vermeiden Sie jedoch einen zu radikalen Blattschnitt.

■ **Bonsai-Vermehrung:** Durch Aussaat im Winter, krautige Stecklinge im Sommer oder das Auspflanzen der Naturverjüngung im Winter und Frühjahr.

■ **Schädlinge und Krankheiten:** Blutläuse, andere Läuse und saugende Insekten; Rindennekrose, Buchensterben, Echter Mehltau; Immissionsschäden.

Fraxinus excelsior

Gemeine Esche Oleaceae

Junger Bonsai im Wurzel-über-dem-Felsen-Stil (Sekijoju).

Dieser herrliche, manchmal über 40 m mächtige Laubbaum mit aufrechtem Wuchs stammt aus Europa und dem Kaukasus und besitzt einen geraden Stamm. Seine schwarzen, rußigen Knospen öffnen sich zu kleinen purpurnen Blüten, samtig behaarten Trieben und derb gefiedertem Laub, denen große Samentrauben folgen. Er ist ausgesprochen schnittverträglich und regenerationsfreudig, gedeiht sowohl auf sickerfeuchten und sickerfrischen (d. h. gut wasserzügigen) als auch auf kargen, kalkhaltigen Böden. Man spricht aufgrund dieser ungewöhnlich unterschiedlichen, ja fast gegensätzlich scheinenden Lebensweisen von Wassereschen und von Kalkeschen. Die Esche spielte in der altgermanischen, altnordischen Mythologie die Rolle des »Weltenbaumes«, der Esche Yggdrasil. Als Bonsai ist die Esche wegen ihres etwas groben, stürmischen Wuchsverhaltens eher eine Herausforderung für den Liebhaber und Kenner.

■ **Stilart und Größe:** In allen Stilarten zu gestalten, wirkt jedoch ganz besonders in der Besen- oder der streng aufrechten Form. Man zieht sie vorzugsweise in mittleren und großen Bonsai-Größen.

■ **Pflege:** Volle Sonne oder lichter Schatten behagen diesem Baum. Man hält ihn an heißen Tagen feucht. Im Winter sparsamer gießen und die Wurzeln vor Frost schützen. Vorsicht: Das frische Laub ist empfindlich für Spätfröste! Geben Sie Ihrem Bonsai also einen geschützten Standort! Gedüngt wird von Ende Frühjahr bis Ende Sommer vierzehntäglich. Umtopfen alle zwei Jahre im Frühling.

■ **Schnitt und Formgebung:** ***Frühlingsanfang*** – Entfernen der Blattknopsen dort, wo man weitere Astverzweigungen fördern möchte. ***Frühjahrsende/Sommeranfang*** – Formschnitt (zu diesem Zeitpunkt ist die Wundheilung besser). ***Sommer*** – Rückschnitt der frischen Triebe auf ein oder zwei Blätter.

■ **Bonsai-Vermehrung:** Durch Aussaat im Frühjahr, krautige Stecklinge im Sommer oder durch Auspflanzen.

■ **Schädlinge und Krankheiten:** Läuse und andere saugende Insekten; Rotpustelkrankheit, Baumkrebs, Rindennekrose, Welke und Blattnekrosen, Echter Mehltau.

Jacaranda mimosifolia

Jacaranda oder Palisanderbaum Bignoniaceae

Junger Bonsai im frei aufrechten Stil (Moyogi).

Dieser hohe, laubabwerfende Baum ist im tropischen Südamerika beheimatet und dort ein wertvoller Holzproduzent sowie beliebter Zierbaum. Man trifft ihn auch in zahlreichen Gärten des Mittelmeerraumes. Er hat zartes, farnähnliches Laub und trägt herrliche violettblaue Doldentrauben im Frühjahr. Jacaranda kann in ihrem natürlichen Verbreitungsgebiet eine Höhe von mehr als 50 m erreichen. In der nördlichen Hemisphäre und als Bonsai zeigt sie ihre Blüten allerdings nur selten. Als tropischer Baum ist er als Zimmer-Bonsai zu ziehen, und sein zartes, fiedriges Laub erlaubt bei reduzierter Größe ausgewogene Proportionen.

■ **Stilart und Größe:** Für den streng aufrechten und geneigten Stil, Halbkaskade, als Literat, Zwillings- oder Dreifachstammform, Mehrfachstammform, Wald, Miniaturlandschaft und Landschaft und in sämtlichen Bonsai-Größen. Auch in Besenform zu erziehen.

■ **Besondere Merkmale:** Zartes farnähnliches, doppelt gefiedertes, flaumig behaartes Laub ist charakteristisch für die Jacaranda. Die herrlichen blauvioletten Doldentrauben zeigen sich leider nur selten.

■ **Pflege:** Bevorzugt in Innenräumen einen lichten Standort, direkte Sonneneinstrahlung toleriert sie nur im Winter. Benötigt eine Mindesttemperatur von 15 °C und eine hohe Luftfeuchte von 80 bis 90 Prozent. Im Sommer kann man sie ins Freie an einen geschützten, feuchten Platz stellen. Stets, auch im Winter, feucht halten. Die Blätter sollten reichlich übersprüht werden. Gedüngt wird von Frühjahr bis Herbst alle zwei Wochen, im Winter wöchentlich. Umtopfen alle zwei Jahre am Frühjahrsende.

■ **Schnitt und Formgebung:** *Je nach Bedarf* – Formschnitt. Rückschnitt der jungen Triebe zur Erhaltung der Form. Wiederholtes Pinzieren der Triebspitzen nach Erscheinen der Seitentriebe.

■ **Bonsai-Vermehrung:** Durch Aussaat im Frühjahr und Anfang Sommer bei 15 bis 20 °C, Kulturtemperatur 20 bis 25 °C. Samen vorquellen lassen.

■ **Schädlinge und Krankheiten:** Läuse und andere saugende Insekten; Rote Spinne; Blattverbrennungen im Sommer (falls die Jacaranda zu nahe am Fenster steht).

Liquidambar styraciflua

Amerikanischer Amberbaum Hamamelidaceae

Mittelalter Bonsai in der Besenform (Hokidachi).

Die Heimat dieses großen bis mittelgroßen Baumes ist Nordostamerika. Er hat eine aufrechte, konische Krone und ahornähnliche fünf- bis siebenzählig gelappte Blätter mit prächtiger Herbstfärbung. In den pliozänen Wäldern Europas war der Amberbaum einst ein wichtiger Bestandteil, wurde jedoch durch die Eiszeiten verdrängt. In seiner Heimat ist der Amberbaum forstwirtschaftlich aufgrund seines qualitativ hochwertigen Holzes sehr wichtig. Außerdem wird sein Harz zur Herstellung von Klebstoffen, Parfümen und Ölen verwendet. Er ist ein guter Kandidat für die Bonsai-Kultur: pflegeleicht, schnittverträglich und besitzt eine fulminante und äußerst attraktive Herbst- und Winterfärbung.

■ **Stilart und Größe:** Eignet sich für alle Stilarten und besonders für die Besenform und den streng aufrechten Stil. Er kann in sämtlichen Größen gestaltet werden.

■ **Besondere Merkmale:** Charakteristisch für diesen Baum sind sein leuchtend grünes Laub, die begeisternde Herbstfärbung, die von einem intensiven Rotton bis Zitronengelb, von Purpur bis Braun reicht. Darüber hinaus hat er eine korkige und rissige Rinde an Stamm und älteren Ästen. Kugelrunde, köpfchenförmige Blütenstände.

■ **Pflege:** Liebt die volle Sonne, braucht jedoch in heißen Sommern lichten Schatten. Man hält ihn gut feucht, gießt spärlicher im Winter, ohne den Wurzelballen jedoch austrocknen zu lassen. Vor Frost schützen. Von Zeit zu Zeit ist es ratsam, die Blätter zu übersprühen. Man düngt von Ende Frühjahr bis Ende Sommer vierzehntäglich und topft alle zwei Jahre am Anfang des Frühlings um.

■ **Schnitt und Formgebung:** *Winterende* – Formschnitt. *Sommer* – Pinzieren der jungen Triebe auf ein oder zwei Blätter. Blattschnitt und Schnitt der Zweige und Reiser zur Entwicklung oder Erhaltung der Form. Entfernen der großen Blätter.

■ **Bonsai-Vermehrung:** Durch Aussaat im Herbst, durch krautige Stecklinge im Sommer oder durch Abmoosen im Spätherbst.

■ **Schädlinge und Krankheiten:** Prinzipiell gibt es keine speziellen Bedrohungen. Es kann jedoch ein Befall von Läusen und anderen saugenden Insekten auftreten; auch die Rote Spinne kann vorkommen sowie Echter Mehltau.

Liriodendron tulipifera

Tulpenbaum Magnoliaceae

Junger Bonsai im frei aufrechten Stil (Moyogi).

Der Tulpenbaum ist ein majestätischer und schnellwüchsiger Baum mit einer langen Ahnenreihe, denn er zählt trotz seiner eleganten Erscheinungsform zu den urtümlichsten noch lebenden Blütenpflanzen. In seiner Heimat von Florida bis Massachusetts kann er enorme Höhen von 65 m erreichen (bei uns »nur« ca. 40 m), hat einen gerade durchlaufenden Stamm und eine pryramidale Krone. Seine ornamentalen dreilappig, fast viereckig zugeschnittenen Blätter sind unverwechselbar. Darüber hinaus trägt er im erwachsenen Stadium blassgrüne, gelblich getönte Blüten mit orange gebändertem Auge, die nur entfernt an Tulpen erinnern und sich leider etwas hinter der dichten Belaubung verstecken. Er ist als Bonsai sehr reizvoll, wenn auch eine große Seltenheit. Davon abgesehen ist er pflegeleicht und schnittverträglich.

- **Stilart und Größe:** Kann in allen Stilarten gezogen werden, eignet sich jedoch optimal für die Besen- und die streng aufrechte Form. Man gestaltet ihn von mittlerer bis großer Größe.
- **Besondere Merkmale:** Charakteristisch sind seine dreilappigen, fast viereckigen, leuchtend grünen Blätter, die sich an ihren langen Stielen anmutig im Wind bewegen. Im Herbst verfärben sie sich in sämtlichen Gelb- und Brauntönen. Die schöne Rinde ist rissig und graubraun.
- **Pflege:** Gedeiht in der prallen Sonne, weiß jedoch in heißen Sommern einen lichten Schatten zu schätzen. Braucht viel Feuchtigkeit und muss im Winter trockener gehalten werden, ohne dass sein Wurzelballen austrocknen darf. Von Zeit zu Zeit übersprühen. Gedüngt wird von Ende Frühjahr bis zum Spätsommer vierzehntäglich. Umtopfen Anfang Frühjahr alle zwei Jahre.
- **Schnitt und Formgebung:** *Winterende* - Formschnitt. *Sommer* - Pinzieren und Rückschnitt junger Triebe auf ein oder zwei Blätter. Blattschnitt und Schnitt der Zweige zur Erhaltung und Perfektionierung der Form. Entfernen zu großer Blätter.
- **Bonsai-Vermehrung:** Durch krautige Stecklinge im Sommer oder durch Abmoosen im Spätherbst.
- **Schädlinge und Krankheiten:** Es sind kaum spezifische Krankheiten oder Schädlinge bekannt. Dennoch Vorsicht vor Läusen und anderen saugenden Insekten; Rote Spinne; Echter Mehltau.

Malus sieboldii

Zierapfel, Japan-Apfel Rosaceae

Mittelalter Bonsai im frei aufrechten Stil (Moyogi).

Malus sieboldii stammt aus den Bergregionen Japans und Chinas und ist ein kleiner, 3 bis 4 m hoher Baum mit grauer bis brauner, rissiger Rinde, die sich zur Färberei eignet, sowie leicht überhängenden Ästen. Er bildet grüne, gelappte oder ovale Blätter, Blüten mit fünf Blütenblättern und winzige essbare, büschelig erscheinende, gelbe und rote Früchte aus, die sich für Gelees und zum Einwecken überraschend gut eignen. Diese Art ist sowohl frost- als auch hitzeverträglich und toleriert den Schnitt, nach welchem sie schnell wieder austreibt. Der Zierapfel ist ein hoch geschätzter, klassischer Baum für die Bonsai-Kultur, pflegeleicht und das ganze Jahr über reizvoll anzusehen.

■ **Stilart und Größe:** Eignet sich für alle Stilarten mit Ausnahme der streng aufrechten Form und kann in sämtlichen Bonsai-Größen gestaltet werden.

■ **Besondere Merkmale:** Typisch sind seine hübschen fünfblättrigen, beim Aufblühen rosa, später weißen Blüten im Frühjahr und die büschelig stehenden, kaum kirschgroßen, genießbaren roten oder gelben Äpfel im Herbst.

■ **Pflege:** Volle Sonne! Großzügig gießen, besonders während er Früchte trägt. Im Winter sparsamer gießen, jedoch stets feucht halten. Die Düngegaben erfolgen von Anfang Frühjahr bis zur Blüte wöchentlich, dann die Düngung bis zur Ausbildung der Früchte einstellen. Anschließend vierzehntäglich bis Mitte Herbst düngen. Umtopfen Anfang Frühjahr alle zwei Jahre.

■ **Schnitt und Formgebung:** ***Winterende*** – Formschnitt. ***Frühjahr und Sommer*** – Pinzieren und Rückschnitt der frischen Triebe auf ein oder zwei Blatt. ***Herbst*** – Einkürzen der überlangen Triebe zur Erhaltung der Silhouette.

■ **Bonsai-Vermehrung:** Durch Aussaat im Herbst, bei bestimmten Arten auch durch Pfropfen Anfang Frühling, und durch Absenker oder Abmoosen im Frühjahr.

■ **Schädlinge und Krankheiten:** Läuse und andere saugende Insekten; Gallwespen; Baumkrebs, Welke und Nekrosen, Feuerbrand, Echter Mehltau. Schorfresistent.

Malus sylvestris

Holzapfelbaum Rosaceae

Mittelalter Bonsai im frei aufrechten Stil (Moyogi) *mit Früchten.*

Der sehr selten gewordene Holzapfel ist ein kleiner bis mittelgroßer, bis 10 m hoher, dichtbuschiger, breitkroniger Baum mit kurzem Stamm aus den Wäldern Europas. Seine Rinde ist glatt, grau und wird im Alter brüchig. Die Blätter sind oval und spitz zulaufend, die fünfblättrigen Blüten sind rosa, später weiß, und er trägt Büschel roter und gelber, sonnenseitig rotbackiger kleiner Früchte. Ob er die Stammform des Kulturapfels ist, ist immer noch sehr umstritten. Der Apfel ist stark mit der Menschheitsgeschichte verbunden und entsprechend tief und sehr unterschiedlich in der Mythologie verwurzelt. So ist der Apfel nicht nur Symbol für Liebe, Verführung und Fruchtbarkeit, sondern auch für Unheil und Zank – *malus* bedeutet böse.

■ **Stilart und Größe:** Eignet sich für alle Stilarten mit Ausnahme des streng aufrechten Stils. Kann in sämtlichen Größen gestaltet werden. Für die Mame-Bonsais wählt man eine Sorte mit besonders kleinen, unscheinbaren Früchten.

■ **Besondere Merkmale:** Hübsche, fünfblättrige Blüten, rosa überhaucht bei der Öffnung, später weiß, winzige rote und gelbe Früchte im Herbst und eine dekorative glatte und graue Rinde zeichnen diese Baumart aus. Die Unterseite der Blätter ist nicht filzig behaart, im Unterschied zum Kulturapfel; selten Dornen.

■ **Pflege:** Gedeiht in der vollen Sonne. Großzügig wässern, vor allem, solange er Früchte trägt. Im Winter sparsamer gießen, jedoch stets ausreichend feucht halten. Bäume in flachen Schalen vor Frost schützen. Gedüngt wird vor dem Frühling bis zur Blüte wöchentlich. Dann unterbricht man das Düngen bis zur Fruchtbildung. Anschließend alle zwei Wochen bis Mitte Herbst düngen. Umtopfen Anfang Frühjahr alle zwei Jahre.

■ **Schnitt und Formgebung:** ***Winterende*** – Formschnitt. ***Frühjahr und Sommer*** – Pinzieren und Rückschnitt der frischen Triebe auf ein oder zwei Blätter. ***Herbst*** – Einkürzen der überlangen Triebe zur Erhaltung der Silhouette.

■ **Bonsai-Vermehrung:** Durch Aussaat im Herbst, bei einigen Varietäten durch Pfropfen Anfang Frühjahr und durch Absenker oder Abmoosen im Frühling.

■ **Schädlinge und Krankheiten:** Läuse und andere saugende Insekten; Gallwespen; Baumkrebs, Welke und Nekrosen, Feuerbrand, Echter Mehltau.

Parrotia persica

Persisches Eisenholz, Eisenholzbaum Hamamelidaceae

Mittelalter Bonsai im frei aufrechten Stil (Moyogi) *im Herbstkleid.*

Das Persische Eisenholz ist ein kleiner Baum oder großer Strauch mit ausladendem Wuchs. Sein natürliches Verbreitungsgebiet sind die feuchtwarmen Wälder Nordpersiens. In den Niederungen wächst das Eisenholz dort meist im Unterholz. Es ist berühmt für seine faszinierende und lange anhaltende Herbstfärbung, die sich allerdings nur auf sonnigen Standorten einstellt. Die Rinde der erwachsenen Exemplare blättert ähnlich der der Platane ab. Besonders reizvoll sind die der Zaubernuss ähnlichen Blüten, die häufig bereits im Januar an den nackten Ästen erscheinen und schöne karminrote Staubblätter entfalten. Eine ungewöhnliche Erscheinung ist, dass die Äste manchmal zusammenwachsen, wenn sie in engen Kontakt geraten. Das Eisenholz besitzt ein extrem hartes, schweres, nicht schwimmfähiges Holz. Es gedeiht auf humiden, gut dränierten Böden und toleriert basische Böden.

■ **Stilart und Größe:** Eignet sich für die Gestaltung sämtlicher Stilarten mit Ausnahme der Besenform und der streng aufrechten Form und für alle Bonsai-Größen.

■ **Besondere Merkmale:** Auffallend ist die äußerst attraktive karminrote, orange- bis goldfarbene Herbstfärbung des Laubs, die frühe Blüte mit karminroten Staubblättern und die abblätternde Rinde.

■ **Pflege:** Gedeiht in voller Sonne oder lichtem Schatten, braucht Feuchtigkeit, sollte im Winter jedoch trockener gehalten werden. Wurzeln vor Frost schützen. Düngergaben erfolgen vierzehntäglich von Ende Frühjahr bis Spätsommer. Umtopfen Anfang Frühjahr alle zwei Jahre.

■ **Schnitt und Formgebung:** *Winterende* – Formschnitt und Drahten. *Sommer* – Pinzieren und Rückschnitt der jungen Triebe auf ein oder zwei Blätter. Astschnitt zur Erhaltung und Vervollkommnung der Silhouette. Entfernen der großen Blätter.

■ **Bonsai-Vermehrung:** Durch krautige Stecklinge im Winter und durch Absenker oder Abmoosen im Sommer.

■ **Schädlinge und Krankheiten:** Läuse und andere saugende Insekten; Rote Spinne; Rotpustelkrankheit, Baumkrebs, Welke und Nekrosen, Echter Mehltau.

Populus tremula

Zitterpappel, Aspe, Espe Salicaceae

Mittelalter Bonsai im frei aufrechten Stil (Moyogi).

Dieser mittelgroße, etwa 20 (25) m hohe, schnellwüchsige Baum bildet zahlreiche Ausläufer aus, entwickelt in der Jugend eine kegelförmige, später breitere Krone mit waagerecht ausgebreiteter Tiefbeastung. Seine Heimat sind lichte Laubwälder Europas und Asiens. Er findet sich aber schnell als Pioniergehölz auf Brachflächen. Seine Rinde ist silbrig, die Blätter grün, rundlich, stumpf gezähnt mit leicht silbriger Unterseite, sie sitzen an langen Stielen und geraten schon beim kleinsten Luftzug ins Zittern (daher der Name).

Anfang Frühjahr bilden die männlichen Individuen, ähnlich den Weiden, Kätzchen aus, die sehr dick und silbergrau sind. Diese Pappel ist äußerst schnittverträglich, unempfindlich gegen viele Formen der Luftverschmutzung und verträgt sogar salzhaltige Meeresluft. Sie gedeiht auf einem breiten Spektrum an Böden. Als Bonsai findet man sie eher selten, obwohl sie eine durchaus elegante, biegsame Silhouette und eine schöne Herbstfärbung entwickelt.

- **Stilart und Größe:** Eignet sich für alle Stilarten, doch ganz besonders für die Besenform und die streng aufrechte Form. Sie kann in mittleren bis großen Bonsai-Größen gestaltet werden.
- **Pflege:** Bevorzugt sonnige Standorte, jedoch lichten Schatten in heißen Sommern. Man hält sie feucht, gießt spärlicher im Winter, darf den Wurzelballen aber nicht austrocknen lassen. Es ist ratsam, die Blätter nach Bedarf zu übersprühen. Gedüngt wird von Frühjahrsende bis Spätsommer vierzehntäglich. Umtopfen alle zwei Jahre Anfang Frühling.
- **Schnitt und Formgebung:** *Winterende* - Formschnitt und Drahten. *Sommer* - Pinzieren und Rückschnitt der frischen Triebe um ein bis zwei Blätter. Blattschnitt und Schnitt der Äste zur Erhaltung und Perfektionierung der Silhouette. Entfernen der großen Blätter und Ausläufer, es sei denn, sie sind dem Stil zuträglich.
- **Bonsai-Vermehrung:** Durch Aussaat im Herbst oder krautige Stecklinge im Sommer.
- **Schädlinge und Krankheiten:** Läuse und andere saugende Insekten; Rote Spinne; Teerfleckenkrankheit und Echter Mehltau.

Prunus dulcis

Mandelbaum Rosaceae

Junger Bonsai im frei aufrechten Stil (Moyogi) *im Spätherbst.*

Der bis zu 6 m hohe Mandelbaum, der eng mit dem Pfirsich verwandt ist, wächst breit kegelförmig, hat eine dekorative Verzweigung und ist in Nordafrika und Westasien beheimatet. Er wird seit Jahrtausenden im gesamten Mittelmeergebiet kultiviert, wo er wegen seiner Nüsse und seines Öls im großen Stil landwirtschaftlich angebaut wird. Der Mandelbaum besitzt längliche, spitz zulaufende, fein gezähnte Blätter, einen knorrigen Stamm mit horizontal gemaserter Rinde, rosafarbene Blüten im zeitigen Frühjahr (im mediterranen Raum schon ab Januar) und graugrüne, samtig behaarte Früchte mit einem Kern, der Mandel. Er ist ein Klassiker für die Bonsai-Liebhaber, leicht zu kultivieren und besitzt ein elegantes, fein verzweigtes Astsystem.

■ **Stilart und Größe:** Der Mandelbaum kann in allen Stilarten gestaltet werden, mit Ausnahme der streng aufrechten Form, der Besenform und des Literaten. Er eignet sich für alle Bonsai-Größen.

■ **Besondere Merkmale:** Typisch für den Mandelbaum sind sein knorriger, quer gemaserter Stamm und die rosafarbenen und weißen Blüten, die sich nach dem Blattaustrieb im Frühjahr entfalten.

■ **Pflege:** Gedeiht in der vollen Sonne, braucht viel Feuchtigkeit, wird jedoch im Winter trockener gehalten. Die Gießmenge sollte wieder erhöht werden, sobald die Knospen dicker werden. Frostschutz im Winter vor allem im Wurzelbereich. Gedüngt wird unmittelbar nach dem Umtopfen bis zum Spätsommer vierzehntäglich. Umtopfen jährlich nach der Blüte.

■ **Schnitt und Formgebung:** ***Frühjahr*** - Formschnitt nach der Blüte. *Sommer* - Vitale Knospen wachsen lassen. *Herbst* - Überlange Triebe einkürzen und leicht in Form schneiden.

■ **Bonsai-Vermehrung:** Durch verholzte Stecklinge im Winter, Ableger im Sommer oder Pfropfen im Winter oder Frühjahr.

■ **Schädlinge und Krankheiten:** Läuse und andere saugende Insekten; Rote Spinne; Echter Mehltau im Sommer.

Prunus padus

Gewöhnliche Traubenkirsche Rosaceae

Mittelalter Bonsai im frei aufrechten Stil (Moyogi).

Die Gewöhnliche Traubenkirsche ist ein kleiner bis mittelgroßer Baum, der in der nördlichen Hemisphäre weitverbreitet ist und überwiegend im halbschattigen Unterstand oder an den Rändern der Erlen- und Eschen-Auenwälder wächst. Seine Ansprüche an den Boden sind demgemäß: sickernass bis feucht und nährstoffreich. Er verträgt auch zeitweise Überschwemmung, aber keine stauende Nässe. Dieses Gehölz zeigt Grundwasser an, ist gut stockausschlagsfähig, besitzt schmale, schwach gesägte Blätter, eine abblätternde Rinde, lange, weiße, duftende Blütentrauben und schwarze, kleine Kirschfrüchte. Es wird aufgrund seines recht großen, schwierig zu reduzierenden Laubes selten als Bonsai gezogen, hat jedoch den Vorteil, sehr vital, widerstandsfähig und anpassungsfähig zu sein. An dieser Stelle sei an die zahlreichen Alternativen erinnert, die für die Bonsai-Kultur zur Verfügung stehen: Es ist nicht nur das Züchtungsangebot der Traubenkirsche selbst, es sind auch die japanischen Kirschbaumarten und -sorten.

■ **Stilart und Größe:** Eignet sich für viele Stilarten mit Ausnahme der Besenform und des Literaten. Kann in allen Bonsai-Größen gestaltet werden.

■ **Pflege:** Gedeiht an sonnigen und halbschattigen Orten. Im gut durchlüfteten Substrat stets feucht halten. Nicht vernässen (verträgt keine Staunässe)! Die Gießmenge im Winter reduzieren und die Wassermenge erhöhen, sobald die Knospen erscheinen. Im Winter vor Frost schützen (insbesondere die Wurzeln) und im Frühjahr mit einem Netz vor den Vögeln sichern, die die Blütenknospen wegpicken. Gedüngt wird von Frühjahr bis Spätsommer vierzehntäglich. Umtopfen geschieht jährlich Ende Frühjahr oder im Herbst.

■ **Schnitt und Formgebung:** ***Frühling und Sommer*** – Formschnitt nach der Blüte, den Sommer über zügellos wachsen lassen. ***Herbst*** – Einkürzen der überlangen Triebe und wieder gefühlvoll in Form bringen.

■ **Bonsai-Vermehrung:** Durch verholzte Stecklinge im Winter oder Ableger im Sommer.

■ **Schädlinge und Krankheiten:** Läuse und andere saugende Insekten; Rote Spinne, Gallwespen, Gespinstmotte; Baumkrebs, Welke und Nekrosen, Echter Mehltau.

Prunus spinosa

Schlehdorn, Schwarzdorn Rosaceae

Älterer Bonsai im frei aufrechten Stil (Moyogi).

Dieser kleine bis mittlere, etwa 3 bis 5 m hohe Strauch (sehr selten baumförmig) ist in Europa, Nordafrika und dem westlichen Asien beheimatet. Dort wächst das kleine Gehölz gesellig in sonnigen, auch für viele Tiere undurchdringlichen Hecken, gedeiht an sonnigen, warmen Weg- und Waldrändern, an Weidegrenzen und Steinhaufen. Es begnügt sich auch mit trockeneren, steinigen Böden. Der Schlehdorn verbreitet sich hauptsächlich durch Vögel und Wurzelschösslinge. Er besitzt sparrig abstehende, fast schwarze Äste, deren Kurztriebe in spitzen, oft sehr schmerzhaften Dornen enden. Im Frühjahr bildet er Wolken zierlicher, rein weißer Blüten und im Herbst kleine, runde, pflaumenblaue Früchte, die »Schlehen«. In Mitteleuropa wird Schlehdorn vorwiegend als Heckengehölz oder aufgrund seiner Früchte kultiviert, die entweder eingemacht, zur Herstellung von Likör oder zur Aromatisierung von Gin verwendet werden. Obwohl selten für die Bonsai-Kultur verwendet, bringt der Schlehdorn doch dank seiner feinen Äste und seines zarten Laubes schöne Resultate. Er ist pflegeleicht und schnittverträglich.

- **Stilart und Größe:** Kann in allen Stilarten gestaltet werden, außer in der Besenform und der streng aufrechten Form – dafür in sämtlichen Bonsai-Größen.
- **Pflege:** Gedeiht in der prallen Sonne. Bei Anschwellen der Knospen benötigt er verhältnismäßig viel Feuchtigkeit, danach mäßig feucht halten. Im Winter trockener halten und vor Frost schützen. Gedüngt wird im Frühjahr vierzehntäglich, zwei Wochen nach dem Umtopfen bis zum Spätsommer. Umtopfen jährlich nach der Blüte.
- **Schnitt und Formgebung:** *Frühjahr* – Formschnitt nach der Blüte. *Sommer* – Lassen Sie den Baum einfach wachsen. *Herbst* – Einkürzen der überlangen Triebe und leichter Formschnitt.
- **Bonsai-Vermehrung:** Durch verholzte Stecklinge im Winter, Ableger im Sommer oder durch Wurzelschösslinge im Winter.
- **Schädlinge und Krankheiten:** Läuse und andere saugende Insekten; Rote Spinne; Echter Mehltau im Sommer.

Punica granatum

Granatapfel Punicaceae

Älterer Bonsai im windgepeitschten Stil (Fukinagashi) *in einer getöpferten Schale.*

Der recht kleinwüchsige, etwa bis zu 5 m hohe Granatapfelbaum stammt wohl aus Vorderasien, wird aber in Asien und dem ganzen Mittelmeerraum schon seit Jahrtausenden als bedeutende Heil-, Kult-, Nutz- und Zierpflanze von den meisten Altkulturen (Punier, Ägypter, Römer) angebaut. Er trägt ovale, glänzend grüne, kleine Blätter mit rötlichen Stielen, wunderschöne, zierlich gerüschte, scharlachrote, trichterförmige Blüten, denen runde, apfelartig gefärbte und große Früchte in ledriger Hülle folgen. Diese Früchte benötigen zur Reife einen langen, heißen Sommer und reifen in den gemäßigten Klimazonen nur selten. Den Granatapfelbaum kann man unter Kalthausbedingungen im Innenraum, aber auch im Freien ziehen, doch man sollte ihm in unseren gemäßigten Regionen im Winter stets einen optimalen Schutz geben, z. B. im Kalthaus.

■ **Stilart und Größe:** Für alle Stilarten bis auf die streng aufrechte und die Besenform. Die Größen variieren von klein bis sehr groß, wobei sich die Zwergform am Besten für die Mame-Bonsais eignet.

■ **Besondere Merkmale:** Glänzendes, grünes Laub, im Frühjahr kupferfarben überhaucht, im Herbst gelb, trichterförmige scharlachrote und gelbe Blüten im Sommer, rote Früchte in ledriger Hülle mit essbarem Fruchtfleisch und dunklen Kernen sind typisch für diesen Baum.

■ **Pflege:** Liebt pralle Sonne und braucht eine Mindesttemperatur von 15 °C sowie in gemäßigten Klimazonen einen Schutz im Winter (Wintergarten). Man sollte ihn feucht halten, nach der Blüte großzügiger gießen, um die Entwicklung der Früchte zu begünstigen, gegen Herbst spärlicher und im Winter sehr dosiert wässern. Gedüngt wird von Ende Frühjahr bis zur Blüte wöchentlich; danach alle zwei Wochen bis Anfang Herbst. Umtopfen Ende Frühjahr alle zwei Jahre.

■ **Schnitt und Formgebung:** *Winter* – Formschnitt. *Frühjahr und Sommer* – Schnitt der frischen Triebe auf ein oder zwei Blätter. *Sommer und Anfang Herbst* – Auslichten der zu dicht wachsenden Zweige, um die Form zu erhalten.

■ **Bonsai-Vermehrung:** Sehr leicht durch krautige Stecklinge im Sommer.

■ **Schädlinge und Krankheiten:** Läuse und andere saugende Insekten; Rote Spinne; Gallwespen.

Quercus cerris

Zerr-Eiche   Fagaceae

Junger Bonsai im frei aufrechten Stil (Moyogi).

Die submediterrane Zerr-Eiche ist mit ca. 35 m Wipfelhöhe ein großer, vergleichsweise schnellwüchsiger Baum aus Südeuropa, dem Balkan und dem westlichen Asien. Sie bildet in diesen Regionen mit weniger ausgeprägter Sommerdürre und kalten Winterperioden zusammen mit anderen sommergrünen Bäumen wie Mannaesche (*Fraxinus ornus*), Judasbaum (*Cercis siliquastrum*), *Carpinus orientalis* etc. charakteristische, oft sehr schöne, ursprünglich wirkende, Wald- und Landschaftsbilder. Sie besitzt einen dicken Stamm und eine graubraune, längsrissige dicke Borke. Ihre Blätter sind tiefbuchtig gelappt, beidseitig rau, oben dunkelgrün, unten graugrün. Die Eicheln mit stacheliger Cupula reifen im zweiten Jahr. Diese Eiche toleriert sowohl Kalkböden wie auch saures Silikatgestein und Meeresnähe und neigt zu Wurzelschösslingen. Sie wird selten als Bonsai gestaltet, ist dennoch ein sehr vitaler, sehr langlebiger Baum, dessen kräftiger Stamm und stabile Wuchsform schnell den Eindruck von Alter und Reife erwecken.

■ **Stilart und Größe:** Lässt sich in allen Stilarten ziehen, mit Ausnahme des streng aufrechten Stils, der Besenform, des Literaten und der Kaskadenform. Für mittlere bis große Größen geeignet.

■ **Pflege:** Ein Baum für die pralle Sonne! Muss im Winter vor Frost geschützt werden. Feucht halten und im Winter sparsamer gießen. Dünger braucht er von Ende Frühjahr bis zum Spätsommer vierzehntäglich. Das Umtopfen geschieht bei jungen Pflanzen Anfang Frühjahr und jährlich, anschließend bei über zehnjährigen Exemplaren alle drei bis fünf Jahre.

■ **Schnitt und Formgebung:** *Winterende* – Formschnitt. *Sommer* – Pinzieren und Rückschnitt der jungen Triebe auf ein oder zwei Blätter. Blattschnitt, Astschnitt zur Erhaltung und Vervollkommnung der Silhouette.

■ **Bonsai-Vermehrung:** Durch Aussaat (der Eicheln) im Herbst, krautige Stecklinge im Sommer oder Abmoosen im Sommer.

■ **Schädlinge und Krankheiten:** Läuse und andere saugende Schädlinge; Rotpustelkrankheit, Baumkrebs, Welke und Nekrosen; für Echten Mehltau sind alle Eichen sehr anfällig.

Quercus robur

Stieleiche, Sommereiche (Deutsche Eiche) Fagaceae

Mittelalter Bonsai im frei aufrechten Stil (Moyogi).

Die Stieleiche ist ein mächtiger und majestätischer bis 40 m, sehr selten sogar bis zu 50 m hoher Baum mit aufrechtem, zuweilen markantem, knorrigem Wuchs. Sie ist über ganz Europa verbreitet und dort in vielen Gebieten ein wichtiger Waldbildner. Sie verträgt größere Temperatur- und Feuchtigkeitsextreme als die nah verwandte Traubeneiche, erschließt aufgrund ihrer großen Wurzelenergie selbst schwere Ton- und Lehmböden, wird aber auf gewissen Waldstandorten häufig von der wesentlich schattenverträglicheren Buche verdrängt. Der in Europa symbolbefrachtete Baum (steht für Sieg, Ruhm, Kraft, Stolz, Dauerhaftigkeit, Unsterblichkeit) kann ein sagenhaftes Alter erreichen. Vielleicht ein Anreiz, gemäß dem japanischen Brauch einen Bonsai als Erbstück zu betrachten. Die Stieleiche besitzt einen prächtigen Stamm mit dekorativer, rissiger Rinde, unterschiedlich gelappte, kurz gestielte, derbe Blätter und gestielte Eicheln (daher Stieleiche) im Herbst. Ihr Holz ist besonders schön, robust und begehrt.

■ **Stilart und Größe:** Für alle Stilarten; eignet sich jedoch weniger für die streng aufrechte und die Besenform, den Literaten und die Kaskade. Man kann sie von der mittleren bis zu extremen Größen ziehen.

■ **Pflege:** Liebt die volle Sonne. Braucht Feuchtigkeit, sollte jedoch im Winter sparsamer gegossen werden und einen Frostschutz erhalten. Gedüngt wird von Ende Frühjahr bis Spätsommer vierzehntäglich. Umtopfen Anfang Frühjahr jährlich bei den Jungpflanzen.

■ **Schnitt und Formgebung:** *Winterende* – Formschnitt. *Sommer* – Pinzieren und Rückschnitt der frischen Triebe auf ein oder zwei Blatt. Blattschnitt und Zweigschnitt zur Strukturierung und Verfeinerung des Bonsai.

■ **Bonsai-Vermehrung:** Durch Aussaat (der Eicheln) im Herbst, Auspflanzen der Naturverjüngung im Winter und Anfang Frühjahr oder krautige Stecklinge im Sommer.

■ **Schädlinge und Krankheiten:** Läuse und andere saugende Insekten; Rotpustelkrankheit, Baumkrebs, Welke und Nekrosen, Wurzelfäule, und, wie bei allen Eichenarten, Echter Mehltau.

Salix caprea

Salweide oder Palmweide Salicaceae

Mittelalter Bonsai im Wurzel-über-dem-Felsen-Stil (Sekijoju).

Die Salweide ist ein kleiner, 6 bis 9 m hoher Baum oder großer Strauch aus Europa und Südwestasien. Sie gedeiht dort als Pioniergehölz auf Waldschlägen, Kiesgruben, Steinbrüchen und auf Brachflächen. Feuchte, grundfrische und nährstoffreiche Böden liebt die Salweide, ohne jedoch weitere Ansprüche an den Boden zu stellen. Sie ist berühmt wegen ihrer lebhaft goldfarbenen, männlichen Kätzchen (Palmkätzchen als Verkünder des Frühlings) und der samtigen, silbrigen, weiblichen Kätzchen im Frühjahr – und ist eine wichtige frühe Nahrungsquelle für die Bienen. Die mittelgrünen, ca. 4 bis 9 cm langen, runzeligen Blätter, die auf der Unterseite graugrün bis weiß filzig behaart sind, erscheinen erst nach der Blüte. Die Salweide hat meist einen kurzen, manchmal knorrigen, häufig krummen Stamm, vitale Äste und einen strauchigen Wuchs. Obwohl einfach zu kultivieren, wird sie aufgrund ihres hohen Wasserbedarfs nur selten als Bonsai gezogen. Auch der ausufernde und schnelle Wuchs erfordert regelmäßige und harte Schnittmaßnahmen, was eine Gestaltung erschwert. Kriechweide *Salix repens*, die Schweizer Weide *Salix helvetica* und die Trauerweide *Salix babylonica* sind gute Alternativen.

■ **Stilart und Größe:** Lässt sich in allen Stilarten formen, mit Ausnahme allerdings der streng aufrechten Form, der Besenform und des Literaten. Man gestaltet sie am besten in mittleren bis sehr großen Formaten.

■ **Pflege:** Liebt pralle Sonne und einen lichten Schatten im Sommer. Man hält sie stets feucht in einem gut durchlüfteten Substrat, gießt sparsamer im Winter. Im Sommer wird sie am besten auf ein mit Wasser gefülltes Tablett gestellt. Vorsicht: Staunässe wird schlecht vertragen.

■ **Schnitt und Formgebung:** *Winterende* – Formschnitt. Rückschnitt des einjährigen Holzes auf ein oder zwei Augen. *Sommer* – Pinzieren und Rückschnitt der frischen Triebe auf ein oder zwei Blätter. Blattschnitt und Schnitt der Zweige.

■ **Bonsai-Vermehrung:** Durch krautige Stecklinge oder verholzte Stecklinge das ganze Jahr, denn Weiden wurzeln leicht und schnell.

■ **Schädlinge und Krankheiten:** Echter Mehltau.

Sorbus aucuparia

Eberesche, Vogelbeere Rosaceae

Mittelalter Bonsai im frei aufrechten Stil (Moyogi).

Die Eberesche ist ein eleganter, anmutiger kleiner bis mittelgroßer Baum (selten über 15 m hoch), mit aufrechtem, lockerem Wuchs und dekorativ lockerer Krone. Seine Heimat ist das gemäßigte bis kältere Europa und Asien. Dort besiedelt er als Waldpionier schnell Kahlschläge und Bestandsränder; gedeiht in Hecken, an Weg- und Straßenrändern, in Park- und Gartenanlagen. Man findet die Eberesche auf mäßig trockenen bis mäßig frischen, meist nährstoff- und basenarmen, sauren Böden. Sie bildet eine dekorative Rinde, hübsche gefiederte, lanzettliche Blätter mit scharf gesägten Blatträndern in einem lieblichen, frischen Grün (im Herbst schöne Gelb- und Orangefärbung) und Unmengen von cremeweißen Blütendolden (Doldenrispen) im Frühjahr, denen rote, essbare, orange- bis scharlachrote Früchtebüschel folgen. Bei den Nordgermanen galt die Vogelbeere als heiliger Baum. Sie ist recht widerstandsfähig gegenüber Luftverunreinigungen, jedoch hitzeempfindlich. Die Vogelbeere ist nicht nur für Vögel – wie der Name suggeriert – eine wichtige Nahrungspflanze, sondern auch für viele Säugetiere. Als Bonsai ergibt sie gute Exemplare, wobei ihre gefiederten Blätter wie Äste wirken.

■ **Stilart und Größe:** Wirkt in allen Stilarten, nur nicht als Besenform und in der streng aufrechten Form, dafür aber in allen Bonsai-Größen.

■ **Pflege:** Bevorzugt unter Bonsai-Bedingungen ein gut durchlüftetes Substrat, eher sonnige als halbschattige Standorte und verlangt moderate Feuchtigkeit, wobei im Winter spärlicher gegossen werden sollte. Gedüngt wird die Eberesche zurückhaltend alle zwei Wochen.

■ **Schnitt und Formgebung:** *Frühjahr* – Formschnitt. *Sommer* – Pinzieren und Rückschnitt der frischen Triebe auf ein oder zwei Blätter. Blattschnitt und Astschnitt zur Erhaltung und Ausformung der Silhouette.

■ **Bonsai-Vermehrung:** Durch Auspflanzen der Naturverjüngung im Winter und Anfang Frühjahr, krautige Stecklinge im Sommer.

■ **Schädlinge und Krankheiten:** Läuse und andere saugende Insekten; Ebereschenrost, Feuerbrand, Echter Mehltau, Ringfleckigkeit.

Tilia cordata

Winter- oder Steinlinde Tiliaceae

Mittelalter Bonsai im frei aufrechten Stil (Moyogi).

Die Winterlinde ist ein prächtiger, eindrucksvoller, bis zu 30 m hoher und sehr langlebiger Baum mit ausgeprägt kuppelförmiger Krone im Freistand, der markante Landschafts- und Parkszenen liefern kann. Sie ist in den gemäßigt kontinentalen Laubmischwäldern Europas beheimatet, wo sie am besten auf frischen, lockeren Lehmböden gedeiht. Das Ausschlagsvermögen und die Schattenverträglichkeit sind sehr gut. Das weiche, helle Holz ist ein sehr beliebtes Schnitzholz. Sie charakterisiert sich durch leicht abwärts geneigte Äste, eine glatte, silbrig graue Jugendrinde, herzförmige, unbehaarte, unterseits blaugrüne, relativ kleine Beblätterung und elfenbeinweiße sowie süßlich duftende Blütenrispen (Bienenfutter), die zu geflügelten Nüssen ausreifen. Neben der gärtnerischen, forstlichen und holzwirtschaftlichen Verwendung wird sie auch seit alters her für Heilzwecke genutzt. Es sei an dieser Stelle an die besondere Bedeutung der Linde in der Mythologie und dem Volksbrauchtum erinnert, an die sich viele Sagen, Legenden und Lieder knüpfen. Früher eine Seltenheit, findet die Linde – auch die Winterlinde – zunehmend ihren Platz in der Bonsai-Schale, ist sie doch vor allem ein sehr robuster Baum, der sehr alt werden kann, ganz zu schweigen von ihrem massigen Stamm und ihrem besonderen Wuchsbild.

- **Stilart und Größe:** Für alle Stilarten. Kann von mittelgroß bis sehr groß gestaltet werden.
- **Pflege:** Gedeiht auch in der vollen Sonne, zieht jedoch den Halbschatten vor. Feucht halten, im Winter sparsamer gießen und vor Frost schützen. Düngergaben erfolgen von Frühling bis Spätsommer vierzehntäglich.
- **Schnitt und Formgebung:** *Frühjahrsanfang* – Formschnitt. *Sommer* – Pinzieren und Rückschnitt der frischen Triebe auf ein oder zwei Blätter. Blattschnitt und Schnitt der Zweige zur Erhaltung und Entwicklung der Silhouette.
- **Bonsai-Vermehrung:** Durch Ausspflanzen der Naturverjüngung im Winter und Anfang Frühjahr oder krautige Stecklinge im Sommer.
- **Schädlinge und Krankheiten:** Läuse, Lindenblattwespe; Lindenspinnmilbe; Blattfleckenkrankheit und Echter Mehltau, Wurzelsterben, Krebs, Rindennekrose.

Ulmus parvifolia

Chinesische Ulme Ulmaceae

Mittelalter Bonsai im frei aufrechten Stil (Moyogi).

Die Chinesische Ulme, ein eleganter kleiner bis mittlerer, annähernd 20 m hoher Baum mit abgerundeter Krone und gewundener Wuchsform, ist in China, Japan, Taiwan und Korea beheimatet. Sie trägt kleine ovale und gezähnte, ledrige Blätter, die im Winter nur widerstrebend abfallen. Die unauffälligen kleinen Blüten erscheinen bei dieser Art erst im Herbst. Die Borke älterer Exemplare ist sehr ungewöhnlich: dunkelgrau, grünlich, rötlich braun und weißlich gefleckt, gerändert und gesprenkelt. Ihre feinen Zweige machen sie zu einer der wenigen Baumarten, die erfolgreich als Besenform gezogen werden können, und die sehr flexiblen, langen Wurzeln eignen sich hervorragend für den Wurzel-über-dem-Felsen-Stil.

■ **Stilart und Größe:** Kann in allen Stilarten gestaltet werden, eignet sich jedoch besonders für die Besenform, die Wurzel-über-dem-Felsen-Form und die Stelzenwurzelform.

■ **Pflege:** Bevorzugt pralle Sonne. Man hält sie gleichmäßig feucht in einem gut durchlüfteten Substrat, gießt sparsamer im Winter und schützt sie vor Frost in einem Wintergarten oder Kalthaus. Sie braucht während eines Monats nach dem Blattaustrieb vierzehntäglich Dünger, später alle zwei Wochen bis zum Spätsommer. Umtopfen Anfang Frühjahr alle zwei Jahre. Als Zimmer-Bonsai benötigt sie einen lichten Standort ohne direkte Sonneneinstrahlung, eine Mindesttemperatur von 7 °C, muss regelmäßig übersprüht und von Ende Frühjahr bis Mitte Herbst vierzehntäglich gedüngt werden – im Winter genügen monatliche Düngergaben.

■ **Schnitt und Formgebung:** *Winterende* – Formschnitt. *Frühling und Sommer* – Pinzieren und Rückschnitt der frischen Triebe auf ein oder zwei Blätter. Blattschnitt und Schnitt der Zweige und Reiser zur Erhaltung und Entwicklung der Silhouette.

■ **Bonsai-Vermehrung:** Durch krautige oder verholzte Stecklinge im Sommer oder Wurzelstecklinge im Winter.

■ **Schädlinge und Krankheiten:** Läuse, Schildläuse und andere saugende Insekten; Rote Spinne; Blattfleckenkrankheit und Echter Mehltau im Sommer. Diese Art gilt als resistent gegen die Holländische Ulmenkrankheit.

Zelkova carpinifolia

Kaukasische Zelkove Ulmaceae

Junger Bonsai in der Dreifachstammform (Sankan).

Die Kaukasische Zelkove ist, wie der Name schon sagt, im Kaukasus (Aserbaidschan), Iran und in Kleinasien heimisch. Dort verharrt sie in dem fast paradiesischen Zustand einiger noch verbliebener Restbestände als sogenanntes Tertiärrelikt zusammen mit vielen anderen Gehölzen im Unter- und Zwischenstand von Buchenurwäldern, die mit feuchtem, warmem, frostfreiem Klima gesegnet sind. Diese Gehölzart gedeiht langsam und entwickelt sich schließlich zu einem Baum, der recht alt werden kann. Die Zelkove hat einen kurzen Stamm, mit einer grauen, glatten Rinde, dem fächerartig lange, steil nach oben wachsende Äste entspringen. Die an der Oberseite rauen, kleinen Blätter sind schmal oval geformt, spitz zulaufend und gesägt. Ältere Exemplare sind leider sehr anfällig für die Holländische Ulmenkrankheit. Sie wird von Bonsai-Liebhabern sehr geschätzt, da sie pflegeleicht ist und eine charaktervolle Wuchsform besitzt.

■ **Stilart und Größe:** Für alle Stilarten geeignet mit Ausnahme des Literaten. Besonders gut lässt sie sich als Besenform und Waldform sowie in allen Bonsai-Größen gestalten.

■ **Pflege:** Gedeiht unter Bonsai-Bedingungen auch in voller Sonne, bevorzugt im Sommer jedoch Halbschatten. Feucht halten und im Winter weniger gießen und vor Frost schützen. Während eines Monats nach dem Blattaustrieb sollte wöchentlich gedüngt werden, später genügen vierzehntägliche Düngergaben bis zum Spätsommer. Umtopfen Anfang Frühjahr alle zwei Jahre.

■ **Schnitt und Formgebung:** *Winterende* – Formschnitt. *Frühjahr und Sommer* – Pinzieren und Rückschnitt der jungen Triebe auf ein oder zwei Blätter. Blattschnitt und Schnitt der Zweige und Reiser zur Ausformung und Erhaltung der Stilart. Bei einem stabilen Baum ist ein vollständiger Blattschnitt im Hochsommer möglich.

■ **Bonsai-Vermehrung:** Durch Aussaat am Ende des Winters/Anfang Frühjahr, krautige Stecklinge Anfang Sommer oder verholzte Stecklinge Ende des Sommers sowie durch Abmoosen im Sommer.

■ **Schädlinge und Krankheiten:** Die Holländische Ulmenkrankheit tritt bei Bonsai-Bäumen glücklicherweise nur selten auf. Blattläuse sondern auf den Blättern im Sommer ihren Honigtau ab; Rote Spinne; Echter Mehltau im Sommer.

Zelkova serrata

Japanische Ulme Ulmaceae

Älterer Bonsai im frei aufrechten Stil (Moyogi).

Die Japanische Ulme ist ein mittelgroßer, bis zu ca. 25 m hoher Baum, mit ausladendem Wuchs und abgerundeter Krone aus China, Japan, Taiwan und Korea, wo sie Flüsse im Flachland bis ins Gebirge begleitet. Ihre aufrecht wachsenden Äste kommen aus einem kurzen, geraden Stamm und bilden eine dichte und zarte Verzweigung aus, die sehr elegant wirkt und ideal für die Bonsai-Stilart der Besenform ist. Sie ist eine Pflanze des Unterstandes, zieht einen humiden und gut wasserdurchlässigen Standort im Schutz vor kalten Winden vor. Als Bonsai hoch geschätzt, hat sie eine sehr charakteristische Wuchsform mit feiner Verzweigung.

■ **Stilart und Größe:** Kann in allen Stilarten gestaltet werden, eignet sich jedoch ganz besonders für die Besenform, Waldpflanzungen und Mehrfachstammformen – sie wirkt in allen Größen.

■ **Besondere Merkmale:** Kennzeichnend sind ihre kleinen, spitz zulaufenden und gezahnten grünen Blätter, die sich im Herbst herrlich von sämtlichen Rot- über Gelb- bis hin zu Orangetönen verfärben. Dazu bildet sie eine besonders zarte und elegante Verzweiganordnung aus und hat eine glatte, graue Rinde.

■ **Pflege:** Bevorzugt einen sonnigen Standort, kann jedoch im Sommer gut lichten Schatten vertragen. Man hält sie in einem wasserzügigen und gut durchlüfteten Substrat, reduziert die Gießmenge im Winter. Vor allem vor Spätfrösten unbedingt schützen. Während eines Monats nach dem Austrieb der Blätter düngt man wöchentlich, anschließend bis zum Spätsommer vierzehntäglich. Umtopfen Anfang Frühjahr, bei den jungen Pflanzen jährlich, später alle zwei Jahre.

■ **Schnitt und Formgebung:** *Winterende* – Formschnitt. *Frühjahr und Sommer* – Pinzieren und Rückschnitt der frischen Zweige auf ein oder zwei Blätter. Blattschnitt und Schnitt der Zweige und Reiser zur Erhaltung und Entwicklung der Form. Ein radikaler Blattschnitt ist an vitalen, gut eingewachsenen Exemplaren im Hochsommer möglich.

■ **Bonsai-Vermehrung:** Durch Aussaat in kalter Umgebung so früh wie möglich und Anfang Frühjahr, krautige Stecklinge Anfang Sommer oder verholzte Stecklinge im Sommer sowie durch Abmoosen im Sommer.

■ **Schädlinge und Krankheiten:** Läuse; Rote Spinne; Echter Mehltau im Sommer.

Immergrüne Sträucher

Buxus sempervirens

Buchsbaum, Europäischer Buchsbaum, Gemeiner Buchsbaum   Buxaceae

Älterer Bonsai im frei aufrechten Stil (Moyogi).

Der Buchsbaum ist ein kleiner, in der Natur bis zu 9 m hoher, immergrüner, submediterraner Baum oder Strauch. In Mitteleuropa ist er fast ausgestorben, wächst dort an wenigen Orten im schattigen Unterstand, aber auch in untersonnten Lichtungen wintermilder Eichen- und Buchenwälder auf mäßig trockenen bis mäßig frischen, basenreichen, oft kalkhaltigen Böden. Er galt in der Antike wegen seiner außerordentlichen Schnittverträglichkeit als Symbol der Unsterblichkeit, aber auch als drastisch wirkendes Heilmittel, das - falsch dosiert - hin und wieder genau das Gegenteil bewirkt haben dürfte. Wegen seines schlecht abzuschätzenden Gemischs (mit ca. 70 Alkaloiden eine reine Giftküche) an mehr oder minder giftigen Substanzen ist er heute als Heilmittel dagegen fast in Vergessenheit geraten. Über die bloße Verwendung als Grabumrandung hinaus erfährt der Buchsbaum schon seit geraumer Zeit in den Gärten und auch als Bonsai eine wahre Renaissance. Er zeichnet sich durch seine Tuffe kleiner immergrüner Blätter aus, die dunkelgrün und an der Unterseite heller sind, und durch seinen dichten, buschigen Wuchs. Seine Eigenschaft, sich schnell auch von radikalen Schnitten zu erholen, macht aus ihm den idealen Strauch für Formschnitte und für die Bonsai-Kultur.

■ **Stilart und Größe:** Eignet sich für alle Stilarten, mit Ausnahme der streng aufrechten Form und des entrindeten Stamms. Lässt sich in sämtlichen Größen gestalten.

■ **Pflege:** Besitzt eine große Lichttoleranz: Sonnige bis halbschattige (schattige) Lagen werden ertragen. Man hält ihn auch im Winter durchgehend feucht, schützt ihn jedoch vor Frost und eisigen Winden.

■ **Schnitt und Formgebung:** *Frühjahrsende* - Formschnitt, Entfernung des toten Holzes. Auslichten. *Sommer und Anfang Herbst* - Rückschnitt der neuen Triebe.

■ **Bonsai-Vermehrung:** Die Stecklingsvermehrung ist die gängigste Form der Buchsbaumvermehrung.

■ **Schädlinge und Krankheiten:** Saugende Insekten; Rote Spinne; Wurzelfäule, Buchsbaumkrebs.

Carmona microphylla syn. *Ehretia buxifolia* Fukientee Boraginaceae

Mittelalter Bonsai im frei aufrechten Stil (Moyogi).

Der Fukientee ist unter den Bonsai-Liebhabern als *Carmona microphylla* bekannt, ein anderer, korrekterer botanischer Name lautet *Ehretia buxifolia*. Wie der Name Fukientee vermuten lässt, wurde dieses Gehölz in seinem Verbreitungsgebiet wohl seit langer Zeit in der traditionellen Medizin verwendet. Neuerdings hat man in der Pflanze Substanzen entdeckt, die sogar als Gegengift gegen Schlangenbisse helfen könnten. Überragende Bedeutung hat der Fukientee aber in der Bonsai-Kultur erlangt. In der Natur wächst dieses Gehölz als kleiner, 3 bis 5 m hoher Baum oder großer Strauch, ist in China und Südostasien beheimatet und trägt dichte Tuffe aus kleinen, glänzenden, buchsähnlichen, immergrünen Blättern. Sein Stamm ist glatt und hell, und er treibt im warmen Klima fast das ganze Jahr über kleine, weiße Blüten aus. Der Fukientee ist eine tropische Pflanze und daher einfach als Zimmer-Bonsai zu kultivieren.

■ **Stilart und Größe:** Für alle Stilarten, mit Ausnahme der Kaskadenform, entrindeter Stamm und der Stelzenwurzelform, und für sämtliche Bonsai-Größen geeignet.

■ **Pflege:** Zieht in Innenräumen einen hellen Standort vor, sollte jedoch täglich nicht mehr als eine Stunde der direkten Sonneneinstrahlung ausgesetzt werden. Benötigt eine Mindesttemperatur von 15 °C (10 °C) und sollte das ganze Jahr über feucht gehalten werden. Von Zeit zu Zeit ist es ratsam, ihn zu übersprühen. Düngen von Frühjahr bis Herbst vierzehntäglich und wöchentlich im Winter. Man topft jährlich Ende des Frühjahrs in durchlässiges Substrat um. Handelsware wurzelt häufig in sehr dichtem Lehm.

■ **Schnitt und Formgebung:** *Frühjahrsende* – Formschnitt, Entfernung von totem und schadhaftem Holz. *Sommer und Anfang Herbst* – Ständiger Rückschnitt der frischen Triebe, um die gewünschte Form zu erhalten. Drahten ist zwar technisch gut machbar, doch der Bonsai lässt sich in den meisten Fällen einfacher durch Schnittmaßnahmen gestalten.

■ **Bonsai-Vermehrung:** Durch krautige Stecklinge im Sommer und durch Aussaat, sobald die Samen reif sind.

■ **Schädlinge und Krankheiten:** Läuse und andere saugende Insekten; Rote Spinne; Verbrennungsschäden durch die Sonne im Sommer; Wurzelfäule.

Cotoneaster microphyllus

Kleinblättrige Zwergmispel Rosaceae

Älterer Bonsai mit gestelzter Wurzel (Ne-Agari) *im frei aufrechten Stil* (Moyogi).

Die kleinblättrige, aus dem Himalaja stammende Zwergmispel ist ein kleiner (bis 1 m hoher) immergrüner Strauch, der auf den felsigen Abhängen der Berge, in Dickungen und Flusstälern gedeiht. Die Besonderheit dieser Zwergmispel sind ihr niederliegender, teppichartiger Wuchs, glänzend dunkelgrüne, eiförmige Blätter und kleine unscheinbare, weiße Blüten, die gern von Bienen aufgesucht werden. Außerdem bildet er dunkelrosarote Beeren aus, die häufig den ganzen Winter über an der Pflanze bleiben. Weiterhin treibt die Kleinblättrige Zwergmispel zahllose dünne, rötlich braune oder dunkler getönte Äste aus. Dieser Strauch lässt sich einfach als Bonsai ziehen, und seine besonders kleinen Blätter vermitteln tatsächlich den Eindruck einer Miniaturlandschaft.

■ **Stilart und Größe:** Eignet sich für alle Stilarten, mit Ausnahme des streng aufrechten und des Literaten-Stils. Sie wirkt am besten in sehr kleinen (Mame-Bonsai) bis mittleren Größen.

■ **Besondere Merkmale:** Dichtes, glänzendes und dunkelgrünes Laub, winzige Blätter, weiße Blüten im Frühjahr und dunkelrosafarbene Beeren zeichnen diese Zwergmispel aus.

■ **Pflege:** Gedeiht in der vollen Sonne, muss allerdings immer, auch im Winter, feucht gehalten werden und braucht einen Frostschutz. Gedüngt wird während der Blüte vierzehntäglich, anschließend bis Mitte Herbst monatlich. Das Umtopfen sollte in den ersten zehn Jahren jährlich, anschließend alle zwei bis drei Jahre stattfinden.

■ **Schnitt und Formgebung:** *Ende Frühjahr* - Formschnitt. *Sommer und Anfang Herbst* - Regelmäßiges Pinzieren. Blattschnitt und konsequenter Rückschnitt frischer Triebe während der Wachstumsperiode, um die Verzweigung zu verdichten.

■ **Bonsai-Vermehrung:** Durch Aussaat, sehr einfach durch Absenker, schwierig durch Stecklinge.

■ **Schädlinge und Krankheiten:** Wollläuse und andere saugende Insekten; Feuerbrand.

Escallonia rubra var. *macrantha*

Rote Escallonie, Roter Andenstrauch
Escalloniaceae

Mittelalter Bonsai im frei aufrechten Stil (Moyogi).

Die Rote Escallonie ist ein großer immergrüner Strauch aus Chile. Sie besitzt sehr vitale Äste, die glänzende, aromatisch duftende und am Rande gezähnte Blätter überdecken. Ihre Salzverträglichkeit macht sie zur perfekten Heckenpflanze in Küstensituationen. Sie trägt den ganzen Sommer lang und Anfang Herbst karmesinrosa Blüten, die Bienen anziehen. Als Bonsai ist sie einfach zu kultivieren. Sie ist schnittverträglich und schlägt problemlos am alten Holz aus. Ihre relativ kleinen Blätter tragen zu ausgewogenen Proportionen bei der Bonsai-Gestaltung bei.

■ **Stilart und Größe:** Eignet sich für den frei aufrechten und den geneigten Stil, für die Halbkaskaden- und Kaskadenform, die Zwillingsstamm- und die Dreifachstammform sowie die Waldpflanzung. Kann in allen Größen gestaltet werden.

■ **Besondere Merkmale:** Kennzeichnend sind ihr dichtes dunkelgrünes und glanzendes Laub, die kleinen, am Rand gezähnten Blätter, karmesinrosa Blüten im Sommer und Anfang Herbst.

■ **Pflege:** Liebt pralle Sonne, muss selbst im Winter feucht gehalten und vor starken Frösten und eisigen Winden geschützt werden. Man düngt vierzehntäglich von Frühjahr bis Herbst und topft Ende Frühjahr alle zwei Jahre um.

■ **Schnitt und Formgebung:** *Sommer* – Formschnitt nach der ersten Blüte. *Sommer und Anfang Herbst* – Regelmäßiges Pinzieren. Blattschnitt und Rückschnitt der jungen Triebe, um die Verzweigung zu verdichten.

■ **Bonsai-Vermehrung:** Durch krautige Stecklinge im Sommer, verholzte Stecklinge im Herbst/Winter oder durch Absenker im Sommer.

■ **Schädlinge und Krankheiten:** Wollläuse und andere saugende Insekten.

Hedera helix

Efeu, Gemeiner Efeu, Gewöhnlicher Efeu Araliaceae

Junger Bonsai mit teilweise gedrehtem Stamm (Nejikan) *und Stelzenwurzeln* (Ne-Agari).

Diese immergrüne Kletterpflanze, die sich mithilfe ihrer Haftwurzeln hochrankt, ist in Europa und dem westlichen Asien beheimatet. Dort rankt oder kriecht sie besonders gerne in schattigen und halbschattigen, luftfeuchten Laubmischwäldern, in Auenwäldern, an Felsen und altem Gemäuer – wenn der Efeu Anschluss an frische, nährstoffreiche, lockere Böden hat. Er ist aber anpassungsfähig und kann 30 m und höher klettern. Aufgrund seiner Langmut und Ausdauer wird Efeu in der Mythologie als Symbol der Treue, weiblichen Anlehnung, Abhängigkeit und Freundschaft interpretiert, aber auch (von den Griechen) als göttlicher Ort verstanden. Der Efeu lässt sich problemlos als Bonsai gestalten. Es gibt eine erstaunliche Vielfalt an Züchtungen wie kleinblättrige, stark gelappte, extrem frostfeste und bunt- bzw. rotblättrige Varietäten, die sich sehr gut für die Bonsai-Kultur eignen können. Es sei in diesem Zusammenhang an die wenigen auf Efeu spezialisierten Gärtnereien hingewiesen.

■ **Stilart und Größe:** Eignet sich für die frei aufrechte und geneigte Form, für die Halbkaskadenform, die Stilart mit gedrehtwüchsigem Stamm, für die Wurzel-über-dem-Felsen-Form, die felsenumfassende Form, die Zwillingsstamm- und die Dreifachstammform und kann in sämtlichen Bonsai-Größen gestaltet werden.

■ **Pflege:** Mag halbschattige Standorte, möchte auch im Winter feucht gehalten und vor Frost und eisigen Winden geschützt werden. Man düngt von Frühjahr bis Herbst vierzehntäglich und topft alle zwei Jahre im Frühjahr um.

■ **Schnitt und Formgebung:** *Frühjahrsende* – Formschnitt und Drahten (entfernen Sie den Draht nach zwei oder drei Monaten). *Sommer und Herbst* – Regelmäßiger Rückschnitt der frischen Triebe (die Triebe müssen rigoros und konsequent zurückgeschnitten werden, um einen Stamm herauszubilden und seine Form zu erhalten).

■ **Bonsai-Vermehrung:** Durch verholzte Stecklinge im Herbst oder durch Absenker oder Abmoosen von Frühjahr bis Herbst.

■ **Schädlinge und Krankheiten:** Mottenschildläuse, Blattläuse und andere saugende Insekten.

Ligustrum ovalifolium

Wintergrüner Liguster, Eiblättrige Rainweide   Oleaceae

Junger Bonsai in der Mehrfachstammform (Kabudachi).

Der Wintergrüne Liguster ist ein halb immergrüner, schnellwüchsiger, 4 bis 5 m hoher Strauch oder Baum. Das Ölbaumgewächs ist in Japan und im südlichen Korea beheimatet und zählt aufgrund seiner extremen Standorttoleranz, Robustheit und Verträglichkeit (schattig bis sonnig, feucht bis trocken, sauer bis basisch, sandig bis lehmig) heute zu den weltweit am häufigsten kultivierten Sträuchern. Weithin bekannt als Heckenpflanze, zeichnet der Wintergrüne Liguster sich durch seine dunkelgrünen Blätter aus, die sich im Herbst violett verfärben, durch eine dichte Wuchssilhouette und weiße Blütenrispen im Sommer mit ganz charakteristischem, strengem Duft sowie durch seine Fähigkeit, sich sowohl von einem Formschnitt als auch von rigorosen Schnittmaßnahmen schnell zu erholen. Robust und vital, ist er ausgesprochen pflegeleicht.

■ **Stilart und Größe:** Lässt sich gut in der frei aufrechten, der geneigten und der Besenform gestalten sowie im Wurzel-über-dem-Felsen-Stil, dem felsenumfassenden Stil, der Zwillingsstamm- und der Dreifachstammform, der Floßform aus dem liegenden Stamm und der Floßform aus der Wurzel, der Mehrfachstammform und als Waldpflanzung. Dies kann in sämtlichen Bonsai-Größen geschehen.

■ **Pflege:** Zieht pralle Sonne vor, gedeiht jedoch auch im Halbschatten. Man hält ihn selbst im Winter feucht. Außerdem braucht er Schutz vor Frost und kalten Winden. Gedüngt wird vierzehntäglich von Frühjahr bis Herbst. Das Umtopfen findet bei jungen Exemplaren jährlich im Frühling statt, anschließend bei über zehnjährigen Bäumen alle zwei Jahre.

■ **Schnitt und Formgebung:** ***Frühjahrsende*** – Formschnitt und Drahten. Auslichten der Äste. ***Sommer und Anfang Herbst*** – Rückschnitt der Triebe nach der Blüte. Regelmäßiger Schnitt der frischen Triebe zur Erhaltung der gewünschten Silhouette.

■ **Bonsai-Vermehrung:** Durch Aussaat im Herbst (mit einjährigen Samen), krautige Stecklinge im Sommer, verholzte Stecklinge im Winter oder durch Absenker im Sommer.

■ **Schädlinge und Krankheiten:** Wollläuse, Blattläuse und andere saugende Insekten.

Ligustrum sinense

Chinesischer Liguster Oleaceae

Älterer Bonsai im frei aufrechten Stil (Moyogi).

Der Chinesische Liguster ist in China und Vietnam beheimatet. Er wächst als ca. 3,5 m großer Strauch oder kleiner Baum, ist halb immergrün, bildet ausladende Äste aus, ist schnellwüchsig und hat leicht behaarte Zweige sowie ovale Blätter. Dieser Liguster gedeiht vorzugsweise auf feuchten Böden. Im Spätsommer treibt er lange weiße Blütenrispen mit charakteristischem Duft aus, denen Massen an schwarzen, violett überhauchten Beeren folgen. Die schon vom Boden aus verzweigten Stämme zeigen eine glatte, graue Rinde. Er ist, wie oben beschrieben, sehr vital und pflegeleicht, anpassungsfähig und lässt sich problemlos als Bonsai erziehen. Auch für den Anfänger gut geeignet.

■ **Stilart und Größe:** Eignet sich gut für die frei aufrechte, die geneigte und die Besenform sowie für die Zwillingsstamm- und Dreifachstammform, die Floßform aus dem liegendem Stamm und die Floßform aus der Wurzel, für die Mehrfachstammform und die Waldpflanzung. Dabei sieht er in allen Bonsai-Größen gut aus.

■ **Besondere Merkmale:** Typisch sind das dichte, dunkelgrüne Laub, die behaarten Zweige, die reiche, duftende Blütenpracht und die schwarz-violetten Früchte.

■ **Pflege:** Mag volle Sonne, toleriert jedoch auch Halbschatten. Selbst im Winter gut feucht halten und vor Frost und kalten Winden schützen. Gedüngt wird von Frühjahr bis Herbst vierzehntäglich.

■ **Schnitt und Formgebung:** *Frühjahrsende* – Formschnitt und Drahten. Auslichten der Zweige entsprechend der angestrebten Form. *Sommer und Anfang Herbst* – Rückschnitt der Triebe nach der Blüte. Regelmäßiger Schnitt der jungen Triebe, um die angestrebte Silhouette zu erhalten.

■ **Bonsai-Vermehrung:** Durch krautige Stecklinge im Sommer, verholzte Stecklinge im Winter oder durch Absenker im Sommer.

■ **Schädlinge und Krankheiten:** Wollläuse, Blattläuse und andere saugende Insekten.

Ligustrum sinense ›Variegatum‹

Chinesischer Liguster ›Variegatum‹
Oleaceae

Junger Bonsai in der Zwillingsstammform (Sokan).

Der Chinesische Liguster der Varietät ›Variegatum‹ ist ein großer Strauch oder kleiner, halb immergrüner Baum mit ausladenden Ästen. Der Chinesische Liguster ist schnellwüchsig, hat behaarte Zweige und ovale, graugrüne, weiß umrandete Blätter. Im Spätsommer bildet er Massen von langen weißen Blütenrispen mit charakteristischem Duft aus, denen schwarzviolette Früchte folgen. Die Sorte ›Variegatum‹ vermittelt den Eindruck von Klarheit und Transparenz. Sie ist vital, robust und kann problemlos als Bonsai gestaltet werden.

■ **Stilart und Größe:** Eignet sich für den frei aufrechten und den geneigten Stil, für die Besenform, den Wurzel-über-dem-Felsen-Stil, den felsenumfassenden Stil, die Zwillingsstamm- und die Dreifachstammform, für die Floßform aus der Wurzel, für die Mehrfachstammform und die Waldpflanzung.

■ **Besondere Merkmale:** Typisch sind das ovale, graugrüne, weiß umrandete Laub, die flaumig behaarten Zweige und die Massen an weißen Blütenrispen mit charakteristischem Duft sowie die schwarz-violetten Früchte.

■ **Pflege:** Mag die volle Sonne und gedeiht auch im Halbschatten. Man hält ihn selbst im Winter gut feucht und schützt ihn vor Frost und kalten Winden. Gedüngt wird vierzehntäglich von Frühjahr bis Herbst. Umtopfen alle zwei Jahre im Frühjahr.

■ **Schnitt und Formgebung:** ***Frühjahrsende*** **–** Formschnitt und Drahten. Auslichten der Äste im Hinblick auf die gewünschte Silhouette. ***Sommer und Anfang Herbst*** **–** Rückschnitt der Triebe nach der Blüte. Regelmäßiger Schnitt der frischen Triebe zur Erhaltung der gewünschten Form.

■ **Bonsai-Vermehrung:** Krautige Stecklinge im Sommer, verholzte Stecklinge im Winter oder durch Absenker im Sommer.

■ **Schädlinge und Krankheiten:** Wollläuse, Blattläuse und andere saugende Insekten.

Lonicera nitida

Buschiges Zwerggeißblatt Caprifoliaceae

Mittelalter Bonsai in der Zwillings- oder Doppelstammform (Sokan) *mit teilentrindeten Stamm- und Astpartien* (Sharimiki).

Das Buschige Zwerggeißblatt ist im Südwesten Chinas (Yunnan, Sichuan) beheimatet, wo es die Gebirgsflüsse (in 1300 bis 2100 m Höhe) als dichtes Ufergestrüpp begleitet. In unseren Gärten gedeiht es auch in schattigen Situationen als Heckenpflanze und wird zuweilen wegen seines geduckten, ausgebreiteten Wuchses als Bodendecker verwendet. Es ist ein immergrüner, kompaktwüchsiger Strauch mit Tuffen aus kleinen, dunkelgrünen Blättern. Da seine Schnellwüchsigkeit auch harte Schnitte wieder ausgleicht, reagiert er ausgesprochen gut auf Formschnitte, die ihn zur perfekten Heckenpflanze machen. In einer Hecke kann er durch harte Fröste bis zum Boden zurückfrieren und schlägt doch problemlos im folgenden Frühjahr wieder aus. *Lonicera nitida* ist problemlos als Bonsai zu gestalten.

- **Stilart und Größe:** Für alle Stilarten mit Ausnahme der streng aufrechten Form und der Besenform und in allen Bonsai-Größen, darunter jedoch besonders für die Mame-Bonsais, die kleinsten von allen.
- **Besondere Merkmale:** Charakteristisch sind das tief dunkelgrüne Laub und die Fähigkeit, sich vielen Situationen anzupassen.
- **Pflege:** Gedeiht in voller Sonne, zieht jedoch im Sommer eine Schattierung bzw. Halbschatten vor. Auch im Winter feucht halten, vor Frost und kalten Winden schützen. Man düngt von Frühjahr bis Herbst vierzehntäglich und topft alle zwei Jahre im Frühjahr um. Ein gut durchlüftetes, wasser- und nährstoffreiches Substrat wird bevorzugt.
- **Schnitt und Formgebung:** *Frühjahrsende* – Formschnitt und Drahten. Entfernen des toten oder schadhaften Holzes. Auslichten der Äste. *Sommer und Anfang März* – Radikaler und systematischer Rückschnitt der frischen Triebe, um die erwünschte Form zu erhalten.
- **Bonsai-Vermehrung:** Durch krautige Stecklinge im Frühling oder verholzte Stecklinge im Sommer.
- **Schädlinge und Krankheiten:** Wollläuse, Blattläuse und andere saugende Schädlinge.

Lonicera nitida ›Baggesen's Gold‹

Goldfarbenes Zwerggeißblatt ›Baggesen's Gold‹ Caprifoliaceae

Junger Bonsai in der Floßform (Ikadabuki).

Das Goldfarbene Zwerggeißblatt ist eine gelblich grüne, kleinwüchsige, bis zu 2 m hohe Varietät von *Lonicera nitida*. Die teilweise aufgerichteten Äste tragen ein dichtes, goldfarbenes Laub, das sich im Herbst grünlich gelb bis bronzefarben verfärbt. Die cremefarbenen, kleinen und duftenden Blüten bringen purpurfarbene Beeren hervor. Dieser Strauch gilt als salztolerant, verträgt Halbschatten, braucht aber in kälteren Bereichen volle Besonnung. Wie die extrem regenerationsfähige Ausgangsform erholt sich diese Züchtung sehr schnell von Schnittmaßnahmen aller Art und reagiert ausgesprochen positiv auf einen regelmäßigen Formschnitt, was den Strauch nicht nur zu einer idealen Heckenpflanze kürt, sondern ihn auch für die Bonsai-Kultur geradezu auszeichnet. Ein Bonsai für den Anfänger.

■ **Stilart und Größe:** Für alle Stilarten geeignet, sollte jedoch nicht in der streng aufrechten und der Besenform gezogen werden. Man kann das Zwerggeißblatt in allen Größen gestalten. Besonders wirkungsvoll ist es allerdings als Mame-Bonsai.

■ **Besondere Merkmale:** Dichtes und leuchtend goldfarbenes Laub, das sich im Herbst grünlich gelb verfärbt.

■ **Pflege:** Liebt volle Sonne, gedeiht im Sommer jedoch besser in einer schattierten Situation. Braucht viel Feuchtigkeit, auch im Winter, und einen Schutz gegen Frost und kalte Winde. Gedüngt wird von Frühjahr bis Herbst vierzehntäglich. Umtopfen alle zwei Jahre im Frühling in gut durchlüftetes, wasserzügiges, nährstoffreiches Substrat.

■ **Schnitt und Formgebung:** *Frühjahrsende* – Formschnitt und Drahten. Entfernen des toten und schadhaften Holzes. Auslichten der Äste. *Sommer und Anfang Herbst* – Radikaler und systematischer Rückschnitt der frischen Triebe zur Erhaltung der gewünschten Form.

■ **Bonsai-Vermehrung:** Durch krautige Stecklinge im Frühjahr oder verholzte Stecklinge im Sommer.

■ **Schädlinge und Krankheiten:** Wollläuse, Blattläuse und andere saugende Insekten.

Lonicera nitida ›Silver Beauty‹

Zwerggeißblatt ›Silver Beauty‹
Caprifoliaceae

Sehr junger Bonsai im frei aufrechten Stil (Moyogi).

›Silver Beauty‹ ist eine relativ neue englische Züchtung der Stammform *Lonicera nitida*. Sie ist ein immergrüner, sehr kleinwüchsiger, geduckt und sehr langsam wachsender, etwa 60 cm hoher Strauch mit kleinen, silber gerandeten, graugrünen Blättern. Diese Sorte wird in kleinen Gärten z. B. als sehr niedrige Hecke verwendet. Darüber hinaus eignet sich ›Silver Beauty‹ für die Balkon- und Terrassenbepflanzung. Wie die Stammform kann man auch ›Silver Beauty‹ sehr gut beschneiden. Allerdings ist diese Sorte weniger robust als die anderen Zuchtformen, lässt sich aber dennoch leicht als Bonsai erziehen. Es gibt noch weitere grüne, buntblättrige etc. Sorten, die sich durchaus ähnlich gut für die Verwendung als Bonsai eignen: ›Elegant‹, ›Ernest Wilson‹, ›Hohenheim Findling‹, ›Lemon Beauty‹, ›Maigrün‹, ›Red Tips‹, ›Yunnan‹ und ›Fertilis‹.

■ **Stilart und Größe:** Eignet sich für alle Stilarten außer der streng aufrechten und der Besenform. Man kann diese Sorte in allen Bonsai-Größen ziehen. Vorrangig eignet sie sich allerdings für die Mame-Bonsais.

■ **Besondere Merkmale:** Dichtes Laub, winzige, immergrüne, silber umrandete Blätter.

■ **Pflege:** Volle Sonne erwünscht, weiß jedoch eine Schattierung im Sommer zu schätzen. Auch im Winter feucht halten und sorgfältig vor Frost schützen – zum Beispiel in einem Kalthaus oder Wintergarten. Düngergaben von Frühjahr bis Herbst vierzehntäglich.

■ **Schnitt und Formgebung:** *Frühjahrsende* – Formschnitt und Drahten. Entfernen des toten oder schadhaften Holzes. Auslichten der Äste. *Sommer und Anfang Herbst* – Radikaler und systematischer Rückschnitt der frischen Triebe, um die Form zu erhalten.

■ **Bonsai-Vermehrung:** Durch krautige Stecklinge im Frühjahr und verholzte Stecklinge im Sommer.

■ **Schädlinge und Krankheiten:** Wollläuse, Blattläuse und andere saugende Insekten; Austrocknung, Wurzelfäulnis.

Myrtus communis

Brautmyrte, Echte Myrte, Gemeine Myrte Myrtaceae

Junger Bonsai im frei aufrechten Stil (Moyogi).

Die Echte Myrte ist ein kleiner bis großer immergrüner Strauch mit dichtem Wuchs. Ihre Heimat ist heute vor allem die Macchie (Hartlaubvegetation) des Mittelmeerraumes, aber auch andere mediterran beeinflusste Gebiete, die bis nach Ostanatolien reichen können. Dort gedeiht die recht frostempfindliche Pflanze (bis -5 °C) auf sehr sonnigen bis halbschattigen, kalkarmen bis leicht sauren Böden, im Flach- und im Bergland. Sie ist dicht belaubt, ihre Blätter sind klein, oval-lanzettlich zugespitzt, ledrig, dunkelgrün und duften angenehm würzig. Je nach Wuchsgebiet bildet sie von Mai bis September durch reinweiße Staubgefäße und Blütenblätter sehr zart wirkende, duftende Blüten aus, denen große schwarz-violette Beeren folgen. Die Myrte galt im alten Griechenland als eine Mysterienpflanze und war in fast allen Kulturen und zu allen Zeiten symbolbefrachtet. Sie wurde und wird auch noch heute gerne als sehr feine Gewürz-, Aroma- und wirksame Heilpflanze (entzündungshemmend) verwendet. Auch in unsere Wintergärten findet sie als sehr dekorative Topfpflanze zunehmend Eingang. Da die Myrte gut schnittverträglich ist, ist ihre mythen- und legendenbehaftete Vergangenheit durchaus ein weiteres Argument, sie als ein wertvolles Objekt für die Bonsai-Kultur zu betrachten.

■ **Stilart und Größe:** Wirkt gut im frei aufrechten und geneigten Stil, als Kaskade und Halbkaskade, in der Zwillings- und Dreierstammform und als Waldpflanzung.

■ **Pflege:** Eine Pflanze für die volle Sonne! Auch im Winter gut feucht halten und unbedingt vor Frost, kalten Winden und großer Kälte schützen.

■ **Schnitt und Formgebung:** *Ende Frühjahr* - Formschnitt und Drahten. *Sommer und Anfang Herbst* - Systematischer Rückschnitt der jungen Triebe.

■ **Bonsai-Vermehrung:** Durch krautige Stecklinge oder Absenker Anfang Sommer.

■ **Schädlinge und Krankheiten:** Wollläuse, Läuse und andere saugende Schädlinge; Frostschäden.

Nandina domestica

Himmelsbambus, Essbare Nandine, Nandine Berberidaceae

Mittelalter Bonsai in einer kleinen Waldpflanzung (Yose-Ue).

Der Himmelsbambus ist ein in China und Japan beheimateter, etwa 2 m hoher Strauch und wird in japanischen Tempelgärten als heilige Pflanze verehrt. Auch wenn er ein Verwandter unserer Berberitze ist, ähnelt er doch mit seinen straff aufrechten, unverzweigten, rohrartigen Stängeln und vor allem wegen seines eleganten Laubes ein wenig dem Bambus, worauf sein volkstümlicher Name schon hinweist. Der Himmelsbambus trägt eine immergrüne Belaubung, die sich im Herbst und im Winter oft leuchtend rot verfärbt, um im nächsten Frühjahr wieder zu ergrünen. *Nandina* schmückt sich mit weißen Blütenrispen im Sommer. Seine glänzend roten Beerenrispen bildet er nur nach besonders heißen Sommern aus. Es gibt einige Varietäten wie zum Beispiel die zwergwüchsige, bis 50 cm hohe ›Nana‹ mit leuchtend roter Herbst- oder Winterverfärbung, ›Firepower‹ mit rosa bis roter Winterbelaubung etc. *Nandina* ist pflegeleicht und eignet sich gut als Bonsai in der Gruppenpflanzung, um ein ungewöhnliches Bambuswäldchen vorzutäuschen.

■ **Stilart und Größe:** Eignet sich für die Zwillings- und Dreierstammform, für die Mehrfachstammform, als Waldpflanzung und als Landschaft und Miniaturlandschaft. Man kann ihn in sämtlichen Bonsai-Größen gestalten.

■ **Besondere Merkmale:** Typisch sind seine großen, dunkelgrünen Blätter, die im Frühjahr und im Herbst violett-rot überhaucht sind, die weißen Blüten im Sommer und die Ähnlichkeit mit Bambus.

■ **Pflege:** Mag volle Sonne, zieht jedoch im Sommer eine Schattierung vor. Man hält ihn selbst im Winter feucht und schützt ihn vor Frost und kalten Winden – am besten im Kalthaus. Gedüngt wird er von Frühjahr bis Herbst vierzehntäglich. Das Umtopfen mit einer sehr gut dränierten Erde findet alle zwei Jahre im Frühjahr statt.

■ **Schnitt und Formgebung:** *Ende Frühjahr* – Formschnitt. *Sommer und Anfang Herbst* – Rückschnitt der frischen Triebe, um die gewünschte Form zu erhalten.

■ **Bonsai-Vermehrung:** Durch Aussaat im Frühjahr oder durch krautige Stecklinge im Sommer.

■ **Schädlinge und Krankheiten:** Wenig über Schäden und Schädlinge bekannt. Wollläuse, Blattläuse und andere saugende Insekten.

Phyllostachys aurea

Bambus Graminaceae

Junger Bonsai, der zu einer Mehrfachstammform (Kabudachi) *erzogen wird.*

Der etwa 3 bis 5 m hohe Bambus, dessen Heimat China und Japan ist, hat einen straff aufrechten, buschigen und dicht verzweigten Wuchs, dessen Triebspitzen leicht überhängen. Auffällig sind auch die mehr oder weniger unregelmäßig verdickten, ornamental wirkenden Stängelabschnitte, die an der Basis bei älteren Exemplaren wie der Rückenpanzer einer Schildkröte anmuten. Durch vitale, schnellwüchsige Ausläufer entstehen manchmal große, jeden anderen Bewuchs verdrängende Haine, weshalb in milden Gebieten durchaus Vorsicht mit diesem Bambus geboten ist. Ganz junge Triebe sind im Frühjahr essbar. Die schmalen, lanzettartigen, bis zu 15 cm langen, frisch grünen, bei starker Besonnung gelblich verfärbten Laubblätter bewegen sich anmutig im Wind. Als Bonsai kultiviert man Bambus immer, um ein Bambuswäldchen zu imitieren, oder als Hauptpflanze in einer Miniaturlandschaft.

- **Stilart und Größe:** Eignet sich für Mehrfachstammformen, Waldpflanzungen, Miniaturlandschaften und Landschaften in mittleren bis extrem großen Bonsai-Größen.
- **Besondere Merkmale:** Dieser Baumbus zeichnet sich durch die cremegelbe Färbung seiner mit verdickten Knoten versehenen verholzten Triebe und durch die langen, lanzettartigen Blätter mit fiederähnlicher Anordnung aus.
- **Pflege:** Gedeiht im Halbschatten. Man hält ihn auch im Winter feucht und schützt ihn in einem Kalthaus vor Frost. Gedüngt wird die nährstoffbedürftige Pflanze im Sommer vierzehntäglich. Umpflanzen Ende Frühjahr alle zwei Jahre in eine besonders wasserdurchlässige Erde.
- **Schnitt und Formgebung:** *Frühjahrsende* – Auslichten des überalterten Holzes. *Sommer* – Pinzieren (durch Entfernen der zentralen Knospe, sobald die gewünschte Höhe erreicht ist).
- **Bonsai-Vermehrung:** Durch Teilung im Frühjahr.
- **Schädlinge und Krankheiten:** Im Prinzip keine, außer Frost- und Sonnenbrandschäden.

Portulacaria afra

Strauchportulak, Speckbaum, Pfennigbaum Portulaceae

Mittelalter Bonsai im frei aufrechten Stil (Moyogi).

Der Strauchportulak ist ein kleiner, sehr langsamwüchsiger und in seiner Heimat Südafrika auch äußerst genügsamer, etwa 3 bis 4 m hoher Krüppelstrauch. Er zeichnet sich durch sein immergrünes, fleischiges, rundes bis ovales, ca. 1 cm langes Laub aus, das direkt am Stamm oder den dornartig rotbraunen, später grau getönten Ästen aufsitzt. *Portulacaria afra* entstammt einem besonders lebensfeindlichen Lebensraum des Kaplandes, der durch seine hartlaubigen Gewächse charakterisiert ist und Karroo genannt wird. Dort gedeiht dieser sparrige Strauch an steinigen, quarzreichen, feinerdearmen, stark besonnten Hängen, die derart abweisend und trocken anmuten, dass man kaum glauben mag, dass er sich diesen extremen Lebensraum auch noch mit einigen anderen, meist endemischen Sukkulenten teilen muss. Unter gängigen Kulturbedingungen blüht (rosafarbene Blüten) und fruchtet er selten. Die Pflanze ist eine beliebte Futterpflanze für Elefanten, aber auch andere Tiere (z. B. Ziegen). Trotz seiner extremen Herkunft ist diese Art verhältnismäßig einfach als Zimmer-Bonsai zu erziehen und unter Bonsai-Freunden recht beliebt. ›Variegata‹ und ›Foliis Variegatis‹ sind buntlaubige, klein- und langsamwüchsige Sorten.

■ **Stilart und Größe:** Eignet sich für den frei aufrechten und den geneigten Stil, die Zwillings- und Dreierstammform sowie die Waldpflanzung. Für sehr kleine bis mittlere Größen.

■ **Pflege:** Liebt einen Standort in praller Sonne im Zimmer. Die Mindesttemperatur beträgt 10 °C. Im Sommer sehr sparsam und vorsichtig gießen, im Winter monatlich. Genügsam monatlich düngen von Frühling bis Herbst. Umtopfen alle zwei Jahre im Frühjahr.

■ **Schnitt und Formgebung:** ***Ende Frühjahr*** – Pinzieren der frischen Triebe. ***Sommer und Herbst*** – Auslichten der Äste und Entfernen der überschüssigen Blätter.

■ **Bonsai-Vermehrung:** Durch krautige Stecklinge den ganzen Sommer über.

■ **Schädlinge und Krankheiten:** Blutläuse und andere saugende Insekten.

Pyracantha coccinea

Feuerdorn Rosaceae

Junger Bonsai im frei aufrechten Stil (Moyogi).

Der Feuerdorn ist ein bis zu 5 m hoher, stark verzweigter, immergrüner, manchmal halb immergrüner Strauch, vorwiegend aus Italien und Kleinasien stammend. Er trägt Tuffe kleiner, dunkelgrüner, schwach gezähnter Blätter und Unmengen von weißen, duftenden Blüten im Sommer, denen dichte Büschel leuchtend roter Beeren auf der ganzen Länge seiner Äste folgen. Der Feuerdorn ist ein vitales Gehölz, das jedes Jahr lange Triebe mit scharfen Dornen austreibt. In Gärten und im öffentlichen Grün wird er aufgrund seiner leuchtenden, dekorativen Früchte, seiner sprichwörtlichen Anspruchslosigkeit (gedeiht auf sandigen bis lehmigen, basischen bis sauren, schattigen bis sonnigen Standorten, verträgt stärkere Luftverunreinigung, nicht aber salzhaltige Winde) und seiner langen Dornen auch als Schutzhecke (Vogelschutz) recht häufig verwendet. Er ist pflegeleicht und schnittverträglich und bietet sich für die Bonsai-Kultur an. Diese Art besitzt mehrere Varietäten wie ›Lalandei‹, ›Gold Rush‹.

■ **Stilart und Größe:** Für viele Stilarten, mit Ausnahme der streng aufrechten und der Besenform, des entrindeten Stamms oder des Literaten, und in allen, nur nicht in den extrem großen Bonsai-Größen.

■ **Besondere Merkmale:** Dunkelgrünes Laub, verzweigte, dornige Äste und duftende Blüten im Sommer und leuchtend rote (orange, gelbe) Beeren im Herbst.

■ **Pflege:** Gedeiht in praller Sonne oder im Halbschatten (Schatten). Auch im Winter feucht halten, vor Frost und eisigen Winden schützen. Gedüngt wird wöchentlich von Anfang Frühjahr bis zur Blüte, dann bis zum Herbst vierzehntäglich. Alle zwei Jahre im Frühjahr umtopfen.

■ **Schnitt und Formgebung:** *Ende Frühjahr* – Formschnitt und Drahten. Einkürzen der frischen Triebe. *Ende Sommer und Herbst* – Rückschnitt der neuen Triebe zur Erhaltung der Form.

■ **Bonsai-Vermehrung:** Durch Aussaat im Herbst/Winter, krautige Stecklinge im Sommer und durch Absenker oder Abmoosen im Frühjahr und Anfang Sommer.

■ **Schädlinge und Krankheiten:** Mottenschildläuse, Blattläuse und andere saugende Insekten; Feuerbrand und Rotpustelkrankheit.

Pyracantha ›Mohave Silver‹

Feuerdorn ›Mohave Silver‹ Rosaceae

Mittelalter Bonsai im frei aufrechten Stil (Moyogi).

Der Feuerdorn ›Mohave Silver‹ ist eine amerikanische Züchtung. Er ist ein großer bis mittelgroßer Strauch mit kleinen, gezähnten Blättern und üppig erscheinenden weißen Blüten, denen lebhaft rote Beeren folgen. ›Mohave Silver‹ ist eine wüchsige Sorte, die alljährlich lange Triebe mit spitzen Dornen austreibt. Sie ist weniger robust als ihre Verwandten, eignet sich jedoch gut zur Gestaltung als Bonsai.

■ **Stilart und Größe:** Gut geeignet für den frei aufrechten und den geneigten Stil, die Halbkaskaden- und Kaskadenform, den Wurzel-über-dem-Felsen-Stil und den felsenumfassenden Stil, als Zwillings- und Dreierstammform sowie als Waldpflanzung. Kann in allen Größen mit Ausnahme der extrem großen Größen gestaltet werden.

■ **Besondere Merkmale:** Kennzeichnend sind die fein gezähnten, graugrünen, unregelmäßig weiß umrandeten Blätter, die duftenden weißen Blüten im Sommer und die lebhaft roten, auffälligen Beeren.

■ **Pflege:** Gedeiht in der vollen Sonne oder im Halbschatten. Im Kalthaus überwintern lassen und feucht halten. Wöchentlich von Anfang Frühjahr bis zur Blüte düngen, anschließend vierzehntäglich bis zum Herbst. Umtopfen alle zwei Jahre im Frühling.

■ **Schnitt und Formgebung:** ***Ende Frühjahr*** – Formschnitt und Drahten. Einkürzen der jungen Triebe. ***Ende Sommer und Herbst*** – Rückschnitt der jungen Triebe zur Erhaltung der Form.

■ **Bonsai-Vermehrung:** Durch Aussaat in Herbst/Winter, krautige Stecklinge im Sommer und durch Absenker oder Abmoosen im Frühjahr und Anfang Sommer.

■ **Schädlinge und Krankheiten:** Mottenschildläuse, Blattläuse und andere saugende Insekten; Feuerbrand und Rotpustelkrankheit.

Rhododendron ›Blue Tit‹

Veilchenblauer Rhododendron   Ericaceae

Junger Bonsai im frei aufrechten Stil (Moyogi)*; der Fels vermittelt hier den Eindruck von Naturnähe.*

›Blue Tit‹ ist eine Bezeichnung für eine Reihe besonders robuster Hybriden des Züchters J. Williams und eine Kreuzung aus zwei asiatischen Rhododendron-Arten. Die Heimat eines Elternteils, des *Rhododendron impeditum*, liegt in Yunnan im Südwesten Chinas, die des anderen Elternteils (*Rhododendron augustinii*) in Sichuan in Südwestchina und Tibet. ›Blue Tit‹ erreicht etwa 1 m Höhe, hat eine kompakte Wuchsform, dichtes dunkelgrünes Laub und kleine purpurfarbene bis lavendelblaue, trichterförmige Blüten. Diese stehen Mitte April bis zum Ende des Frühjahrs in Büscheln an den Zweigspitzen. Die Farbe der Blüten wird mit zunehmendem Alter intensiver. Auch soll dieser Zwergstrauch starke Fröste aushalten können – nach Angaben der American Rhododendron Society bis -20 °C.

- **Stilart und Größe:** ›Blue Tit‹ eignet sich für alle Stilarten mit Ausnahme der Besenform und kann in sämtlichen Bonsai-Größen gestaltet werden.
- **Besondere Merkmale:** Dichtes, dunkelgrünes Laub und Blüten in einem einzigartigen Lavendelblau bis Purpur, das mit der Zeit noch intensiver wird.
- **Pflege:** Halbschatten! Auch im Winter feucht (mit weichem Wasser oder Regenwasser) halten und vor Frost, kalten Winden und sogar vor Regengüssen (während der Blüte) schützen. Man düngt vierzehntägig vom Frühjahr bis zur Blüte, anschließend monatlich bis zum Herbst. Umtopfen jährlich nach der Blüte oder je nach Wurzelentwicklung. Kalkfreie Rhododendronerde benutzen.
- **Schnitt und Formgebung:** *Ende Frühjahr* – Formschnitt und Drahten. Einkürzen der frischen Triebe. *Anfang Sommer* – Entfernen der verwelkten Blüten und rigoroser Rückschnitt der jungen Triebe, um die gewünschte Silhouette zu erhalten.
- **Bonsai-Vermehrung:** Durch krautige Stecklinge Anfang Sommer und durch Absenker oder Abmoosen im Hochsommer.
- **Schädlinge und Krankheiten:** Mottenschildläuse, Blattläuse und andere saugende Insekten; ›Blue Tit‹ neigt zu Chlorosen (Gelbwerden der Blätter) und Blattfleckung

Rhododendron ›Hakurei‹ Satsuki-Azalee ›Hakurei‹ Ericaceae

Junger Bonsai in der Zwillingsstammform (Sokan).

›Hakurei‹ gehört zur Gruppe der sehr klein- und kompaktwüchsigen, immergrünen Satsuki-Azaleen, die in Japan hauptsächlich für die Bonsai-Kultur gezüchtet wurden und werden. Es gibt Hunderte von Züchtungen, die über die Grenzen Japans kaum hinausgefunden haben und sich vor allem durch den Farb- und Variantenreichtum der Blüte auszeichnen. Besonders bemerkenswert ist, dass es viele Varietäten gibt, die verschiedenfarbige Blüten auf einem Exemplar produzieren. ›Hakurei‹ ist eine eher robuste Satsuki-Hybride aus indischen und birmanischen Azaleen. Diese Pflanze mit dichtem Wuchs und üppiger, glänzender dunkelgrüner Belaubung entfaltet relativ spät im Hochsommer einen herrlichen, cremeweißen Blütenflor, der die gesamte Pflanze fast lückenlos umhüllen kann.

- **Stilart und Größe:** Für alle Stilarten mit Ausnahme der Besenform und für sämtliche Bonsai-Größen.
- **Besondere Merkmale:** Typisch sind die dunkelgrünen, glänzenden und schlanken, spitzen Blätter, der dichte Wuchs und die cremeweißen, sternförmigen Blüten im Hochsommer.
- **Pflege:** Die Satsuki-Azalee ›Hakurei‹ braucht Halbschatten, muss auch im Winter feucht gehalten (mit weichem Wasser oder Regenwasser) und vor Frost, kalten Winden (Unterbringung im Kalthaus empfehlenswert) sowie während der Blüte auch vor starken Regenfällen geschützt werden. Man düngt von Frühjahr bis zur Blüte vierzehntäglich, anschließend monatlich bis Herbst. Das Umtopfen geschieht jährlich nach der Blüte oder je nach Entwicklung des Wurzelballens in einer kalkfreien Rhododendronerde.
- **Schnitt und Formgebung:** *Ende Frühjahr* – Formschnitt und Drahten. Einkürzen der frischen Triebe. *Anfang Sommer* – Abzwicken junger Triebe. *Sommer* – Abzwicken der verwelkten Blüten, Korrekturschnitt der neuen Triebe zur Erhaltung der gewünschten Stilart.
- **Bonsai-Vermehrung:** Durch krautige Stecklinge Anfang Sommer und durch Ableger oder Abmoosen im Hochsommer.
- **Schädlinge und Krankheiten:** Mottenschildläuse, Blattläuse und andere saugende Insekten; Chlorosen (Blattvergilbung), Wurzelfäule.

Rhododendron indicum ›Kazan‹ Satsuki-Azalee ›Kazan‹ Ericaceae

Junger Bonsai im frei aufrechten Stil (Moyogi).

Es gibt wie im übrigen Pflanzenreich auch unter den Azaleen den sonderbaren Fall, dass sich an einem Zweig, ohne jeden erkennbaren äußeren Anlass, plötzlich völlig andere Blüten oder Blätter entwickeln. Solche an der Pflanze isoliert auftretenden Erscheinungen von genetischen Mutationen werden als »Sport« bezeichnet. Sind die auf diese Weise zufällig entstandenen Blüten, Blätter etc. in ihren Eigenschaften vielversprechend, kann man von dem mutierten Zweig Material zur Weitervermehrung entnehmen. ›Kazan‹ ist daher streng genommen keine Züchtung, sondern vielmehr aus einem solchen »Sport«, einer sogenannten Taihei-Satsuki-Azalee, hervorgegangen. ›Kazan‹ besitzt eine kompakte Wuchsform, dunkelgrüne, glänzende Blätter und bildet im Spätfrühling leuchtend rote Blüten aus.

■ **Stilart und Größe:** Kann in allen Stilarten mit Ausnahme der Besenform und in sämtlichen Bonsai-Größen gestaltet werden.

■ **Besondere Merkmale:** Charakteristisch sind die schimmernden, dunkelgrünen, schmalen und leicht spitz zulaufenden Blätter, die kompakte Erscheinungsform und die leuchtend roten Blüten im Sommer.

■ **Pflege:** ›Kazan‹ braucht Halbschatten. Der Strauch wird auch im Winter feucht gehalten (mit weichem Wasser bzw. Regenwasser) und benötigt Schutz vor Frost, kalten Winden, während der Blüte auch vor heftigen Regenfällen. Gedüngt wird vierzehntäglich vom Frühjahr bis zur Blüte, anschließend monatlich bis zum Herbst. Das Umtopfen geschieht jährlich nach der Blüte oder je nach Wurzelentwicklung in einer kalkfreien Rhododendronerde.

■ **Schnitt und Formgebung:** *Ende Frühjahr* – Formschnitt und Drahten. Einkürzen der jungen Triebe. *Anfang Sommer* – Entfernen frischer Triebe. *Sommer* – Entfernen verwelkter Blüten, Korrekturschnitt der jungen Triebe zur Erhaltung der gewünschten Silhouette.

■ **Bonsai-Vermehrung:** Durch krautige Stecklinge Anfang Sommer und durch Ableger oder Abmoosen im Hochsommer.

■ **Schädlinge und Krankheiten:** Mottenschildläuse, Blattläuse und andere saugende Insekten, Chlorosen (Blattvergilbung), Wurzelfäule.

Rhododendron x obtusum

Japanische Kurume- bzw. Stumpfblättrige Azalee   Ericaceae

Junger Bonsai in der Dreierstammform (Sankan) *im Herbst.*

Diese zwerg- und kompaktwüchsige, maximal 1 m Höhe erreichende Azalee ist eine Art Kreuzung aus der in Japan heimischen Kaempfers-Azalee *R. kaempferi* und der Kyushu-Azalee *R. kiusianum* (auf der japanischen Insel Kyushu heimisch). In milderen Bereichen behält sie auch im Winter ihre Blätter, hat samtig behaarte Zweige und bringt je nach Sorte hellrote bis karmesinrote (z. B. *R.* x *obtusum* ›Kermesina‹) oder scharlachrote Blüten im Frühling hervor. Robust und vital, lässt sich diese Azalee problemlos als Bonsai erziehen und ist daher für Bonsai-Liebhaber außerordentlich attraktiv. Die trichterförmigen Blüten erscheinen im Frühjahr bei guter Pflege so massenhaft, dass sie den gesamten Busch samt Laub und Geäst überdecken. Das vermittelt den Eindruck von Fülle, was sie vor allem für Mehrfachstammformen empfiehlt.

■ **Stilart und Größe:** Eignet sich für alle Stilarten. Allein die Besenform sollte man nicht versuchen. Für sämtliche Bonsai-Größen geeignet.

■ **Besondere Merkmale:** Auffällig sind die kleinen, ovalen und glänzenden, dunkelgrünen Blätter, der kompakte Wuchs, die behaarten Zweige und die kleinen, hellroten, karmesinroten oder scharlachroten Blüten im Sommer.

■ **Pflege:** Gedeiht im lichten Halbschatten, muss auch im Winter feucht gehalten und vor Frost, kalten Winden und während der Blüte auch vor schweren Regenfällen geschützt werden. Düngergaben mit Rhododendrondünger vierzehntäglich vom Frühjahr bis zur Blüte, anschließend monatlich bis zum Herbst. Gießen mit weichem oder Regenwasser. Das Umtopfen geschieht jährlich nach der Blüte oder je nach Wurzelentwicklung in kalkfreier Rhododendronerde.

■ **Schnitt und Formgebung:** *Ende Frühjahr* – Formschnitt und Drahten. Einkürzen der jungen Triebe. ***Frühsommer*** – Entfernen der verwelkten Blüten und der frischen Triebe. *Sommer* – Vorsichtiger Nachschnitt der jungen Triebe zur Erhaltung der Form.

■ **Bonsai-Vermehrung:** Durch krautige Stecklinge Anfang Sommer und durch Ableger oder Abmoosen im Hochsommer.

■ **Schädlinge und Krankheiten:** Mottenschildläuse, Blattläuse und andere saugende Insekten; Chlorosen (Vergilben der Blätter).

Sageretia theezans

Sageretie, Falscher Tee Rhamnaceae

Junger Bonsai im Stelzenwurzelstil (Ne-Agari).

Dieser frostempfindliche, kleine, ca. 3 bis 4 m hohe Strauch ist im Süden Chinas beheimatet und trägt eine dichte Belaubung aus kleinen (ca. 2 cm langen), ovalen Blättern, die im jungen Stadium besonders attraktiv rosa-bräunlich überhaucht sind und in China bisweilen als Teeersatz genossen werden. Den sattbraunen Stamm überzieht eine sich abschälende Rinde, was besonders an den älteren Exemplaren ein faszinierendes, marmoriertes Farbspiel erzeugt. Vorausgesetzt, der Strauch wird nicht oder nur zielgerichtet geschnitten, bildet er im Sommer kleine weiße Blütenrispen aus, aus denen bei Wärme blaue, essbare Beeren fruchten. Diese Pflanze ist subtropischen Ursprungs und wird daher in gemäßigten Klimazonen auch als Zimmer-Bonsai kultiviert.

■ **Stilart und Größe:** Für sämtliche Stilarten außer der Besenform geeignet und für alle Größen.

■ **Besondere Merkmale:** Typisch sind das dichte, dunkelgrüne und glänzende Laub, die sich plattenweise ablösende Rinde.

■ **Pflege:** Liebt in Innenräumen einen lichten Standort, jedoch keine direkte Sonneneinstrahlung. Sollte bei einer Mindesttemperatur von 12 °C und hoher Luftfeuchtigkeit gehalten werden. In geheizten Räumen täglich übersprühen und auch im Winter gut feucht halten. Von Ende Mai bis Ende September kann sie auch im Freiland stehen. Diese Pflanze reagiert sehr empfindlich auf Trockenheit, aber auch auf Vernässung - Boden also gut dränieren. Gedüngt wird vierzehntägig von Frühjahr bis Herbst, monatlich im Winter. Das Umtopfen findet alle zwei Jahre im späten Frühjahr statt. Wird der Strauch bei 5 bis 10 °C überwintert, verliert er teilweise sein Laub, treibt aber umso kräftiger im Frühjahr aus.

■ **Schnitt und Formgebung:** *Spätes Frühjahr* - Formschnitt. *Sommer und Herbst* - Einkürzen des Neuaustriebs auf ein oder zwei Blattpaare. Zur Förderung des Blüten- und Fruchtansatzes darf man zum Herbstanfang sehr vorsichtig beschneiden.

■ **Bonsai-Vermehrung:** Durch krautige Stecklinge im Frühjahr und Sommer.

■ **Schädlinge und Krankheiten:** Blattläuse und andere saugende Schädlinge, Mottenschildläuse; Rote Spinne; Chlorosen, Blattverbrennungen im Sommer (bei zu großer Nähe zum Fenster); Wurzelfäule und -trockenheit.

Serissa foetida

Junischnee, Baum der tausend Sterne Rubiaceae

Mittelalter Bonsai im Stil mit teilweise gedrehtem Stamm (Nejikan).

Dieser nur etwa 0,5 m Höhe erreichende Zwergstrauch aus der Familie der Rötegewächse, zu der beispielsweise die Kaffeepflanze gehört, ist in Indien, China und Japan beheimatet. In China wird er als Heilpflanze genutzt und gedeiht auch in urzeitlichen, sehr artenreichen, feuchten Waldgebieten in ehrwürdiger Gesellschaft des Urweltmammutbaumes. Seinen volkstümlichen, poetisch klingenden Namen »Junischnee« oder »Baum der tausend Sterne« verdankt er den Massen an sehr kleinen, weißen endständigen, trichterförmigen Blüten; sein weniger poetisch klingender lateinischer Name *foetida* (stinkend) ist auf den unangenehmen Geruch seiner Rinde und Wurzeln zurückzuführen. Die Blüten entfalten sich allerdings nur bei großer Hitze. Das dunkelgrüne, glänzende, immergrüne Laub erscheint sehr üppig. Die Rinde ist glatt und grau. Die Pflanze ist subtropischen Ursprungs und sollte daher vorzugsweise in gemäßigten Klimazonen als Zimmer-Bonsai gezogen werden. Es gibt eine Reihe von Varietäten wie ›Mt. Fuji‹ und ›Kyoto‹.

■ **Stilart und Größe:** Alle Stilarten, mit Ausnahme der Besenform und der streng aufrechten Form, sind möglich. Bei diesem Strauch sind mittlere bis sehr kleine Bonsai-Größen empfehlenswert.

■ **Pflege:** Liebt auch als Zimmer-Bonsai die pralle Sonne. Die Temperatur sollte nie unter 12 °C fallen. Im Sommer feucht halten und im Winter sparsamer gießen. Das Substrat muss wasserzügig und gut durchlüftet sein. Außerdem sollte der Junischnee vor Luftzug geschützt stehen. Die Pflanze verlangt viel Feuchtigkeit. Übersprühen Sie sie daher täglich, mit Ausnahme während der Blüte. Düngen Sie vierzehntäglich von Frühjahr bis Herbst. Das Umtopfen geschieht alle zwei Jahre im Frühling.

■ **Schnitt und Formgebung:** ***Ende Frühjahr*** – Formschnitt, Entfernen von totem Holz, Drahten (Entfernen des Drahtes im Herbst). ***Sommer und Herbst*** – Systematischer Rückschnitt des Neuaustriebs auf ein, zwei Blattpaare.

■ **Bonsai-Vermehrung:** Durch Stecklinge im Frühjahr und im Sommer.

■ **Schädlinge und Krankheiten:** Blattläuse und andere saugende Insekten, Mottenschildläuse; Rote Spinne.

Serissa foetida ›Variegata‹

Buntlaubiger Junischnee Rubiaceae

Junger Bonsai im frei aufrechten Stil (Moyogi).

Die buntlaubige Sorte des Junischnees ist eine natürliche Mutante (Cultivar), die wegen ihrer hübschen Belaubung gärtnerisch kultiviert wird. ›Variegata‹ unterscheidet sich hauptsächlich durch ihre weiß geränderten Laubblätter mit weißer Blatt-Mittelrippe – die Weißfärbung kommt durch Chlorophyllaussparungen (Panaschierungen) zustande. Die Blüten und sonstigen Eigenschaften ähneln der Stammform. Wie die Stammform neigt ›Variegata‹ zur Bildung von Austrieben am Wurzelansatz, die sofort entfernt werden sollten.

■ **Stilart und Größe:** Der Junischnee eignet sich für sämtliche Stilarten, mit Ausnahme der streng aufrechten und der Besenform. Man gestaltet ihn in mittleren bis sehr kleinen Größen.

■ **Besondere Merkmale:** Bei dieser Sorte ist das Typische das Laub. Die Blätter sind dunkelgrün und haben eine cremeweiße Mittelrippe sowie einen cremeweißen Rand. Der Stamm wiederum ist ebenfalls glatt und grau, die Blüten sind üppig und weiß.

■ **Pflege:** In Innenräumen zieht der Junischnee einen sehr hellen Platz vor, direkte Besonnung ist jedoch zu vermeiden. Halten Sie die Temperatur mindestens auf 12 °C. Die Pflanze muss im Sommer gut feucht gehalten werden. Im Winter gießt man sparsam und schützt sie vor Luftzug, die Unterbringung in einem Kalthaus oder in einem Wintergarten ist zu empfehlen. Weiter benötigt sie viel Feuchtigkeit und sollte daher täglich übersprüht werden – mit Ausnahme während der Blüte. Ein lockeres Substrat wird benötigt. Düngergaben erfolgen vierzehntäglich von Frühling bis Herbst und monatlich im Winter. Das Umtopfen geschieht alle zwei Jahre im Frühling.

■ **Schnitt und Formgebung:** ***Ende Frühling*** – Formschnitt, Entnahme des toten oder schadhaften Holzes und Drahten (im Herbst den Draht entfernen – Vorsicht, die Äste sind sehr brüchig). ***Sommer und Herbst*** – Systematischer Rückschnitt der frischen Triebe auf ein oder zwei Blattpaare zur Erhaltung der Silhouette.

■ **Bonsai-Vermehrung:** Durch Stecklinge im Frühjahr und Sommer.

■ **Schädlinge und Krankheiten:** Blattläuse und andere saugende Insekten, Mottenschildläuse; Rote Spinne.

Laubabwerfende Sträucher

Berberis thunbergii ›Atropurpurea‹

Thunbergs Blutberberitze
Berberidaceae

Junger Bonsai im frei aufrechten Stil (Moyogi).

Die Ausgangsform *Berberis thunbergii* ist ein kleiner, laubabwerfender, sehr vitaler Strauch und ursprünglich in Japan beheimatet. Das Gehölz treibt mit bronzefarbenem bis kupferfarbenem Laub aus, das sich später grün und am Ende der Saison flammend rot verfärbt. Im Frühjahr erscheinen üppige, hellgelbe Blüten, die zu kleinen, ovalen, hellroten, sehr sauer schmeckenden Beeren ausreifen. Es hat dicht verzweigte, dünne und spitzdornige Äste. Die Sorte ›Atropurpurea‹ unterscheidet sich im Wesentlichen durch ihr weinrotes, purpurüberhauchtes Laub, ihr intensives, ständig wechselndes Spiel von purpurfarbenen bis dunkelroten und orangeroten Herbsttönungen und durch den intensiveren rötlichen Einschlag der gelben Blüten. Sie ist damit ein häufig verwendeter Gartenstrauch, der besonders aufgrund seiner Winterhärte, seiner Wind- und Schnittverträglichkeit und seines kompakten Wuchses geschätzt wird.

■ **Stilart und Größe:** Der frei aufrechte und der geneigte Stil ist möglich sowie der entrindete Stamm, die Wurzel-über-dem-Felsen-Form, die felsenumfassende Form, die Zwillings- und die Dreierstammform, die Waldpflanzung und die Miniaturlandschaft. Man gestaltet diese am besten in mittleren bis sehr kleinen Größen. Von ›Atropurpurea‹ gibt es einige Züchtungen, die ebenfalls für die Bonsai-Kultur in Betracht kommen, wie zum Beispiel die zwergwüchsige ›Atropurpurea Nana‹.

■ **Pflege:** Diese Berberitze braucht zur Erhaltung ihrer Blattfarbe volle Sonneneinstrahlung, toleriert jedoch auch lichten Schatten. Man hält sie feucht, um einen Blattabwurf zu verhindern. Gedüngt wird vierzehntäglich von Frühjahr bis Anfang Herbst. Das Umtopfen findet am Winterende jährlich und bei über zehn Jahre alten Exemplaren alle zwei Jahre statt.

■ **Schnitt und Formgebung:** *Winter* – Formschnitt und Drahten. *Frühjahr und Sommer* – Pinzieren des Neuaustriebs, um einen kompakten Wuchs zu fördern und zur Erhaltung der gewählten Form.

■ **Bonsai-Vermehrung:** Durch Absenker, Ableger und Abmoosen, durch krautige Stecklinge im Hochsommer oder verholzte Stecklinge in Herbst und Winter.

■ **Schädlinge und Krankheiten:** Läuse und andere saugende Insekten; Echter Mehltau in trockenen Sommern.

Chaenomeles x *superba*

Zierquitte Rosaceae

Junger Bonsai in der Mehrfachstammform (Kabudachi).

Diese Hybride aus in China und Japan beheimateten Arten (*C. japonica* x *C. speciosa*) ist ein kräftiger, vitaler Strauch. Er trägt spektakuläre weiße, rosafarbene, orangerote oder intensiv rote Blüten im zeitigen Frühjahr und große, zitronenähnlich frisch duftende, vitaminreiche gelbe Früchte im Herbst. Als Gartenpflanze wird *Chaenomeles* x *superba* aufgrund ihrer Winterhärte, ihrer Wind- und Schnittverträglichkeit sowie ihrer schönen Blüten und Früchte, mit denen sie viele Monate im Jahr bezaubert, sehr hoch geschätzt. Darüber hinaus ist diese Zierquitte einfach als Bonsai zu gestalten, denn sie toleriert unterschiedliche Kulturbedingungen und selbst einen rigorosen Schnitt.

- **Stilart und Größe:** Lässt sich in allen Formen, mit Ausnahme der streng aufrechten und der Besenform, gestalten. Für mittlere bis kleine Größen geeignet.
- **Besondere Merkmale:** Auffallend sind ihre weißen, rosafarbenen, orangeroten oder roten Blüten Anfang Frühling und die leuchtend gelben Früchte im Herbst.
- **Pflege:** Liebt volle Sonne. Man hält sie feucht und schützt sie im Winter vor Frost. Gedüngt wird ab Ende der Blühsaison bis zum Laubfall. Das Umtopfen findet jährlich im Spätwinter statt.
- **Schnitt und Formgebung:** *Mitte Herbst* – Schnitt erst nach Laubabwurf, damit man sich an den Früchten erfreuen kann. Entfernen Sie sämtliche Wurzelschösslinge. *Anfang Frühjahr* – Drahten, wenn nötig.
- **Bonsai-Vermehrung:** Durch Aussaat Anfang Frühjahr, durch wilde Triebe aus dem Garten Anfang Frühjahr, durch Stecklinge aus nicht verholzten Trieben im Hochsommer, durch verholzte Stecklinge im Herbst und Winter, durch Ableger im Frühsommer. Pfropfungen sind Anfang Frühjahr möglich, um wertvolle Hybriden zu vermehren.
- **Schädlinge und Krankheiten:** Läuse und andere saugende Insekten; Grauschimmel und Feuerbrand.

Corylus avellana ›Contorta‹

Korkenzieherhasel Corylaceae

Mittelalter Bonsai im frei aufrechten Stil (Moyogi).

Die meisten Pflanzen verfügen gewöhnlich über einen geradewüchsigen Spross. Es gibt einige, meist zufällig bedingte Mutationen, bei denen der Spross mehr oder weniger schraubig, spiralig oder unregelmäßig im oder gegen den Uhrzeigersinn gedreht ist - bedingt durch eine einseitig verstärkte Wachstumszone, die sich beim Wachstum des Sprosses fortdauernd verschiebt. Eine solche Mutation wurde bei der Hasel um 1900 in England entdeckt und fand von dort Eingang in die Gärten und Parkanlagen der Welt - hin und wieder auch in eine Bonsai-Schale. Die Korkenzieherhasel zeichnet sich durch bizarr verdrehte Äste aus, die in der Form zuweilen an einen Korkenzieher erinnern. Ihre Blätter sind derb, gewellt, verdreht und eingerollt, was dem Bonsai im belaubten Zustand ein seltsam morbides, sehr gewöhnungsbedürftiges Erscheinungsbild verleiht. Doch im Winter, nach dem Laubfall, entblößt diese Haselsorte ihre faszinierende, bizarre gewundene und verdrehte Aststruktur. Und am Ende des Winters zeigt sie dekorative männliche gelbe Kätzchen oder die dunkelroten Narbenbüschel im grün gefransten Kelch. Sie toleriert unterschiedliche Kulturbedingungen und kräftige Schnitte.

■ **Stilart und Größe:** Lässt sich in allen Stilarten, mit Ausnahme der streng aufrechten und der Besenform, gestalten. Vorzugsweise erzieht man sie von mittleren bis großen Größen und nur mit einem Stamm.

■ **Pflege:** Volle Sonne und eine Schattierung im Sommer. Man hält sie feucht, vor allem solange sich die Nüsse ausbilden. Im Sommer wird vierzehntäglich gedüngt. Das Umtopfen geschieht am Ende des Winters oder Anfang Frühjahr alle zwei Jahre.

■ **Schnitt und Formgebung:** *Winter* - Formschnitt und Drahten. *Frühjahr bis Herbst* - Regelmäßiger Blattschnitt und Schnitt der Zweige und einiger Äste.

■ **Bonsai-Vermehrung:** Durch Ableger, durch Abmoosen oder Pfropfung auf einer Veredelungsgrundlage von *Corylus avellana* im Frühjahr.

■ **Schädlinge und Krankheiten:** Läuse und andere saugende Insekten befallen diese Pflanze gelegentlich, doch im Großen und Ganzen bleibt sie vital und gesund.

Cotinus coggygria

Perückenstrauch Anacardiaceae

Mittelalter Bonsai im frei aufrechten Stil (Moyogi) *mit haarigen Fruchtständen.*

Der Perückenstrauch ist ein dekorativer, etwa 3 bis 5 m hoher Strauch mit rundlich eiförmigen, glatten Blättern, die eine herrliche rote und orangerote Herbstfärbung annehmen. Er bildet reich verzweigte Blütenstände mit feinen, fadenähnlichen, tief purpurfarbenen Ästchen aus, von denen nur einige die kleinen Blüten tragen. Dadurch entsteht der Eindruck, als rauche oder dampfe es aus dem Strauch. Natürlich kommt diese Pflanze in submediterranen Trockenbuschwäldern Südosteuropas vor, ist aber auch im Himalaja und in China zu finden. Damit hat sie sich unter sehr unterschiedlichen Klimabedingungen bewährt. Sie ist außerordentlich schnittverträglich, und die neuen Triebe entwickeln sich problemlos am alten Holz, eine Eigenschaft, die sie zu einer idealen Bonsai-Pflanze macht. Achtung: Der Hautkontakt kann bei hautempfindlichen Personen Dermatitis auslösen! Es gibt einige purpurlaubige Varietäten.

■ **Stilart und Größe:** Für die frei aufrechte, geneigte, Halbkaskaden- und Kaskadenform sowie windgepeitschte, Zwillings-, Dreier- oder Mehrfachstammform. Am besten in mittleren bis großen Größen.

■ **Besondere Merkmale:** Zarte, fedrige Blütenstände im Spätsommer und ein herrliches Laub, das sich rot und gelb im Herbst verfärbt, zeichnen den Perückenstrauch aus.

■ **Pflege:** Verträgt volle Sonne, zieht jedoch im Sommer eine Schattierung vor. Frisch, aber nicht feucht oder nass halten, und das in einem gut durchlüfteten, mäßig nährstoffreichen Substrat. Sparsam dosierte Düngergaben erfolgen im Sommer bis zur Blüte vierzehntäglich, anschließend bis zum Herbst monatlich. Überdüngung und zu viel Feuchtigkeit verhindern die Blütenbildung.

■ **Schnitt und Formgebung:** *Winter* – Formschnitt und Drahten. *Ende Frühling bis Anfang Herbst* – Regelmäßiger Blattschnitt und Konturschnitt des Neuaustriebs.

■ **Bonsai-Vermehrung:** Durch Aussaat im zeitigen Frühjahr, krautige Stecklinge im Hochsommer, verholzte Stecklinge im Herbst und Winter und durch Absenker oder Abmoosen im späten Frühjahr oder Anfang Sommer.

■ **Schädlinge und Krankheiten:** Läuse und andere saugende Insekten, aber im Allgemeinen bleibt die Pflanze von Krankheiten und Schädlingen verschont.

Cotoneaster horizontalis

Fächer-Zwergmispel oder Felsen-Zwergmispel Rosaceae

Mittelalter Bonsai in der Halbkaskadenform (Han-Kengai).

Die Fächermispel ist ein kaum 30 cm niedriger Strauch mit geduckt wachsenden, dicht und fischgrätartig verzweigten, breit aufgefächerten Ästen. Ihre Heimat ist das Bergland des westlichen China mit rauem Klima. Sie bildet kleine, ledrige Blätter und unscheinbare rosarote Blüten aus, die Bienen anlocken, sowie kleine hellrote, schwach giftige Beeren, die fast den ganzen Winter über hängen bleiben. In harten Winterperioden wirft die sonst halb immergrüne Fächermispel ihre Blätter völlig ab. Der Strauch ist winterhart, verträgt Wind und rigorose Schnitte und bietet viele Monate hindurch mit seinen Farben ein schönes Bild. Er lässt sich problemlos als Bonsai gestalten.

■ **Stilart und Größe:** Attraktiv in der frei aufrechten, geneigten und windgepeitschten Form sowie als Wurzel-über-dem-Felsen-Form, als felsenumfassende Form, als Zwillings- und Dreierstammform, als Miniaturlandschaft und Waldpflanzung. Eignet sich für mittlere bis kleine Größen.

■ **Besondere Merkmale:** Diese Zwergmispel zeichnet sich durch eine interessante Aststruktur, kleine, unscheinbare Blüten im Frühjahr, eine flammendrote Herbstfärbung und kleine grellrote Beeren aus, die lange am Strauch bleiben.

■ **Pflege:** Mag volle Sonne. Auch im Winter feucht halten und vor Frost schützen. Von Frühjahr bis zur Blüte vierzehntäglich düngen, anschließend bis zum Herbst monatlich. Topfen Sie jüngere Exemplare jährlich im Spätwinter oder Anfang Frühjahr um. Bei über zehnjährigen Bonsai nur noch, falls es für die Wurzeln zu eng wird.

■ **Schnitt und Formgebung:** *Ende Winter und Anfang Frühjahr* – Formschnitt und Drahten. *Ende Frühjahr und Sommer* – Pinzieren, Blattschnitt und Konturschnitt des Neuaustriebs, um ein natürlich wirkendes, kompaktes Erscheinungsbild anzuregen.

■ **Bonsai-Vermehrung:** Durch Aussaat im Herbst oder Frühjahr, durch natürliche Ableger im Garten oder krautige Stecklinge im Hochsommer und verholzte Stecklinge im Herbst und Winter.

■ **Schädlinge und Krankheiten:** Blutläuse und andere saugende Insekten; Feuerbrand.

Cotoneaster simonsii

Glanz-Felsenmispel Rosaceae

Eine Gruppe junger Bonsais in einer Waldpflanzung (Yose-Ue).

Dieser halb immergrüne aufrechte Strauch ist in Nepal und Bhutan, also in Himalaja-Regionen, beheimatet, wo Robustheit die Voraussetzung für das Überleben ist. Er hat kleine grüne und ledrige Blätter, die sich im Herbst rot verfärben und winzige rosafarbene Blüten, denen dicke hellrote Beeren folgen. Die Glanz-Felsenmispel ist eine Pflanze von dichtem Wuchsbild, die lange, gerade Äste ausbildet. Sie lässt sich problemlos als Bonsai gestalten, da sie die unterschiedlichsten Wuchsbedingungen toleriert und bereits im jungen Stadium schnittverträglich ist.

■ **Stilart und Größe:** Für den frei aufrechten und geneigten Stil, als Halbkaskaden- und Kaskadenform, Wurzel-über-dem-Felsen-Form, felsenumfassende Form, Zwillings- und Dreierstammform, Miniaturlandschaft und als Waldpflanzung. Versuchen Sie sich dabei in mittleren bis sehr kleinen Größen.

■ **Besondere Merkmale:** Typisch sind das zähe dunkelgrüne Laub, das sich im Herbst rot verfärbt, die rosafarbenen Blüten im Frühsommer und die dicken hellroten Beeren.

■ **Pflege:** Gedeiht in der vollen Sonne, benötigt jedoch einen Schutz vor harten Frösten. Während der gesamten Wachstumsperiode feucht halten und vierzehntäglich vom Frühjahr bis zur Blüte düngen, anschließend bis zum Herbst monatlich. Das Umtopfen geschieht jährlich Anfang Frühjahr.

■ **Schnitt und Formgebung:** *Anfang Frühjahr* – Formschnitt und Drahten. *Ende Frühjahr und Sommer* – Pinzieren der frischen Triebe, um einen kompakten Wuchs zu fördern. Blattschnitt und Konturschnitt der Zweige zur Formerhaltung und -gestaltung.

■ **Bonsai-Vermehrung:** Durch Aussaat im Herbst, krautige Stecklinge im Hochsommer und verholzte Stecklinge in Herbst und Winter.

■ **Schädlinge und Krankheiten:** Blutläuse und andere saugende Insekten; Feuerbrand.

Forsythia x *intermedia* ›Lynwood‹ Gartenforsythie ›Lynwood‹ Oleaceae

Junger Bonsai in der Gestaltungsphase zum frei aufrechten Stil (Moyogi) *mit mehreren neu angelegten* Jin.

Die Gartenforsythie ›Lynwood‹, eine Kreuzung zwischen zwei chinesischen Arten, ist ein buschig wachsender, laubabwerfender Strauch. Er trägt matt dunkelgrüne Blätter und leuchtend hellgelbe, vergleichsweise große Blüten im Frühjahr und treibt lange, gelegentlich leicht überhängende junge Triebe aus. Die Forsythie ›Lynwood‹ ist eine beliebte winterharte Gartenpflanze, die unter den meisten Standortbedingungen gedeiht und problemlos am alten Holz nach dem Schnitt ausschlägt. Sie eignet sich gut zur Bonsai-Kultur, doch ihre Schnellwüchsigkeit erfordert einen regelmäßigen Schnitt während der gesamten Wachstumsperiode.

- **Stilart und Größe:** Geeignet für die frei aufrechte und geneigte Form, als Halbkaskade, Kaskade, Zwillings- und Dreierstammform, als Miniaturlandschaft und Waldpflanzung und in allen Bonsai-Größen.
- **Besondere Merkmale:** Auffallend sind die relativ großen, intensiv gelben Blüten im Frühjahr.
- **Pflege:** Liebt die volle Sonne. Im Sommer täglich, im Winter sparsamer gießen. Gedüngt wird vierzehntäglich von Frühjahr bis Anfang Herbst. Umtopfen sollte man jährlich Anfang Frühling.
- **Schnitt und Formgebung:** *Frühjahr* – Formschnitt und Drahten nach der Blüte. *Sommer* – Kontinuierliches Pinzieren der neuen Triebe, Blattschnitt und Schnitt der Zweige.
- **Bonsai-Vermehrung:** Durch krautige Stecklinge jederzeit während der Wachstumsperiode.
- **Schädlinge und Krankheiten:** Läuse und andere saugende Insekten; Echter Mehltau in trockenen Sommern.

Jasminum nudiflorum

Winterjasmin Oleaceae

Mittelalter Bonsai in der Zwillingsstammform (Sokan) *mit einem* Jin *an der Spitze des Hauptstammes.*

Der niedrige, 2 bis 3 m hohe, laubabwerfende Winterjasmin ist im westlichen China beheimatet. Er trägt mitten im Winter bis in den Frühling hinein leuchtend gelbe, primelartige Blüten am unbelaubten einjährigen Holz. Man zieht ihn aufgrund seiner bogenartig überhängenden, grünen, vierkantigen und glänzenden Triebe oft an Mauern als kletternden Strauch. Seine schmalen, dunkelgrünen Blätter bedecken die Stängel den ganzen Sommer über. Der nacktblütige Winterjasmin toleriert die schwierigsten Standortbedingungen und selbst radikale Schnitte: Eigenschaften, die ihn für die Bonsai-Kultur empfehlen – ganz zu schweigen von seinen kleinen Blättern und den Blüten, die schon allein einen Erfolg garantieren.

■ **Stilart und Größe:** Eignet sich sehr gut für den frei aufrechten und geneigten Stil, für die Wurzel-über-dem-Felsen- und die felsenumfassende Form, die Zwillings- und Dreierstammform, die Miniaturlandschaft und Waldpflanzung. Man kann ihn von mittleren bis sehr kleinen Größen ziehen.

■ **Besondere Merkmale:** Kleine, dunkelgrüne Blätter und leuchtend gelbe Blüten an blattlosen, kantigen grünen Zweigen im Winter und zeitigen Frühjahr.

■ **Pflege:** Braucht einen sonnigen Standort, sollte jedoch vor der direkten Sonneneinstrahlung im Sommer geschützt stehen. Im Winter vor starken Frösten schützen. Sollte im Sommer täglich gegossen werden. Auch im Winter darf die Erde keinesfalls austrocknen. Gedüngt wird vierzehntäglich von Frühjahr bis Anfang Herbst. Umtopfen jährlich im Herbst.

■ **Schnitt und Formgebung:** *Ende Frühjahr und Anfang Sommer* – Rückschnitt sämtlicher frischer Triebe auf ein oder zwei Blattpaare. ***Herbst*** – Schnitt der Zweige und Rückschnitt der jungen Äste auf drei oder vier Blattpaare.

■ **Bonsai-Vermehrung:** Durch natürliche Absenker im Garten, Abmoosen im Sommer oder krautige Stecklinge im Sommer.

■ **Schädlinge und Krankheiten:** Im Prinzip sind keine bekannt. Dennoch reagiert er empfindlich auf Luftverschmutzung und nachlässiges Gießen.

Physocarpus opulifolius ›Dart's Gold‹

Goldgelbe Blasenspiere ›Dart's Gold‹
Rosaceae

Mittelalter Bonsai im frei aufrechten Stil (Moyogi).

Die etwa 3 m Höhe erreichende, dicht und buschig verzweigte, laubabwerfende Blasenspiere stammt aus dem zentralen und östlichen Nordamerika. Die Sorte ›Dart's Gold‹ hat goldgelbes bis grüngelbes Laub, dreilappige Blätter, nicht sehr auffällige, trotzdem apart wirkende, weiße, rosa überhauchte Blütendolden im Juni, die aber im Herbst auffällige rote Früchte bilden. Das Laub verfärbt sich im Herbst goldgelb. Die ältere Rinde schält sich im Winter in feinen Streifen ab. Während des Neuaustriebs färben sich die Blätter leicht orangegelb. Die Blasenspiere gedeiht praktisch überall in luftdurchlässigen Böden, verträgt sehr kalkhaltige, flachgründige Böden schlecht. Besonders im Frühjahr und Sommer ist ihr Laub spektakulär. Sie eignet sich gut für die Bonsai-Kultur und bildet problemlos eine interessante Verzweigungsstruktur aus.

■ **Stilart und Größe:** Vorzugsweise in der frei aufrechten, der geneigten und der windgepeitschten Form sowie in der Zwillings- und Dreierstammform, als Miniaturlandschaft und Waldpflanzung und in sämtlichen Bonsai-Größen zu gestalten.

■ **Besondere Merkmale:** Gold- bis grüngelbe, dreilappige Blätter, weiße, rosa überhauchte Blüten im Sommer und ein goldenes Herbstlaub. Ihre sich im Winter feinstreifig ablösende Rinde ist äußerst dekorativ.

■ **Pflege:** Ein Strauch für die pralle Sonne, denn nur so erhält sich seine Laubfarbe. Man hält ihn feucht und schützt ihn vor harten Frösten. Von Frühjahr bis zur Blüte vierzehntäglich düngen, dann bis zum Herbst monatlich. Das Umtopfen geschieht alle zwei Jahre am Anfang des Frühjahrs.

■ **Schnitt und Formgebung:** ***Winter*** – Formschnitt und Drahten. Jeglichen bodennahen Neuaustrieb entfernen. ***Frühjahr und Sommer*** – Pinzieren. Blattschnitt und Schnitt der jüngsten Triebe zur Formgestaltung oder -erhaltung.

■ **Bonsai-Vermehrung:** Durch natürliche Absenker im Garten, Abmoosen im Sommer, krautige Stecklinge im Hochsommer und verholzte Stecklinge in Herbst und Winter.

■ **Schädlinge und Krankheiten:** Im Prinzip keine, achten Sie jedoch regelmäßig auf Läuse und andere saugende Insekten; Echter Mehltau in trockenen Sommern.

Potentilla fruticosa ›Princess‹

Strauchfingerkraut ›Princess‹ Rosaceae

Junger Bonsai in der Besenform (Hokidachi).

Dieser 1 m hohe, laubabwerfende Zwergstrauch ist in den gemäßigten Zonen der nördlichen Hemisphäre außer in Nordamerika beheimatet und gedeiht dort in lichten Busch-, Wald- und Wiesengesellschaften auf mäßig versorgten bis kargen Böden, die über 3000 m bis ins Hochgebirge hinaufreichen. Die Sorte ›Princess‹ besitzt kleine graugrüne Blätter, eine rissige Rinde und zierliche blassrosa Blüten mit gelber Mitte, die sich den ganzen Sommer über zeigen. Vom Strauchfingerkraut existieren zahlreiche Zuchtformen, doch die Sorte ›Princess‹ ist für die Bonsai-Kultur besonders interessant, denn sie ist besonders niedrig, hat einen ausladenden Wuchs und eine dichte, zarte Verzweigung. Das Dickenwachstum ist allerdings sehr gering. Sie ist außerordentlich schnittverträglich (vor allem in Bezug auf einen Formschnitt).

- **Stilart und Größe:** Für sämtliche Stilarten geeignet, mit Ausnahme der streng aufrechten und der Literatenform. Man kann sie von mittleren bis zu sehr kleinen Größen ziehen.
- **Besondere Merkmale:** Auffällig sind ihr grüngraues, das ganze Jahr über frische Laub, die rissige Rinde und die blassrosa Blüten mit der gelben Mitte, die den ganzen Sommer über bis zum Herbst erscheinen.
- **Pflege:** Mag die volle Sonne, toleriert jedoch auch Halbschatten. Stets frisch halten und vierzehntäglich von Frühjahr bis Herbst düngen. Das Umtopfen findet alle zwei Jahre im Frühling statt. Das gut durchlüftete Substrat muss leicht sauer sein, zu hohe pH-Werte verursachen Chlorosen am Blatt.
- **Schnitt und Formgebung:** *Winter* - Formschnitt und Drahten. *Frühjahr, Sommer und Anfang Herbst* - Systematisches Pinzieren und Schnitt der jungen Äste, um einen kompakten Wuchs zu fördern und die gewünschte Form zu erhalten.
- **Bonsai-Vermehrung:** Durch Aussaat im Herbst und Winter, natürliche Absenker im Garten, krautige Stecklinge Anfang Sommer oder Pfropfen Anfang Frühjahr.
- **Schädlinge und Krankheiten:** Im Prinzip recht robust. Achten Sie jedoch regelmäßig auf einen etwaigen Befall von Läusen und anderen saugenden Insekten, selten Mehltau, Wurzelfäule bei Vernässung.

Viburnum opulus

Gemeiner Schneeball   Caprifoliaceae

Mittelalter Schneeball im frei aufrechten Stil (Moyogi) *mit beginnender Herbstfärbung.*

Der Gemeine Schneeball ist in Europa, Nord- und Westasien sowie Nordafrika beheimatet und wächst natürlich in Auwäldern und -gebüsch als Begleiter der Fluss- und Bachufer. Er gilt als Feuchtezeiger, d. h. er zeigt sickerfeuchte, nährstoff- und basenreiche Böden an. Der Schneeball ist ein vitaler Strauch mit ausladendem, lockerem, manchmal etwas sparrigem Wuchs, gelapptem, ahornähnlichem Laub, weißen Blütendolden (botanisch korrekt: Trugdolden), die im Sommer von sterilen, großen, weißen Blüten umringt werden, und einer schönen, orangefarbenen, roten und gelben Herbstfärbung sowie leuchtend roten Beeren (schwach giftig, auch als Heilmittel genutzt), die bis weit in den Winter am Strauch bleiben. Er lässt sich dank seiner Schnittverträglichkeit und Vitalität gut als Bonsai gestalten, allerdings ist seine Wildform dem Anfänger nicht unbedingt zu empfehlen. Es gibt neben anderen Varietäten die empfehlenswerte Sorte ›Compacta‹.

- **Stilart und Größe:** Geeignet für die frei aufrechte, geneigte und die windgepeitschte Form, die Kaskaden- und Halbkaskadenform, die Zwillings- und Dreierstammform, die Miniaturlandschaft und die Waldpflanzung sowie für kleine bis große Größen.

- **Besondere Merkmale:** Typisch sind das gelappte, ahornähnliche Laub, die weißen Doldentraubenblüten im Spätsommer, die reiche Herbstfärbung und die leuchtend roten, bis in den Winter haltenden Beeren.

- **Pflege:** Ein Strauch für die volle Sonne, sollte jedoch im Hochsommer eine Schattierung erhalten. Immer feucht halten. Vierzehntäglich vom Frühjahr bis zur Blüte düngen, dann bis zum Herbst einmal monatlich.

- **Schnitt und Formgebung:** *Winter* – Formschnitt und Drahten. Entfernen sämtlicher Triebe im Bodenbereich. *Frühjahr und Sommer* – Pinzieren. Blattschnitt und Schnitt der Zweige an den jungen Trieben.

- **Bonsai-Vermehrung:** Durch Aussaat im Winter oder Frühjahr, natürliche Absenker im Garten, krautige Stecklinge im Sommer oder verholzte Stecklinge im Herbst und Winter.

- **Schädlinge und Krankheiten:** Blatt- und Schildläuse und andere saugende Insekten; Rotpustelkrankheit.

Wisteria sinensis

Chinesische Glyzinie, Chinesischer Blauregen Leguminosaceae

Mittelalter Bonsai in der Stelzenwurzelform (Ne-Agari).

Die in Tieflandwäldern Chinas beheimatete Glyzinie ist ein wüchsiger, laubabwerfender Schlinger, dessen Zweige über 30 m lang werden können. Diese Glyzinie zeichnet sich durch leuchtend grüne, hängende Blätter, lange duftende, blauviolette Blütentrauben im Frühsommer und gelegentlich eine zweite Blüte im Herbst sowie durch lange, sich von links nach rechts windende Triebe aus. Gerade die Chinesische Glyzinie wird besonders gern zur Bonsai-Kultur herangezogen - ist sie doch besonders flexibel, vital und hat zart duftende kurze Blütentrauben.

■ **Stilart und Größe:** Eignet sich für die frei aufrechte, die geneigte und die windgepeitschte Form sowie für die Halbkaskaden- und Kaskadenform, die Wurzel-über-dem-Felsen-Form und die felsenumfassende Form. Man kann sie von mittleren bis extrem großen Größen ziehen.

■ **Besondere Merkmale:** Auffällig sind das leuchtend grüne, hängende Laub, die blauvioletten Blütentrauben im Sommer, die gelegentliche zweite Blüte im Herbst und ihre sich von links nach rechts drehenden Äste.

■ **Pflege:** Liebt sonnige Plätze. Sie sollte das ganze Jahr über feucht gehalten und während sommerlicher Hitzeperioden auf ein mit Wasser gefülltes Tablett gestellt werden. Vor harten Frösten schützen! Gedüngt wird vierzehntäglich von der Blüte bis in den Herbst. Topfen Sie sie alle drei Jahre im Spätwinter oder Anfang Frühjahr um.

■ **Schnitt und Formgebung:** ***Winter*** - Formschnitt. ***Sommer*** - Blattschnitt, Schnitt der Zweige und Äste nach der Blüte. ***Ende Sommer und Herbst*** - Erneuter Astschnitt und Rückschnitt des Neuaustriebs auf zwei oder drei Blattpaare.

■ **Bonsai-Vermehrung:** Durch Aussaat im Herbst, Absenker und Abmoosen im Sommer, verholzte Stecklinge im Winter oder durch Pfropfen am Anfang des Frühlings.

■ **Schädlinge und Krankheiten:** Läuse und andere saugende Insekten.

Glossar

Ableger: siehe Ausläufer.

Abmoosen (Luftableger): Für die Bonsais eine typische Vermehrungsmethode durch Wurzelbildung am nicht abgesenkten Zweig. Die Wurzelbildung wird folgendermaßen angeregt: An der Zweigstelle, an der man die Jungpflanze gewinnen will, schneidet man sowohl auf der Ober- als auch auf der Unterseite knapp unterhalb des Blattaustriebs eine kleine Kerbe, die nur so groß sein darf, dass der Ast stabil bleibt. Um die Anwurzelung zu fördern, kann man ein Wuchsstoffpräparat verwenden. Danach wickelt man die präparierte Astpartie in feuchtes Torfmoos (*Sphagnum*) ein und umschließt die Stelle mit einer Hülle aus Plastikfolie. Darauf achten, dass die abgemooste Partie hermetisch an den zwei Enden geschlossen wird. Wurzeln erscheinen nach mehreren Monaten. Das Moos darf nicht austrocknen, aber auch nicht nass werden (Fäulnisgefahr). Wenn sich genügend gut entwickelte Wurzeln zeigen, Hülle entfernen, unterhalb der neu gebildeten Wurzeln abschneiden und in gut vorbereitetes Substrat einsetzen.

Absenker: Ein vegetatives Vermehrungsverfahren, das darin besteht, einen Sprossteil oder Zweig zur Wurzelbildung bis zum Boden zu biegen. Bei verholzten Trieben Rinde leicht einschneiden. Der z. B. durch einen Stein auf den Boden gedrückte Trieb (Zweig) bleibt bis zur Bildung kräftiger Wurzeln in dieser Position. Danach wird der Stein entfernt und der Trieb von der Mutterpflanze getrennt und in ein zusagendes Substrat eingetopft.

Adelges, Adelgidae: Zur Gruppe der Blattläuse (Tannen-, Fichten- und Tannengallläuse) zählende kleine, saugende Insekten am Nadelholz. Sie besitzen Wachsdrüsen und sondern damit eine helle flaumartige Substanz ab. Die Schäden reichen je nach Art und Stadium von einfachen ästhetischen Beeinträchtigungen (u. a. ananasähnliche Gallbildung) bis zum Absterben des Baumes (Totalverlust der Nadeln).

Akadama: Ein aus Japan importiertes, braunrotes Tongranulat, das traditionell für die Bonsai-Zucht in Japan verwendet wird. Es handelt sich um ein sehr gut dränierendes, formstabiles, langsam zersetzendes, sehr nährstoffarmes Bodensubstrat.

Akrotonie: Förderung des Wachstums der Gipfelknospe (z. B. Fichte).

Anisophyllie: Man trifft unterschiedliche Blattgestalten an einer Pflanze oft an einem Trieb oder Knoten an. Am bekanntesten sind die sehr unterschiedlichen, meist schwerkraftbedingten Blattgrößen bei Ahorn und Rosskastanie.

Ausläufer *(Stolonen)*: Oberirdisch bzw. unterirdisch kriechende, verlängerte Seitensprosse einer Pflanze.

Baumkrebs: Dieses Phänomen ist oft auf mechanische Verletzungen, Frostrisse etc. zurückzuführen. Bruchstellen und offene Rindenverletzungen werden von bestimmten Bakterien oder Pilzen infiziert. Dabei kann es zu einer Massenausbreitung der Krankheitskeime kommen, wobei die Wundheilung oft erfolglos bleibt. Wenn größere Bereiche befallen sind, kann es zum Absterben der Partien führen, die sich über der Zone der Ursprungsinfektion befinden, und manchmal sogar den Tod der ganzen Pflanze herbeiführen. Man kann den Baumkrebs vermeiden, indem man die Pflanze ausgewogen ernährt, angepasst wässert und auf eine gute Hygiene achtet. Befallene Teile müssen sorgfältig entfernt werden, diese Operation kann sich über mehrere Jahre hinziehen. Manchmal bleibt nichts anderes übrig, als den ganzen Baum zu entfernen.

Birken-Blattwespen: Sie gehört zur artenreichen Gruppe der Echten Blattwespen, die sehr viele Laub- und Nadelbaumarten befallen und manchmal sehr schädlich sein können. Dazu zählt auch die Birken-Blattwespe *Fenusa pusilla*. Die Larven dieser kleinen Blattwespe minieren in Birkenblättern. Die Blattwespe legt die Eier auf die Blattrückseite oder auf den Boden. Die Larven ernähren sich, indem sie Gänge in das Blattgewebe fressen. Die fertige Larve lässt sich zu Boden fallen, wo sie sich anschließend verpuppt und nun ihrerseits zur geschlechtsreifen Blattwespe umwandelt. Der manchmal völlig kahl gefressene Baum sieht dramatisch aus, erholt sich gewöhnlich rasch und produziert neue Blätter. Gestresste Gehölze sind am verletzlichsten. Vorbeugen mit angepasster Pflege wie Wässerung und Düngung.

Blattfleckenkrankheit: Diese wird in überwiegender Mehrzahl durch mehr oder weniger aggressive Pilzarten verursacht, deren Erscheinungsform sehr unterschiedlich ist und von runden bis ovalen Blattflecken und -punkten reicht. Diese Flecken sind weißlich, manchmal bräunlich, grau bis schwarz gefärbt. Die Wucherung dieser Pilze führt zuweilen zur Blattwelke, zum Absterben des Blattes und zum verfrühten Blattfall. Man muss alle verseuchten Blätter absammeln und verbrennen und die Pflanze mit einem systemischen Fungizid behandeln. Bekannt sind die Teerfleckenkrankheit des Ahorns (*Rhytisma acerinum*), Blattbräune der Buche und Platane (*Gnomonia errabunda*), Blattbräune bei Kirsche (*Apiognomonia erythrostoma*).

Blattläuse *(Aphidina)*: Kleine, Pflanzensaft saugende, sehr artenreiche Insektengruppe. Kaum eine Pflanze ist vor dem Blattlausbefall geschützt. Unter den Blattläusen gibt es Nahrungsspezialisten (ohne Wirtswechsel) und solche mit einem breiteren Ernährungsspektrum (mit Wirtswechsel). Die Blattläuse sondern einen Honigtau ab, der die Entwicklung des vor allem unästhetisch aussehenden Rußtaupilzes fördert. Sie übertragen auch Virenkrankheiten. Die Bekämpfung kann in verschiedener Weise durch Absammeln und Abspritzen erfolgen; wirksam sind natürliche Räuber wie Marienkäfer, Florfliege, Schlupfwespen etc. (alles im Spezialhandel zu erwerben). Besonders gefährliche Arten können auch mit systemischen Insektiziden bekämpft werden. Der richtige Platz für den Bonsai oder stickstoffarme Düngermischungen können den Befall ebenfalls deutlich reduzieren oder zur Vorbeugung eingesetzt werden.

Blutläuse (*Eriosomatidae*): Einige zuweilen recht schädliche Blattlausarten. Der Körper ist in manchen Entwicklungsstadien geschützt. Sie umhüllen sich mit einer weißen und wachsartigen Substanz – einem Schlafsack ähnlich. Sie besiedeln Stamm und Zweige, manchmal auch den Wurzelanlauf des Bonsai. Die Wachsdecke schützt so gut, dass es sehr schwierig ist, sich von diesen Schädlingen zu befreien. Bei akutem Befall empfiehlt sich der Einsatz von systemischen Insektiziden. Man kann sie auch mit Methylalkohol abtöten, muss dabei aber unbedingt darauf achten, den Rest der Pflanze nicht zu beschädigen.

Borkenkäfer (*Scolytidae*): Es handelt sich um eine artenreiche Käfergruppe. Weibchen und Larven erzeugen arttypische Fraßgänge, häufig dicht unter der Borke und oft im Nadelholz, wo sie schwere Schäden verursachen können, indem sie den Saftfluss unterbrechen und bestimmte Pilze für ihre Ernährung züchten, die in den Fraßgängen regelrecht zu Rasen wuchern. Die Rinde kann sich lösen. Das Absterben von Zweigen und bei Massenvermehrung manchmal sogar des ganzen Baumes ist die Folge. Die Larven verschlimmern noch die Schäden, indem sie Fraßgänge quer oder sternförmig zum Muttergang graben. Der Ulmensplintkäfer (*Ceratocystis ulmi*), der Überträger der berüchtigten Holländischen Ulmenkrankheit, gehört beispielsweise zur Familie der Borkenkäfer. Infiziertes Holz muss entfernt und sofort verbrannt werden. Vorbeugend mit Phosphor-Kalium-Mischung düngen. Schlupfwespen, Ameisenbuntkäfer etc. sind natürliche Feinde des Borkenkäfers. Im Notfall ein Insektengift einsetzen.

Bupestres: siehe Prachtkäfer.

Chlorose: Gelbfärbung oder Ausbleichen des Laubs, meistens auf einen Rückgang des Chlorophylls zurückzuführen, allgemein die Folge eines Mineralmangels, oft durch Herausschwemmen von Mineralien, durch einen falschen pH-Wert oder durch übermäßiges Wässern verursacht. Auch ein falsches Substrat, Wassermangel oder zu geringe Düngergaben können zu Chlorosen führen.

Echter Mehltau (*Oidium*): Eine Pilzinfektion an vielen Pflanzen; die Pilze bilden einen grauweißlichen mehlartigen Belag auf den Blättern, Zweigen, Frucht- und Blütenständen und treiben »Saugfüße« in das Pflanzengewebe. *Oidium* breitet sich schnell aus und schränkt nicht nur die Fotosynthese ein, sondern schadet der Gesundheit der Pflanze. Diese Sporenausbreitung wird besonders in warmer, trockener Witterung begünstigt. Wenn die ersten Symptome auftreten, ist der Pilz nur noch schwer zu bekämpfen. Regelmäßige Kontrollen durchführen. Frühzeitiger Einsatz von Netzschwefel empfiehlt sich für empfindliche Pflanzen. Im Notfall Bekämpfung mit wechselnden Fungizid-Wirkstoffgruppen, um die Resistenz des Pilzes zu verhindern – am besten die Behandlung einem Fachmann überlassen. Alle Blätter und verseuchten Zweige müssen entfernt und verbrannt werden.

Entrinden: Verfahren, um den Eindruck eines alten Baumes zu erzeugen. Man entrindet einen großen Stammholzbereich, wobei das freigelegte Holz zusätzlich gebleicht wird, um den Alterungseffekt zu steigern.

Feuerbrand (*Erwinia amylovora*): Sehr infektiöse und gefährliche Bakterienkrankheit (aus Nordamerika eingeschleppt), welche Kernobst (Apfel, Birne) sowie nah verwandte Ziergehölze (Weißdorn, Felsenmispel, Feuerdorn, Elsbeere etc.) befällt. Die Symptome sind Blatt- und Blütenwelken. Anschließend verfärbt sich das erkrankte Gewebe schwarz, trocknet aus. Die Infektion breitet sich rasch über die gesamte Krone aus. Schließlich stirbt der Baum ab. Die Bakterien überwintern im Holz. Im Frühjahr – bei warmer, feuchter Witterung – vermehren sich die Keime massenhaft. Verseuchtes Holz muss unbedingt entfernt und umgehend verbrannt werden. Eine Behandlung z. B. durch Streptomycin kann zum Erfolg führen, ist aber nur durch einen autorisierten Fachmann möglich. Sonst stehen keine chemischen Mittel zur Bekämpfung zur Verfügung.

Gallmilben: siehe Phytoptes.

Hexenbesen: Die abnorme Astbildung führt zu buschartigen Verwachsungen an bestimmten Baumarten. Zahllose, stark zusammengedrängte Seitenäste auf engem Raum erzeugen einen besen- oder bürstenartigen Eindruck. Manchmal erinnern die Hexenbesen auch an Vogelnester oder an einen kugelförmigen Zwergbusch. Ursächlich für diese Wachstumsanomalie können verschiedene Faktoren sein: u. a. Pilze, genetische Veränderung wie Knospenmutation, Milben, Blattläuse, bestimmte Blütenpflanzen, und umweltbedingter Stress. Ahorne (*Acer*), Weiden (*Salix*), Kiefern (*Pinus*) und Fichten (*Picea*) sind besonders anfällig. Zur Bekämpfung gibt es kein chemisches oder biologisches Gegenmittel. Es bleibt nur das Abschneiden der befallenen Partie, wenn es nicht in das Formkonzept passen will.

Hybriden: Darunter versteht man eine Pflanze, die durch Kreuzung von Eltern verschiedener Sorten, Varietäten oder Arten hervorgegangen ist, um spezifische Eigenschaften zu erzielen.

Ilex-Minierfliegen (*Phytomyza ilicis*): Die Larven der kleinen Fliege minieren in den Blättern der Stechpalme (*Ilex*). Die breiten, plätzigen, hellen Gänge sind deutlich zu sehen. Bekämpfung durch Absammeln der befallenen Blätter.

Immergrün: Bezeichnet eine Pflanzengruppe, die während des ganzen Jahres belaubt ist, also auch im Winter. Die meisten Nadelbäume, aber auch viele Laubbäume gelten als immergrün. Es gibt auch Übergangsformen, die in milderen Zonen und Winterperioden ihr Laub behalten, es aber bei starkem Frost abwerfen (z. B. Liguster). Solche Gehölze werden als halb immergrün bezeichnet.

Internodium: Sprossabschnitt zwischen zwei Nodien oder Knoten (siehe Nodium). Je früher der Mitteltrieb aus dem ersten Blattpaar entfernt wird, desto kürzer wird das Internodium – also der Abstand zwischen den Abzweigungen.

Jin: Eine Methode, um einen Alterungseffekt durch absichtlich beschädigte Äste zu erzielen. Man kann solche Äste abbrechen, entrinden, nachbearbeiten und bleichen und ihnen durch geschickte Manipulation ein überzeugend natürliches Aussehen verleihen.

Kohlweißlinge (*Pieris*): Der bekannte Kohlschädling besitzt einen nahen Verwandten, den Baumweißling (*Aporia crataegi*), der sich von Weißdorn, Schlehe, Apfel, Birne etc. ernährt. Gelbe Eihaufen (Eispiegel) auf der Blattoberseite. Die düsteren Raupen bilden Gespinstnester und fressen an Knospen, Blättern und Blüten. Die Schäden reichen bis zum Kahlfraß. Dieser Schmetterling ist allerdings mit Ausnahme der wärmsten Gebiete in Deutschland recht selten geworden. Bekämpfung durch Absammeln.

Laubabwerfende Bäume: Gehölze, die ihre Blätter oder ihre Nadeln im Winter verlieren.

Maikäfer (*Melolontha*): Gehören zu den Blatthornkäfern (*Scarabaeidae*). Zwei Arten, hauptsächlich in Mitteleuropa. Er ist der bekannteste braune, große Käfer, kann bei Massenauftreten das Laub der Bäume völlig kahl fressen, doch regenerieren sich die meisten Bäume. Andererseits können die im Boden lebenden Engerlinge schwere Fraßschäden an den Wurzeln der Pflanzen verursachen. Bekämpfung durch Absammeln.

Mehltau: Pilzkrankheit, die fast alle Pflanzen befallen kann. Kleine gelb-grünliche Flecken erscheinen auf den Blättern, während sich weiße Flecken an der Unterseite bilden. Zunächst wird die Fotosynthese eingeschränkt, schließlich welkt das Blatt. Bei einer schweren Infektion kann die Pflanze stark geschädigt werden und absterben. Dieser Pilz vermehrt sich besonders gut in kalter und feuchter Witterung. Man bekämpft den Mehltau mit einem Fungizid auf Schwefelbasis und indem man alle Zweige und verseuchten Blätter entfernt und verbrennt. Gutes Wässern ist wichtig. Stickstoffarme Dünger ausbringen, um die Entwicklung neuer Triebe zu begrenzen – dem Hauptziel des Mehltaus.

Mottenschildläuse (*Aleurodes*): Ein kleines, weiß geflügeltes, an winzige Motten erinnerndes, Phloem-Saft saugendes Insekt. Als wärmeliebendes Insekt in Gewächshäusern, aber auch an geschützten Stellen im Freiland zu finden. *Aleurodes* versammeln sich an der Unterseite der Blätter und oft an den Blütenknospen. Wenn man sie stört, fliegen sie davon und bilden manchmal regelrecht eine kleine Wolke. Bei starkem Befall überdeckt Honigtau (eigentlich der Kot) fast die gesamte Pflanze, der sie schwächt und gleichzeitig Nährboden für schädliche Pilze ist. Schäden entstehen auch durch die Saugtätigkeit an den Blättern, die welken und sich kräuseln und bei Massenbefall auch zum Absterben der Pflanze führen können. Bei ersten Anzeichen von Befall muss die Pflanze einen gut durchlüfteten Platz erhalten. Bei Massenbefall hilft nur noch ein systemisches Insektengift.

Nodium: Knoten, Sprossverdickung, Verbindungsstelle zwischen Blatt und Stamm bzw. der Ort, an dem sich ein Blatt oder eine Seitensprosse entwickeln kann.

Pfropfen, Veredeln: Vegetative Vermehrungsmethode von verholzenden Pflanzen, die darin besteht, einen Sprossteil oder ein Edelreis mit dem Wurzelsystem oder einer Unterlage dauerhaft zu verbinden. Man veredelt u. a., um mit der Wurzelunterlage die Sorte besser an den Boden anzupassen, sie widerstandsfähiger gegen Wurzelkrankheiten zu machen, die Sortenreinheit mit all ihren bekannten Eigenschaften zu erhalten und schwachwüchsigen Sorten ein Überleben zu ermöglichen.

Phytoptes (Gallmilben/Rostmilben): Wurmförmige, winzige Milben mit nur zwei Beinpaaren. Sie legen ihre Eier in die Knospen bestimmter Baumarten wie z. B. Ahorn (*Acer*), Esche (*Fraxinus*), Birke (*Betula*), Pappel (*Populus*) und Linde (*Tilia*). Die Schäden, die durch die Larven und deren abgesonderte Hormone hervorgerufen werden, verursachen Verformungen und Gallen. In bestimmten Fällen gleicht dies einem Blatt, das sich selbst auf einer Blase aufrollt, oder einer Knospe bzw. einer verformten Blume. Die Schäden sind unästhetisch, aber nicht tödlich. Viele Baumarten haben ihre eigene, nur auf sie spezialisierte Gallmilbenart. Man bekämpft sie durch Abschneiden der betroffenen Blätter oder Partien.

Prachtkäfer (*Bupestres*): Sortenreiche, oft prächtig gefärbte Käferfamilie mit Holz fressenden Larven, hauptsächlich Nadelholzschädlinge, aber auch Laubholz bleibt nicht verschont (siehe Borkenkäfer).

Prozessionsspinner (*Thaumetopoeidae*): Die bedeutendste Art ist der Kiefernprozessionsspinner (*Thaumetopoea pinivora*), der viele Kiefernarten, seltener andere Nadel- oder sogar Laubbäume befällt. Seine Raupe bildet lange »Prozessionszüge« auf der Suche nach Nahrung. Sie ernähren sich von Nadeln, und bei Massenbefall kann es zu Kahlfraß kommen. In Mitteleuropa ist dieser Schmetterling weniger aggressiv als in den mediterranen Ländern. Der Eichenprozessionsspinner (*Thaumetopoea processionea*) hat eine ähnliche Lebensweise wie der Kiefernprozessionsspinner, lebt auf Eichen und richtet dort zuweilen großen Schaden an. Beim Bonsai ist die beste Lösung das Absammeln von Hand (Vorsicht! Raupen besitzen Gifthaare). Die Eier sind leicht zu entdecken und zu entfernen.

Pun-sai: Sehr alte, in China praktizierte Form des Bonsai. Früheste Belege stammen aus der Han-Dynastie (ab 206 v. Chr.) *Pun-sai* bedeutet *Baum ohne Landschaft in einem Gefäß* und gilt als Ursprung für das japanische Wort *Bonsai*. Der Baum ähnelt oft legendären Tieren und Vögeln.

Raupen: Larven der Tag- und Nachtschmetterlinge sowie der Motten, aber auch der Blattwespen. Sie sind verantwortlich für eine Reihe von Schäden an den Bonsais, die bis zur völligen Entlaubung gehen können. Die meisten leben auf den Blättern oder Trieben. Andere minieren in den Blättern, weitere rollen sie ein oder wickeln sie für ihren Nestbau mit von ihnen produzierter Seide auf. Einige ernähren sich von der Rinde. Biologisch lassen sie sich u. a. durch Schlupfwespen eliminieren. Um sie zu bekämpfen, sammelt man sie von Hand ab. Minierende oder sonst schwer auffindbare Raupen kann man mit einem systemischen Insektengift oder einem Kontaktgift bekämpfen.

Regenerationstriebe: Sie bilden sich nach der Schnittbehandlung. Hierbei entwickeln sich die unterhalb der Schnittstelle in der Achsel des Knotens (Blattansatz oder Nodium) liegenden »schlafenden Augen« zu neuen Trieben. Das Regenerationsvermögen der Bäume ist unterschiedlich ausgeprägt. Die Kenntnis des Wechselspiels von Schnitt, Pinzieren, Blattschnitt und ähnlichen Techniken einerseits und dem Regenerationsverhalten des Baumes andererseits ist eine der wichtigsten Grundlagen für die fachgerechte Behandlung des Bonsai.

Rhododendronerde: Ein torfiges, kalkfreies Mischsubstrat mit niedrigem pH-Wert, das sich auch für alle anderen Pflanzen mit ähnlichen Bodenansprüchen (Moor- und Heideböden) wie Azaleen, Erika, Heidelbeeren u. a. eignet.

Rost: Dieser Begriff umfasst eine der größten, ausschließlich parasitisch lebenden Pilzgruppen (*Urediniomycetes*), die häufig ernsthafte Schäden verursachen. Sie befallen unzählige Pflanzenarten. Es gibt Rostpilze, die im Laufe ihres Lebenszyklus den pflanzlichen Wirt wechseln (Heterözische Rostpilze) und solche, die sich ausschließlich auf einem Wirt entwickeln (Autözische Rostpilze). Sichtbar wird ein Befall meist auf der Blattunterseite durch warzenähnliche Sporenlager, welche staubförmige, rostfarbene Sporen enthalten. An den befallenen Stellen ist die Blattoberseite meist aufgehellt. Das befallene Blatt stirbt rasch ab, und die Sporen können die Wirtspflanze weiter infizieren und so erheblich schädigen. Man bekämpft den Rostpilz mit einem Fungizid und verbrennt umgehend verseuchte Pflanzenteile.

Rote Spinnen: Diese kleinen, rot gefärbten Spinnentiere weben ein seidiges Netz zwischen den Ästen, Laub und Nadeln der Bäume. Sie greifen nicht nur Laubholz, sondern auch Nadelholz an. Zunächst verfärbt sich das Laub gelb, danach braun, bevor es abfällt. Diese Spinnen finden ihr Optimum in trockenen, warmen Perioden und überwintern in den Bäumen. Die Spinnmilbe ist sehr schwierig zu bekämpfen. Hierfür eignen sich im Handel erhältliche Raubmilben. Bei hartnäckigem Befall hilft ein chemisches Spinnmilben-Bekämpfungsmittel. Eine weitere Methode besteht im Absprühen der befallenen Pflanzen, um die Feuchtigkeit zu erhöhen.

Rotpustelkrankheit (*Nectria cinnabarina*): Korallenrote Pusteln erscheinen auf der Rinde des Baumes, im Allgemeinen auf totem oder sehr geschwächtem Holz; sind auf den Pilz *Nectria cinnabarina* zurückzuführen. Gewöhnlich lebt der Pilz saprophytisch (also nicht parasitisch) auf der Rinde von Bäumen. Ist der Baum aber geschwächt, befällt er das lebende Gewebe des Baumes. Hat die Rotpustelkrankheit den Stamm eines Baumes befallen, dann ist er kaum zu retten. Besonders gefährdet sind Ahorn, Ulme, Linde, Rosskastanie. Der Pilz vergiftet das Gewebe und verstopft die Gefäße. Dadurch kommt es zum plötzlichen Abwelken des Baumes. Befallene Teile kappen, verseuchtes Holz und Falllaub sofort verbrennen. Verseuchte Äste zeugen von falschen Kulturbedingungen: Verbessern Sie das Dünge- und Wässerungsprogramm, um den Baum gesund zu halten.

Rüsselkäfer: Die artenreichste Käferfamilie, gut zu erkennen an der mehr oder weniger stark rüsselartig vorgezogenen Kopfpartie. Imago (erwachsenes Tier) und Larven ernähren sich vegetarisch. Je nach Rüsselkäferart hinterlassen sie charakteristische Fraßspuren an Blättern, Nadeln und Rinde. Die fußlosen Larven entwickeln sich im Boden und ernähren sich von den Wurzeln der Pflanze. Die ersten Anzeichen von Befall bemerkt man häufig erst, wenn es zu spät ist, denn die Pflanze stirbt plötzlich ohne offensichtlichen Grund ab. Folgt eine Bodenuntersuchung, stößt man auf kleine bis dralle weiße Larven. Vorbeugend ist eine regelmäßige Inspektion des Substrates empfehlenswert. Enthält die Erde Eier oder Larven, muss sie durch gesundes Substrat ausgetauscht werden. Beim erwachsenen Rüsselkäfer reicht nächtliches Absammeln. Eine biologische Bekämpfung kann durch bestimmte, im Fachhandel erhältliche Fadenwürmer (Nematoden) erfolgen.

Schwarzfleckigkeit (*Marssonia rosae*): Schwarze Blattflecken, die auf den Sternrußtau-Strahlenpilz *Marssonia rosae* zurückzuführen sind, der in der Regel Rosen, aber auch andere Mitglieder der *Rosaceae* befällt. Der aggressive Pilz verursacht unästhetische stumpfbraune bis schwarzviolette Flecken auf den Blättern, die zu einem vorzeitigen Blattverlust führen. Die Schwarzfleckigkeit tritt besonders bei feuchter Witterung auf und breitet sich aus, wenn man die Blätter mit Wasser bespritzt. Abhilfe durch Absammeln und Verbrennen aller verseuchten Blätter und durch eine Behandlung mit einem Fungizid (Kupfer- oder Schwefelmittel). Die Widerstandskraft wird vorbeugend durch eine gut dosierte Düngung verbessert.

Shari: Eine Methode zur »künstlichen Alterung«, die darin besteht, vor allem Bereiche des Hauptstammes so geschickt zu entrinden und zu bleichen, als wäre es von Natur aus geschehen.

Shint (Shintoismus): Animistischer Kult aus Japan, aus dem Erleben der Natur und der Seele entwickelte religiöse Vorstellungen. So werden z. B. Naturerscheinungen wie Felsen, Gewässer und Bäume verehrt.

Shin-zen-bi: Die drei Grundtugenden und -prinzipien für die Gestaltung eines Bonsai: Wahrheit, Güte und Schönheit.

Stecklinge, krautige: Eine vegetative Vermehrungsmethode durch weiche, noch nicht verholzte Triebe. Zur Stecklingsgewinnung werden die diesjährigen Triebe im Allgemeinen ab Frühlingsende bis in den frühen Sommer hinein entnommen, zu einem Zeitpunkt, an dem das Gewebe noch weich und flexibel ist.

Stecklinge, verholzte: Holzige Stecklinge werden zum Schluss der Wachstumssaison (im Allgemeinen im Herbst oder im Winter) entnommen, sodass diese Zeit gehabt haben, auszureifen und während des Sommers zu verholzen. Die Triebe für das Stecklingsmaterial können schon mehrere Jahre alt sein und fallen z. B. bei Schnittmaßnahmen an. Auch zur »falschen« Zeit gewonnene Stecklinge können bei richtiger Behandlung durchaus anwurzeln – eine vegetative Vermehrungsmethode.

Teilung: Eine vegetative Vermehrungsmethode, die darin besteht, eine Pflanze mit einem Messer oder anderem geeigneten scharfen Werkzeug so in zwei oder mehr Sektionen zu teilen, dass jedes Teilstück eine überlebensfähige Pflanze ergibt – jede mit Wurzeln und Sprossteil. Anschließend werden die geteilten Pflanzen separat in das Substrat gepflanzt.

Tokonoma: Traditionelle Alkoven bzw. Schmucknischen in japanischen Wohnungen zur Präsentation von Bonsais. In der Regel ein Ort der Verehrung und Meditation.

Veredelungsunterlage: Sehr wüchsige Pflanze, deren Wurzelsystem als Pfropfunterlage für das Edelreis dient. Bei mangelnder Pflege kann sich aus der Unterlage ein eigener Spross entwickeln und das Edelreis schließlich verdrängen (siehe Pfropfen).

Verzweigung, strauchige (Basitonie): Hier handelt es sich um Sprossen, die sich in Bodennähe an der Basis der Pflanze verzweigen, wie z. B. beim Haselstrauch (*Corylus*). Am Bonsai sind sie meist unerwünscht, da sie die Ausformung einer Baumgestalt verhindern.

Welke und Nekrosen: An Zweigen verursacht durch unterschiedliche Faktoren und Faktorengruppen, die manchmal zum Tod der Pflanze führen. Diese Symptome sind an Nadel- wie auch an Laubbäumen zu beobachten und sowohl auf biotische als auch abiotische Faktoren zurückzuführen. Lange Trockenperioden, starker Frost, Besiedelung durch Borkenkäfer, Rüsselkäferlarven, Bakterien- oder Pilzinfektionen können zur Welke und zum Absterben (Nekrosen) der geschädigten Partien führen. Geschädigtes bzw. befallenes Holz entfernen und verbrennen. Vorbeugend hilft eine gute Bodenfruchtbarkeit mit einem ausgeglichenem Nährstoff- und Wasserhaushalt. Die Bodenqualität wird u. a. durch eine Phosphor- und Kaliumgabe und durch richtiges Wässern verbessert und aufrechterhalten und damit indirekt die Widerstandskraft der Pflanze gefördert.

Wickler (*Tortricidae*): Nachtschmetterlinge. Bei Massenvermehrung können die Raupen große Fraßschäden an verschiedenen Baumarten (Kiefer, Fichte, Eiche, Lärche, Obstbäumen) verursachen. Für die Verpuppung wickeln die Raupen mancher Wicklerarten mit Gespinstfäden das Blatt auf. Die Schadsymptome sind vielgestaltig: u. a. Blattnekrosen, posthornartige Triebbildungen, Harzgallen. Man bekämpft den Wickler durch Absammeln der Eier oder der Raupen. Der Wickler kann aber auch durch Schlupfwespen bekämpft werden oder in schlimmen Fällen durch ein Insektizid.

Woll- oder Schmierläuse (*Pseudococcidae*): Sie gehören zur Gruppe der Pflanzensaft saugenden Schildläuse, besitzen aber keinen gepanzerten Rückenschild. Oft starke wollartige Wachsproduktion zu ihrem eigenen Schutz. Sie kolonisieren Buchen (Buchenwolllaus), Ulmen (Ulmenschildlaus), Esche (Eschenwolllaus), Ahorn (Ahornschmierlaus). Diese Lausarten verursachen Blattvergilbungen und vorzeitigen Laubfall. Die biologische Bekämpfung ist schwierig, da sie durch ihren Wachsflaum gut geschützt sind, aber möglich. Bei zu starkem Befall bleibt nur der Einsatz von systemischen Insektiziden. Lokal kann man sie auch mit Methylalkohol abtöten – behutsam anwenden, um die Pflanze nicht zu schädigen.

Wundverschlussmittel: Wundwachs, Baumharze und Baumteere sind Wundverschlussmittel mit kitt- oder zähflüssiger Beschaffenheit. Es wird angewendet, um größere Schnittwunden zu verschließen und zu desinfizieren, um das Eindringen schädlicher Pilze und anderer Parasiten in das pflanzliche Gewebe zu verhindern. Anmerkung: Dieses Thema wird in Fachkreisen zunehmend kontrovers diskutiert, d. h., viele Experten sind der Ansicht, dass Wundverschlussmittel mehr oder weniger unwirksam, wenn nicht gar schädlich sind, weil der Baum sich angeblich selbst am wirkungsvollsten schützen könne (u. a. Alex Shigo). Achtung: Nur im Pflanzenschutzmittel-Verzeichnis aufgelistete Mittel verwenden.

Wurzelfäule: Sie entsteht in den verholzten Wurzeln, manchmal auch an der Stammbasis im Übergangsbereich des Bodens, z. B. bei Verletzungen. Dabei entwickelt sich eine schwammige, braune Zone, die die Fäulnis des Holzes einleitet. Die Fäulnis ist auf eine Zersetzung der holzigen Struktur zurückzuführen, die durch feuchtigkeitsliebende Mikroorganismen und Pilze verursacht wurde. Die Wurzelfäulnis kann nicht nur zur Reduzierung der Wurzelmasse, sondern auch zum Absterben der Pflanze führen. Ist das Wurzelsystem weitgehend zerstört, verwelkt das Laub und fällt vorzeitig ab. Treten diese Symptome auf, ist der Baum nicht mehr zu retten. Vorbeugend ist eine Vernässung unbedingt zu vermeiden und auf eine gute Dränage zu achten.

Wurzeltriebe oder -sprossen: Entstehen im Kambium älterer Wurzeln. Ähnliche Triebe entstehen aus unterirdischen Ausläufern und Rhizomen, sind also streng genommen keine Wurzel-, sondern Sprosstriebe. Sie tauchen meist in Stammnähe aus dem Boden auf. Manche Baumarten neigen besonders zur Ausbildung von Wurzeltrieben. Sie sind zu entfernen, es sei denn, sie passen zum beabsichtigten Stil.

Yatsubusa: Zwergwüchsige Varietäten mit sehr dichtem Knospenwachstum, stark gestauchten Internodien und Miniaturbelaubung. Mit speziellen Behandlungsmethoden lassen sich solche Zwergformen auch aus normalwüchsigen Gehölzen ausformen (z. B. mit Stauchmitteln).

Register

A

Acer buergerianum 96
Acer campestre 97
Acer griseum 98
Acer grosseri var. *hersii* 99
Acer palmatum 100
Acer palmatum ›Deshôjô‹ 101
Acer palmatum ›Dissectum‹ 102
Acer palmatum ›Kashima‹ 103
Acer palmatum ›Katsura‹ 104
Acer palmatum ›Kiyohime‹ 105
Acer palmatum ›Seigen‹ 106
Acer palmatum ›Ukon‹ 107
Acer platanoides 108
Acer tataricum ssp. *ginnala* 109
Aesculus hippocastaneum 110
Amberbaum, Amerikanischer 128
Amur-Ahorn 109
Andenstrauch, Roter 151
Apfeljambuse 91
Aspe 133
Astschnitt 36
Azalee, Stumpfblättrige 168

B

Bambus 161
Bäume aus der freien Natur 42
Baum der tausend Sterne 170
Berberis thunbergii ›Atropurpurea‹ 174
Bergkiefer 79 - 81
Betula nana 111
Betula pendula 112
Betula pubescens 113
Bewässerungsmethoden 45
Birke, Arktische 111
Blasenspiere, Goldgelbe ›Dart's Gold‹ 182
Blauregen, Chinesischer 185
Blutberberitze 174
Blutbuche 125
Bonsai-Gestaltung 12 - 13
Bonsai-Kauf 42
Bonsai-Pflege 44 - 57
Bonsai-Substrate 24, 25
Brautmyrte 159
Buchsbaum 148
Buddhisteneibe 89
Buxus sempervirens 148

C

Capsicum frutescens 114
Caragana arborescens 115
Carmona microphylla 149
Carpinus betulus 116
Carpinus betulus ›Variegata‹ 117
Carpinus orientalis 118
Carpinus turczaninowii 119
Castanea sativa 120
Cayennepfeffer 114
Cedrus deodara ›Aurea‹ 60
Chaenomeles x *superba* 175
Chamaecyparis obtusa ›Nana Gracilis‹ 61
Chamaecyparis pisifera ›Boulevard‹ 62
Chili 114
Cornus mas 121
Corylus avellana 122
Corylus avellana ›Contorta‹ 176
Cotinus coggygria 177
Cotoneaster horizontalis 178
Cotoneaster mirophyllus 150
Cotoneaster simonsii 179
Crataegus monogyna 123
Cryptomeria japonica 63
Cryptomeria japonica ›Bandai-sugi‹ 64
Cryptomeria japonica ›Elegans‹ 65
Cryptomeria japonica ›Spiralis‹ 66

D

Dreispitzahorn 96
Dünger 48 - 50

E

Eberesche 141
Edelkastanie 120
Efeu 152
Eibe, Gemeine 93
Eiche, Deutsche 139
Eisenholzbaum 74, 132
Eisenholz, Persisches 132
Erbsenbaum, Gemeiner 115
Escallonia rubra var. *macrantha* 151
Escallonie, Rote 151
Esche, Gemeine 126
Espe 133
Esskastanie 120

F

Fächerahorn 100 - 107
Fächerahorn ›Deshôjô‹ 101
Fächerahorn, Geschlitzter 102
Fächerahorn, Grüner ›Kashima‹ 103
Fächerahorn, Japanischer ›Seigen‹ 106
Fächerahorn ›Katsura‹ 104
Fächerahorn ›Kiyohime‹ 105
Fagus sylvatica f. *heterophylla* 124
Fagus sylvatica ›Purpurea Riversii‹ 125
Feldahorn 97
Felsenmispel 179
Feuer-Ahorn 109
Feuerdorn 163, 164
Föhre 84
Forsythia x *intermedia* ›Lynwood‹ 180
Fraxinus excelsior 126
Fuchsschwanzkiefer 78
Fukientee 149

G

Gartenforsythie 180
Ginkgo biloba 67
Glyzinie, Chinesische 185
Granatapfel 137
Grannenkiefer 78

H

Hainbuche, Buntblättrige 117
Hainbuche, Gemeine 116
Hainbuche, Koreanische 119
Hainbuche, Orientalische 118
Hängebirke 112
Hasel, Gewöhnliche 122
Hedera helix 152
Himalajazeder 60
Himmelsbambus 160
Hinoki-Scheinzypresse 61
Holzapfelbaum 131

I

Igelwacholder 71
Ilex crenata 68
Immergrüne Bäume 58 - 93
Immergrüne Stäucher 146 - 171

J

Jacaranda 127
Jacaranda mimosifolia 127
Japan-Apfel 130
Jasminum nudiflorum 181
Juniperus chinensis ›Blaauw‹ 69
Juniperus chinensis ›Shimpaku‹ 70
Juniperus rigida 71
Junischnee 170 - 171

K

Kerzen, Entfernen von Kiefern 33
Kiefer, Gemeine 84, 85
Kokosbesen 26
Korkenzieherhasel 176
Kornelkirsche 121
Kurume-Azalee, Japanische 168

L

Lärche, Europäische 72
Lärche, Japanische 73
Larix decidua 72
Larix kaempferi 73
Latsche 79
Laubabwerfende Bäume 95 - 145
Laubabwerfende Sträucher 172 - 185

Legföhre 79
Licht 46
Liguster, Chinesischer 154, 155
Liguster, Wintergrüner 153
Ligustrum ovalifolium 153
Ligustrum sinense 154
Ligustrum sinense >Variegatum< 155
Liquidambar styraciflua 128
Liriodendron tulipifera 129
Lonicera nitida 156
Lonicera nitida >Baggesen's Gold< 157
Lonicera nitida >Silver Beauty< 158

M

Mädchenhaarbaum 67
Mädchenkiefer 83
Malus sieboldii 130
Malus sylvestris 131
Mandelbaum 134
Methode Lingman 36 - 37
Metrosideros excelsa 74
Moorbirke 113
Myrte 159
Myrtus communis 159

N

Nadelbäume 58 - 93
Nadelwacholder 71
Nandina domestica 160
Nandine 160
Nestfichte 75

P

Palisanderbaum 127
Palmweide 140
Parrotia persica 132
Perückenstrauch 177
Pfennigbaum 162
Phyllostachys aurea 161
Physocarpus opulifolius >Dart's Gold< 182
Picea abies >Nidiformis< 75
Picea glauca var. *albertiana* >Conica< 76
Picea mariana 77
Pinus aristata 78
Pinus mugo 79
Pinus mugo >Gnom< 80
Pinus mugo >Mops< 81
Pinus nigra 82
Pinus parviflora 83
Pinus sylvestris 84
Pinus sylvestris >Watereri< 85
Pinus thunbergii 86
Pinzieren 32 - 33
Pistacia terebinthus 87
Podocarpus chinensis 88
Podocarpus macrophyllus 89
Populus tremula 133
Portulacaria afra 162
Potentilla fruticosa >Princess< 183
Prunus dulcis 134
Prunus padus 135
Prunus spinosa 136
Punica granatum 137
Purpurbuche 125
Pyracantha coccinea 163
Pyracantha >Mohave Silver< 164

Q

Quercus cerris 138
Quercus ilex 90
Quercus robur 139

R

Rainweide, Eiblättrige 153
Rhododendron 48
Rhododendron >Blue Tit< 165
Rhododendron >Hakurei< 166
Rhododendron indicum >Kazan< 167
Rhododendron x *obtusum* 168
Rosskastanie, Gemeine 14, 30, 110
Rotbuche, Farnblättrige 124

S

Sageretia theezans 169
Sageretie 169
Salix caprea 140
Salweide 140
Sandbirke 112
Satsuki-Azalee 166 - 167
Sawara-Scheinzypresse 62
Schädlingsbekämpfung 53
Schlangenhautahorn, Grossers 99
Schlehdorn 136
Schlitzbuche 124
Schneeball, Gemeiner 184
Schnittwerkzeuge 24, 25
Schwarzdorn 136
Schwarzfichte 77
Schwarzkiefer 82
Schwarzkiefer, Japanische 86
Serissa foetida 170
Serissa foetida >Variegata< 171
Sicheltanne, Japanische 63 - 66
Silberaprikose 67
Silberzypresse, Kleine 62
Sommereiche 139
Sorbus aucuparia 141
Speckbaum 162
Spitzahorn 108
Standort 52
Stechpalme 68
Steineibe 88, 89
Steineiche 90
Steinlinde 142
Stieleiche 139
Strauchfingerkraut 183
Strauchportulak 162
Sumpfeibe 92
Sumpfzypresse 92
Syzygium malaccensis 91

T

Taxodium distichum 92
Taxus baccata 93
Tee, Falscher 169
Tempelwacholder 71
Terebinthe 87
Terpentinbaum 87
Terpentinpistazie 87
Tilia cordata 142
Traubenkirsche, Gewöhnliche 135
Treibholz 19
Tulpenbaum 129

U

Ukon-Fächerahorn 107
Ulme, Chinesische 143
Ulme, Japanische 145
Ulmus parvifolia 143

V

Viburnum opulus 184
Vogelbeere 141

W

Wacholder, Chinesischer 69, 70
Weihnachtsbaum, Neuseeländischer 74
Weißbuche 116
Weißdorn, Eingriffliger 123
Winterjasmin 181
Winterlinde 142
Wisteria sinensis 185

Z

Zelkova carpinifolia 144
Zelkova serrata 145
Zelkove, Kaukasische 144
Zerr-Eiche 138
Zierapfel 130
Zierquitte 175
Zimmer-Bonsai 14
Zimt-Ahorn 98
Zitterpappel 133
Zuckerhutfichte 76
Zwergbirke 111
Zwerggeißblatt 156 - 158
Zwergmispel 150, 178

Danksagung

Mein herzliches Dankeschön gilt all den folgenden Personen, die mir stets liebenswürdig mit ihrem Wissen beistanden und ohne deren Hilfe und Unterstützung dieses Buch nicht zustande gekommen wäre: Ken Shaliker (Pinewood Bonsai), Ann Campbell (Observatory Bonsai), Clive Marchant (Cottage Bonsai), Bob Thompson (Dai Ichi Bonsai), Abby Gulliver (Botanischer Garten Birmingham - betreut die National Collection of Bonsai) und Mike Mabey (dafür, dass er mich in die richtige Richtung gelenkt und mir erlaubt hat, seine umfassende Bibliothek von Bonsai-Büchern zu benutzen).
Mein Dank geht weiterhin an: Claire Musters für ihre unglaubliche Geduld und Gründlichkeit bei der redaktionellen Arbeit - und weil sie die Stimme meines Gewissens war; Helen McTeer für ihren Kampf mit dem scheinbar Unmöglichen - nämlich dem Buch ein attraktives Aussehen zu geben; Catie Ziller für ihre beständige Unterstützung, gelegentlich sogar von der anderen Seite der Welt, und dem ganzen übrigen Team im Verlag Marabout.

Text: Fiona Hopes
Fotos: Deirdre Rooney
Die französische Originalausgabe mit dem Titel »Bonsaïs« erschien 2006 bei Marabout - Hachette Livre, Paris.

Bibliografische Information der Deutschen Nationalbibliothek
Die Deutsche Nationalbibliothek verzeichnet diese Publikation in der Deutschen Nationalbibliografie; detaillierte bibliografische Daten sind im Internet über »http://dnb.d-nb.de« abrufbar.

1. Auflage
ISBN 978-3-7688-1872-8
Die Rechte für die deutsche Ausgabe liegen beim Verlag Delius, Klasing & Co. KG, Bielefeld

Aus dem Französischen von Christine und Markus Mössel
Umschlaggestaltung: Gabriele Engel
Printed in Singapore 2007

Delius Klasing Verlag, Siekerwall 21, D - 33602 Bielefeld
Tel.: 0521/559-0, Fax: 0521/559-115
E-Mail: info@delius-klasing.de
www.delius-klasing.de